大有

# 认知他者与反观自我

近代中国人的奥斯曼帝国观

陈鹏 著

社会科学文献出版社
SOCIAL SCIENCES ACADEMIC PRESS (CHINA)

# 目　录

# 绪　论

近代中国面临数千年未有之变局、数千年未遇之强敌，在内忧外患、动荡不已的环境之下，考察"他者"成为中国人了解世界、认知自我、寻求变革的重要路径。近代中国人在认知世界与反观自我的过程中，不仅注目于英国、法国、俄国、德国、美国、日本等与自己有着密切往来的大国或强国，还对希腊、埃及、波斯、印度、暹罗、朝鲜等弱国进行过细致考察。奥斯曼帝国也是其中的一个特殊"他者"。在近代历史上，奥斯曼帝国既非给予中国强烈刺激的西方大国，又非有着悠久交往历史的周边近邻，但中国人对于这样一个战略地位显要、民族命运相似、宗教接触较多的国度，始终抱有关注热情。现存各类型的中国近代史料文献，不仅记录了奥斯曼帝国政治、经济、社会、历史、文化的演变，也呈现了当时中国人对于其发展历程的多样解读，更可由此反映时人的世界认识和自我定位。

## 一　选题缘起及意义

公元 14 世纪，奥斯曼帝国逐渐兴起于小亚细亚，其最初的统辖区域非常狭小，只占有安纳托利亚的丘陵地带。经过几代君主的东征西讨，其统治范围不断扩大，渐渐夺取了从亚得里亚海到黑海的整个巴尔干半岛，希腊、塞尔维亚、保加利亚均被纳入版图。1453 年，奥斯曼军队攻克君士坦丁堡，持续了近一千年的东罗马帝国寿终正寝。到 1517 年，奥斯曼人已握有叙利亚、阿拉伯、埃及以及伊斯兰教圣地麦加和麦地那，势力范围延伸至尼罗河流域。在苏莱曼大帝的领导下，16 世纪奥斯曼已然发展成为一个横跨欧、亚、非三大洲的庞大帝国，军事力量强大，地理位置显要，是东西方的桥梁和纽带，在国际事务中占有举足轻重的地位。同时，在长期的战争冲突与文化融合中，奥斯曼人逐渐接受了伊斯兰教信仰，奥斯曼帝国也成为伊斯兰世界最具影响力的国家之一。从 17 世纪开始，奥斯曼帝国步入长达几个世纪的衰落期，这与其内外形势的演变有密切关系。就内部而言，奥斯曼帝国最高统治者软弱无能，内政腐败日益加剧，财政危机越发严重，众多属国及地方封疆大吏的擅权和反叛愈演愈烈，帝国内不同民族、不同宗教信仰者之间矛盾冲突频仍。就外部而言，西欧国家先后经历了文艺复兴、宗教改革、新航路开辟、资产阶级革命，以及震撼世界的工业革命，迅速走上了海外殖民扩张的道路。而此一时期的奥斯曼帝国未能跟上世界新一轮变革潮流，原有的军事、文化、地理、商贸优势渐渐丧失，在激烈的国际竞争中逐步落伍。幅员辽阔、占据要津的奥斯曼帝国开始成为"近东问题"的发源地，俄国、英国、法国、德国纷至沓来，用新式武器和先进战法叩开了古老帝国的大门。在一次又一次的战败中，帝国背负的不平等条约越来越多，丢失的领土和丧失的利权也越来越多。到第一次世界大战结束时，整个帝国土崩瓦解，其欧洲、非洲的领土几乎丧失殆尽，仅余伊斯坦布尔周围的一小块土地。

当然，奥斯曼-土耳其的近代史不仅是一部列强侵略和国家沉沦的历史，也包含人民反抗压迫、寻求变革的艰难历程。从帝国晚期的种种西化努力到青年土耳其党的立宪革命，再到凯末尔领导的民族革命和现代改革，经过几代人的不懈奋斗，土耳其最终实现了民族独立，恢复了国际地位，迈上了国家复兴的新征程。①

近代中国认知奥斯曼帝国的主体，大致可以分为五类。第一类是政府官员，他们在处理涉外事务时会接触和了解奥斯曼帝国，也会从民族命运角度去比较两国的历史、现实与未来。第二类是在野的各政治派别或利益集团，他们对于奥斯曼帝国的认知往往带有功利性，多从自己的政治立场出发，截取其历史的某个侧面，加以突出或阐发。第三类是知识分子，他们多是在从事某项具体研究时对奥斯曼帝国史事产生浓厚兴趣，进而展开专业化探究，其成果体现了近代中国人奥斯曼帝国认知的深度。第四类是普通民众，他们在日常生活中也能接触到奥斯曼帝国的舶来物件或元素，从而形成中国民间社会的奥斯曼帝国记忆。第五类是回民群体，他们因与奥斯曼人有共同的宗教信仰，对其也多有关注。

探究以上群体的奥斯曼帝国认知，有以下学术价值。

---

① 有关奥斯曼帝国及土耳其共和国历史的研究，可参见〔英〕伯纳德·刘易斯：《现代土耳其的兴起》，范中廉译，商务印书馆，1982；黄维民：《中东国家通史·土耳其卷》，商务印书馆，2002；昝涛：《现代国家与民族建构：20世纪前期土耳其民族主义研究》，三联书店，2011；哈全安：《土耳其通史》，上海社会科学院出版社，2014；王三义：《晚期奥斯曼帝国研究（1792—1918）》，中国社会科学出版社，2015；Stanford Shaw, *History of the Ottoman Empire and Modern Turkey*, Cambridge；New York：Cambridge University Press, 1977；Erik J. Zürcher, *Turkey, A Modern History*, Tauris, 1993；等等。

首先，把握近代中国人奥斯曼帝国认知的特点和水准，有助于丰富两国关系史的研究。由于近代中国与奥斯曼帝国实质性的外事往来不多，长期以来双边关系史的研究较为薄弱。但实际上，同英、法、俄、德、美、日诸国一样，近代中国人对奥斯曼帝国的关注是一以贯之的，同样是近代中国人世界知识体系的重要组成部分，富有独特的审视意义和价值。因此，梳理近代中国人对奥斯曼帝国政治、经济、社会、历史、文化的全方位记录，无疑可以从认知史维度推进双边关系史研究。

其次，可以从一个特殊视角透视近代中国人的世界观和自我意识，丰富近代中国思想史的研究。近代中国人对奥斯曼帝国信息的报道和评述，不仅有一般性的知识介绍，还蕴含着中国人的世界认知和自我定位。人们往往将奥斯曼帝国置于国际大舞台之上，以亚洲乃至全球视野加以考察。透过相关论述，我们可以洞悉时人对于世界局势和列强动态的掌握、对于国际公法等重要知识的接受和运用，以及对于中国自身发展的评价与反思。同时，通过考察这些认知形成及演变的历史过程，今人亦可深刻体认近代中国人在走向世界过程中的复杂心态和情感。

最后，有助于了解近代中国发展道路选择中奥斯曼帝国的影响因素。近代中国人对于奥斯曼帝国的关切点，多与自身时代命题紧密相连，对帝国历史经验的参照、借鉴和利用，实际上是在为中国发展改革所遇到的各类难题找寻解决之道。晚清以来，中国各政治势力、知识界在洋务运动、戊戌维新、清末立宪、辛亥革命、国民革命运动等不同历史阶段，深入观察和思考奥斯曼帝国的"变革"之路，充分利用相关史事，从事各自政治主张的合法性论证和宣传动员，并最终树立起以"中国本位"来观察奥斯曼－土耳其的新视角。这些都从不同角度折射出近代中国的诸多政治事件和社会思潮背后，有着奥斯曼帝国的明显影响。

## 二　已有学术成果回顾

长期以来，近代中国人的奥斯曼－土耳其观研究是中国史、世界史、国际关系史等研究领域普遍忽视的课题。近年来，随着共建"一带一路"倡议的提出和持续推进，地处欧亚交汇点上的土耳其在中国外交格局中的重要地位日益凸显，历史上与现实中的双边关系获得国内外学界的格外关注，涌现出一批高质量研究成果。以下笔者从四个方面对相关研究做一综述。

### （一）奥斯曼－土耳其认知的整体研究

早在 1999 年，北京大学董正华就对这一论题展开整体性探讨，其英文论文简要勾勒了 20 世纪中国人对凯末尔及现代土耳其的观察，其中涉及民国时期柳克述的专著《新土耳其》、《外交事务》杂志的"土耳其专号"，以及中国共产党领导人恽代英、蔡和森、毛泽东对凯末尔革命的评价等内容。①该文具有一定的开创性意义，提示我们近代中土两国有着相似的命运，中国人对土耳其的考察是持续而深入的，为后来的研究者打开了思路。2001 年，肖宪等著《沉疴猛药——土耳其的凯末尔改革》设有"凯末尔革命与中国"一节，提及孙中山、中国共产党及知识界"密切注视着土耳其的发展，而且

---

① Dong Zhenghua, Chinese Views of Atatürk and Modern Turkey, Ankara Üniversitesi Siyasal Bilgiler Fakültesi, Uluslararasl Konferans：Atatürk Ve Modern Türkiye, Ankara Üniversitesi Basimevi, 1999, pp. 669–675. Atatürk（阿塔图克）是凯末尔被赐予的姓，即"土耳其人之父"的意思。

还时常以土耳其为例子来激励自己的斗争"的有关史实。[①]

随后，两篇以近代中国人对奥斯曼－土耳其的认识为选题的硕士学位论文推进了相关研究，各有贡献。2003 年，浙江大学高冰冰的《从鉴戒到榜样：近代中国人对土耳其复兴历程的关注及其所获得的启示》一文，以散落于报刊上的时人论述为基本史料，考察了近代中国人对奥斯曼－土耳其的关注，指出晚清时期国人反复探究其衰落原因，以防中国重蹈覆辙，维新派和革命派还借助相关案例佐证变法或革命的必要性与可能性；民国时期国人通过对土耳其革命、改革的观察与思考，获得了许多极为新鲜和宝贵的启示，服务于中国革命与建设事业。2011 年，北京大学吴伟锋的《近代中国人的土耳其观（1842—1930）》一文依次考察了甲午战前、甲午战后到第一次世界大战结束、1921—1930 年不同派别的人物对奥斯曼－土耳其的讨论，较大地拓展了这一论题的研究对象和范围。

2017 年，昝涛的《中国和土耳其之间的精神联系：历史与想象》一文追溯了唐代以降中国与土耳其对彼此形象的建构，指出双方的认知均带有强烈的"自我中心主义"色彩。[②] 2019年，张文倩从"相似论"的角度探讨了晚清时期中国知识分子对于奥斯曼帝国改革运动的看法。[③]

此外，有关明至清中前期中国人的奥斯曼帝国认知也曾引

---

① 肖宪等：《沉疴猛药——土耳其的凯末尔改革》，南京大学出版社，2001，第 69 页。

② 昝涛：《中国和土耳其之间的精神联系：历史与想象》，《新丝路学刊》2017 年第 1 期。

③ Zhang Wenqian, "'The Turks are the Most Similar to Us': Chinese Intellectuals' Conceptions of the Ottoman Movements 1843-1913," MA Dissertation, Central European University Department of History, 2019.

起学界关注。1957 年，中国台湾学者周宏涛、许卓山考订《明史》中鲁迷国五次朝贡的记载，认为"鲁迷"即奥斯曼－土耳其。[①] 2008 年，日本学者小沼孝博利用满语、汉语、俄语等多语种史料，考证指出清中前期史料中记载的"控噶尔国"即奥斯曼－土耳其。相关信息多通过俄罗斯、哈萨克、浩罕国及厄鲁特等地传入清廷，以 18 世纪后半叶椿园七十一《西域闻见录》的论述最为详细。[②] 2010 年，中央民族大学钟焓的《控噶尔史料评注》一文进一步发掘了蒙古语、藏语史料中的"控噶尔"记载，丰富并修正了小沼孝博的部分观点，认为"哈萨克人和土尔扈特人使用的控噶尔一名，并非仅仅是指奥斯曼土耳其人，还经常用于指涉受其庇护的克里米亚鞑靼人和栖居游牧于库班河流域的诺盖人"。[③] 同年，香港大学 Matthew W. Mosca 的《帝国与边疆知识的传播：清人的奥斯曼帝国观》一文详细梳理了奥斯曼帝国知识的早期来源与传播，指出与俄国冲突频仍的奥斯曼帝国最先引起了满蒙官员的注意。随着乾隆后期四库全书等大型纂修工程的启动，汉族知识分子在与满蒙知识分子的交流中获取了"控噶尔"知识。嘉庆以后，私人著书的流行、考据学及边疆史地学的兴起，使有关"控噶尔"的汉语材料获得空前重视，满蒙官员见闻性质的资料价值下降。鸦片战争后，国人开始立足西方译著解读奥斯

---

① 周宏涛、许卓山：《中土关系史概要》，周宏涛等：《中土文化论集》，台北：中华文化出版事业委员会，1957，第 21—22 页。

② 〔日〕小沼孝博：《"控噶尔国"小考——18 至 19 世纪欧亚东部奥斯曼朝认识之一端》，《民族史研究》第 8 辑，中央民族大学出版社，2008，第 153—163 页。

③ 钟焓：《控噶尔史料评注》，《民族史研究》第 9 辑，中央民族大学出版社，2010，第 46—91 页。

曼帝国，"控噶尔"为"土耳其"取代，沦为历史解释的一个注脚。[1] 2014 年，钟焓利用图理琛出使之前清朝与相关邻邦交往的记载，提出约在 17 世纪下半叶，清廷已通过中介渠道了解到土耳其苏丹被称作控噶尔，适足修正了清朝直到 18 世纪才开始对奥斯曼帝国统治者具有一定认知的传统观念。[2]

**（二）民族主义视角的研究**

近代中国人奥斯曼帝国观的形成，与近代中国民族主义思潮存在互动关系。陶绪《晚清民族主义思潮》（人民出版社，1995）一书就从这一视角出发，指出在晚清亡国灭种的危机之下，康有为、梁启超等知识分子从救亡图存角度，对奥斯曼帝国衰亡史进行了书写。美国学者卡尔·瑞贝卡《世界大舞台：十九、二十世纪之交中国的民族主义》（高瑾等译，三联书店，2008）一书，以全球观念、世界意识与中国民族主义关系为视角，将土耳其革命作为透视点，阐述了 1910 年前后中国知识分子对土耳其革命活动的一系列观察和解读，如土耳其革命对反清革命道路正确性的肯定、土耳其革命与国内民族问题的解决、土耳其革命与革命党的组织机构、革命动员、土耳其革命与军队等。作者认为，中国知识分子从土耳其革命中获取支离破碎的教训，使革命、立宪、广泛的政治动员以及军事主义这些中国民族主义话语和实践的基本要素在 1910—1911 年得到整合，为反清革命提供了获得"成功"的可能性。

---

[1] Matthew W. Mosca, "Empire and the Circulation of Frontier Intelligence: Qing Conceptions of the Ottomans," *Harvard Journal of Asiatic Studies*, Vol. 70, No. 1, June 2010.

[2] 钟焓：《清朝获悉土耳其素丹称号时间考辨》，《清史研究》2014 年第 4 期。

　　2013 年中国人民大学历史学院硕士研究生赵刘洋的《"东方病夫"视野中的"欧洲病夫"——近代中国知识界对土耳其的观察与认知》一文，也继承了上述视角。该文考察了甲午战后处于危机意识下的中国知识界对"欧洲病夫"奥斯曼-土耳其的持续观察和认识。作者分别从"病夫论""少年论""革命论"的角度，简要论述了近代中国知识精英的国族构建努力，进而透视中国政治、思想现实与西方复杂的纠葛和互动。①

　　2015 年，周积明、李超的《清末立宪运动宣传中的亚欧视角与中国主题》通过考察清末报刊上关于奥斯曼帝国等亚欧国家立宪运动的宣传、报道和评论，揭示其中蕴含深刻的"中国主题"和丰富的"中国问题"意识，进而强调清末的中国立宪与俄国、波斯、土耳其的立宪运动以内在的一体性和关联性相为呼应，共同造就了 19 世纪末 20 世纪初亚欧大陆波澜壮阔的立宪风潮。②

### （三）重要人物及群体的奥斯曼-土耳其观研究

　　近代中国重要人物及群体的奥斯曼-土耳其认知，一直是学术界用力最勤的领域。2000 年，戴东阳以康有为的奥斯曼帝国观为切入点，剖析了其联英策，指出戊戌变法时期康有为联英外交主张的形成，根本依据是当时与中国国际境遇非常相似的奥斯曼帝国的历史。从世界历史的高度，引鉴与中国同病同形国家的历史，作为推断中国外交对策的依据，是康有为与

---

①　赵刘洋：《"东方病夫"视野中的"欧洲病夫"——近代中国知识界对土耳其的观察与认知》，中国人民大学清史研究所第八届青年学者论坛论文集，2013 年 12 月，第 792—807 页。

②　周积明、李超：《清末立宪运动宣传中的亚欧视角与中国主题》，《湖北大学学报》2015 年第 1 期。

刘坤一、张之洞等人的一个明显区别。该文还分析了康有为的知识来源及借鉴无成效之原因。[①] 张晓川细致探究了清末外交官张德彝《航海述奇》系列中的奥斯曼记述，指出其中所谓"土耳其事情"或为中国的实际情况，或为编制出的寓言故事，皆隐有所指，而一些看似得自与"土耳其人士"的偶遇交谈，也多系子虚乌有，出于捏造，意在指桑骂槐、借土讽中。[②]

同盟会、中国国民党、中国共产党等重要政党对土耳其革命的考察及反应，与中国自身革命实践有着密切联系，也成为学界研讨的重要议题。早在 1994 年，林承节就记述了同盟会机关报《民报》对 1908—1909 年青年土耳其党革命的观察与评论，认为当时中国资产阶级、小资产阶级革命派对土耳其革命完全支持，赞扬了青年土耳其党在革命进程中不断总结经验教训，改正错误，"顺时势以为进步"的进取精神。同时，革命派也对土耳其革命的经验教训进行了提炼，如革命要彻底，不能搞妥协，唯革命才不致遭瓜分之祸。[③] 还有学者进一步探讨了中国革命者与青年土耳其党人对彼此的观察。[④]

2000 年，罗福惠在论述苏俄（联）对孙中山的援助既迟又少的原因时，特别谈到了土耳其民族运动的阴影，指出苏俄（联）对凯末尔革命给予了道义上、物质上的巨大援助，使土

---

① 戴东阳：《戊戌变法时期康有为的土耳其观与其联英策》，《史学月刊》2000 年第 4 期。

② 张晓川：《骂槐实指桑——张德彝〈航海述奇〉系列中的土耳其》，章清主编《新史学》第 11 卷，中华书局，2019。

③ 林承节：《〈民报〉和二十世纪初亚洲各国革命》，《史学月刊》1994 年第 1 期。

④ Gong Chen, "Revolutionaries on Revolutionaries: How Chinese Xinhai Revolutionaries and Young Turks Viewed Each Other," *Middle Eastern Studies*, 2022, pp. 1-13.

耳其的民族解放斗争很快取得胜利，但土耳其并没有对苏俄（联）"一边倒"，反而与苏发生高加索领土争执，并开始迫害共产党人，这些使苏共感到民族独立解放运动即使成功，也不一定能转变或发展成社会主义革命，相反很可能发生分裂。故1922—1925年，苏俄（联）和共产国际中对援助孙中山持谨慎态度的人始终担心他会成为"凯末尔第二"，而主张援助孙中山的人不得不反复说明他不是凯末尔，这显然对是否援助孙中山产生了困扰。① 2009年，黄志高从中共与凯末尔革命关系的角度，进一步深化了该问题的研究。他认为由于卷入苏联党内斗争，莫斯科的决策者不顾土耳其凯末尔革命的教训，对国民党叛变革命的可能性掉以轻心，在国共两党之间更加偏重和依赖国民党，这些都给中国革命带来了严重的危害。② 黄志高的另一篇文章还专题讨论了1921—1925年中国共产党对凯末尔革命的观察与反应，认为中国与奥斯曼－土耳其的同病相怜，以及凯末尔在苏俄援助下的成功，均促使中共高度关注凯末尔革命。但中共对凯末尔革命的评说，又反映了苏俄在中国寻求盟友、与孙中山合作的战略意图。这就决定了中共的论说是有选择性的，对凯末尔的转向和反共，有意无意地进行了某种程度的遮蔽。③ 此外，吴文浩注意到20世纪20年代，同为"病夫"的土耳其的成功激励了国人，国民政府取法土耳其以取消治外法权，但因缺乏稳固的中央政府等，在列强反对后，

---

① 罗福惠：《苏俄（联）对孙中山的援助为何既迟又少？——兼论土耳其民族运动的阴影》，《华中师范大学学报》（人文社会科学版）2000年第2期。

② 黄志高：《凯末尔革命与二十世纪二十年代共产国际、苏联的对华工作》，《中共党史研究》2009年第2期。

③ 黄志高：《1921—1925年中国共产党对凯末尔革命的观察与反应》，《北京科技大学学报》（社会科学版）2010年第2期。

只能提出折中土耳其与暹罗办法的方案。①

回族知识分子与土耳其的交往及其相关认知，也引起了学界的关注。撒海涛、闫蕾霖考察了王曾善、马宏道、马明道等回族知识分子对于奥斯曼-土耳其的观察，提示应重视他们基于自身身份的多重属性（中国国民和穆斯林）所做出的反思与借鉴。② 刘义重点梳理了民国时期王曾善赴土耳其伊斯坦布尔大学求学、率领"中国回教近东访问团"访问土耳其以及宣传中国抗战的史事。③

此外，尚有一些学者运用奥斯曼-土耳其方面的文献，反向探究土耳其人的中国观。土耳其学者 Serdar Palabıyık 考察了20世纪初奥斯曼帝国来华者游记中的中国、日本及韩国记述，指出奥斯曼旅游者描绘了殖民主义者在远东的激烈争夺，并提出构建"东方统一体"的设想。④ Furkan Erdogan 梳理了19世

---

① 吴文浩：《跨国史视野下中国废除治外法权的历程（1919—1931）》，《近代史研究》2020年第2期。

② 撒海涛、闫蕾霖：《民国回族学人视野中的土耳其论述》，《北大中东研究》2018年第1期。相关研究还可参见 Zeyneb Hale Eroglu Sager, Islam in Translation: Muslim Reform and Transnational Networks in Modern China, 1908-1957, Doctoral Dissertation, Harvard University, Graduate School of Arts & Sciences, 2016。

③ 刘义：《信仰·知识·人格——王曾善（1903—1961）与中国—土耳其的人文交往》，《世界宗教研究》2016年第1期。相关研究还可参加郑月裡《理念与实践—："中国回教近东访问团"的形成与影响》，栾景河、张俊义主编《近代中国：文化与外交》，社会科学文献出版社，2012，第958—978页；Wan Lei, "The Chinese Islamic 'Goodwill Mission to the Middle East' During the Anti-Japanese War," *Journal of Interdisciplinary Studies*, Vol. 29, No. 2, 2010, pp. 133-170。

④ Mustafa Serdar Palabıyık, "The Ottoman Travellers' Perceptions of the Far East in the Early Twentieth Century," *Bilig-Turk Dunyasl Sosyal Bilimleri Dergisi*, No. 65, March 2013, pp. 285-310。

纪末 20 世纪初奥斯曼宫廷以及奥斯曼帝国的出版物中有关中国的记述，揭示了这一时期两大帝国之间形成的"同情"，以及亚洲主义和东方主义思潮对于奥斯曼帝国改革者的影响。[①]吕承璁还以成立于 1935 年的土耳其安卡拉大学汉学系为主体，梳理了土耳其汉学发展的流变和特征。[②]

### （四）中国与奥斯曼-土耳其关系史研究

中国与奥斯曼-土耳其的外交交涉研究大致可以分为以下三个层面。

其一为近代中国与奥斯曼-土耳其关系史的宏观层面梳理。相关研究早在民国时期就已展开。1934 年中国和土耳其共和国正式建立外交关系，当年《东方杂志》就发表了王光的《中土外交关系之过去现在与将来》一文，全面回顾了 20 世纪二三十年代两国官方从接触、谈判到发生摩擦争执再到最终建交的曲折历程。该文还论及旅土华侨的建交愿望和新疆省长反对贸然建交的意见。[③] 1936 年，中国驻土耳其公使馆参事王芄生也对中土双边关系进行了追溯，指出郭嵩焘、曾纪泽担任驻外公使期间，土耳其外交人员曾提出订约、合力攻俄的愿望。1937 年，林万燕的专著《土耳其最近之外交政策》也辟有"中土之外交关系"一章，对晚清民国时期两国的外交往来进行了细致讨论。[④] 20 世纪 80 年代杨兆钧的《中土文化交流

---

① Furkan Erdogan：《十九世纪末二十世纪初奥斯曼土耳其对中国的认识及反思》，硕士学位论文，复旦大学，2018。

② 吕承璁：《长城外的记忆，万里寻古——从安卡拉大学汉学系看土耳其汉学研究》，硕士学位论文，台湾中山大学，2015。

③ 王光：《中土外交关系之过去现在与将来》，《东方杂志》第 31 卷第 22 号，1934 年。

④ 林万燕：《土耳其最近之外交政策》，正中书局，1937，第 61—65 页。

的历史回顾》(《思想战线》1986 年第 2 期)、张铁伟的《中国和土耳其友好关系小史》(《西亚非洲》1987 年第 6 期),21 世纪以来黄维民的《中土关系的历史考察及评析》(《西亚非洲》2003 年第 5 期)等,或简要回溯了近代中土官方围绕建交问题的曲折谈判历程,或勾勒了双方民间商贸、文教往来的简况。

其二为近代中国与奥斯曼-土耳其中央层面的官方交往。土耳其学者 Barış Adıbelli 的《奥斯曼以来的土中关系》利用土方档案披露了阿卜杜勒哈米德二世遣使来华交涉的重要史实。[①] ŞunlarıYazdı(娜姿妃)的《中国和土耳其外交关系之研究(1923—1949)》叙述了 1923—1936 年中华民国与土耳其外交关系建立之经过,包括外交交涉过程、签订条约所遇到的阻碍、双方使节派遣的过程。作者利用熟悉中文和土耳其文两种语言的优势,充分发掘了两国所藏的外交档案,叙述了两国外交使节在派驻国的活动细节,并介绍了中土建交之后双方在经济、军事、留学生领域的交流情形。[②] Eyup Ersoy 的《土耳其与中国军事关系》还侧重介绍了中土军事方面的关系。[③] 陈

---

① Barış Adıbelli, Osmanlıdan Günümüze Türk-Çin İlişkileri, İstanbul: IQ Kültür Sanat Yayıncılık, 2007.

② 〔土〕娜姿妃:《中国和土耳其外交关系之研究(1923—1949)》,硕士学位论文,台湾政治大学,2012。相关研究还可参见 Dr. Öğr. Üyesi Cihat TANIŞ. ATATÜRK DÖNEMİ TÜRK-ÇİN İLİŞKİLERİ (1923-1938), Journal of Ağrı İbrahim Çeçen University Social Sciences Institute AİCUSBED 6/2, 2020, pp. 297-310; Demircan Necati, "Interactions Between Two Republics: The Republic of Turkey and the Republic of China (1923-1949)," *BRIQ Belt & Road Initiative Quarterly*, Vol. 3, No. 1, 2021, pp. 26-39。

③ Eyup Ersoy, *Turkish-Chinese Military Relations*, Ankara: Usak, 2008.

立樵从中国对无约国的立场出发，探讨了一战期间中国政府及
新疆省长对于新疆土耳其人案的处置，认为此案既凸显了杨增
新处理外人滋事的务实态度，也可看到中国政府在修约外交中
维护权益的一面。① 此外，A. Merthan Dündar 还对土耳其奥斯
曼帝国档案馆、土耳其共和国档案馆所藏奥斯曼帝国、土耳其
共和国时期涉及中国问题的档案进行了介绍。②

其三为近代奥斯曼帝国对中国新疆的渗透。许建英的
《近代土耳其对中国新疆的渗透及影响》一文指出，近代土耳
其对中国新疆的渗透是在一种非常状态下开始的，土耳其借助
阿古柏侵略政权向新疆渗透，带有扩张性，侵犯了中国的国家
利益。民国时期土新关系是在一种非正常状态下演变的，土耳
其与中国新疆的往来始终没有获得新疆地方政府的认可，更没
有获得中国中央政府的批准，而是一直处于某种特殊的"民
间"状态。③ 许建英的另一篇文章利用两位奥斯曼帝国军官的
忆述，探究了奥斯曼帝国对阿古柏伪政权的军事援助情况。④
此外，苏北海的《近现代大土耳其主义、大伊斯兰主义在新
疆的活动及其危害》（《喀什师范学院学报》1990 年第 3 期）、
潘志平的《"东突"的历史与现状》（民族出版社，2008）、厉
声的《"东突厥斯坦"分裂主义的由来与发展》（新疆人民出

---

① 陈立樵：《欧战时期中国的无约国外交：以新疆土耳其人案为例》，廖敏
淑主编《近代中国外交的新世代观点》，台北：政大出版社，2018，第
五章。

② A. Merthan Dündar, An Analysis on the Documents Related to China: Materials
in the Ottoman and Republic Archives of Turkey,《欧亚学刊》2009 年第 9 辑。

③ 许建英：《近代土耳其对中国新疆的渗透及影响》，《西域研究》2010 年
第 4 期。

④ 许建英：《从两份档案看奥斯曼土耳其对阿古柏的军事支持》，《中国边
疆史地研究》2019 年第 1 期。

版社，2009），以及外国学者 Mehmet Saray、Hodong Kim 等均探究了阿古柏伪政权与奥斯曼帝国政府的关系、土耳其"双泛思想"在新疆的传播与影响。[①] Hee Soo Lee 还探讨了 1901年义和团运动期间欧洲国家对于奥斯曼帝国来华使团的反应和应对。[②]

### （五）研究现状简析

目前而言，国内外学术界关于近代中国人的奥斯曼帝国认知的研究，虽然总体数量不多，但研究水平和层次不低，充分证明了该选题内在的学术意义。学者的论著各具特色，既有时段性的整体探讨，也不乏从某一特定角度的透视，大多拥有较好的问题意识，资料运用上也日渐丰富，这既为笔者的研究提供了良好的基础，也给本书的写作带来了一定挑战。不过就笔

---

[①] Mehmet Saray, *The Russian*, *British*, *Chinese and Ottoman Rivalry in Turkestan*, Ankara: Turkish Historical Society Printing House, 2003; Hodong Kim, *Holy War in China*, *The Muslim Rebellion and State in Chinese Central Asia*, *1864-1877*, Stanford: Stanford University Press, 2004. 相关研究还可参见 Dr. Öğrt, Üyesi Asuman Karabulut, "Diplomatic Instrumentation of the Caliphate Authority in the Relationship between the Ottoman Empire and the Turkestan Khanates in the 19th Century," *International Journal of History*, Vol. 13, No. 6, 2021, pp. 1831-1851; Dr. Ali Osman AKALAN. OSMANLI DEVLETİ İLE KAŞGAR EMİRİ YAKUP BEG ARASINDAKİ İLİŞKİLER, AVRASYA Uluslararası Araştırmalar Dergisi, 9 (29) 2021, pp. 354-366; Doç. Dr. S. GÖMEÇ. DOGU TÜRKİsTAN'DA YAKUB HAN DÖNEMİ VE OSMANLı DEVLETİ İLE İLİşKİLERİ, OTAM Ankara Üniversitesi Osmanlı Tarihi Araştırma ve Uygulama Merkezi Dergisi, 9, 1998, pp. 149-153.

[②] Hee Soo Lee, "The 'Boxer Uprising' in China and the Pan-Islamic Policy of the Ottoman Empire from a European Perspective," *Acta Via Serica*, Vol. 3, No. 1, June 2018, pp. 103-117. 相关研究还可参见 Doç. Dr. Cengiz MUTLU. BOKSÖR AYAKLANMASI VE SULTAN ABDÜLHAMİD'İN NASİHAT HEYETİ, Türk Dünyası Araştırmaları, 123 (243), 2019, pp. 313-330。

者所见，有关该问题的研究还存在如下不足。

其一，从研究对象上说，无论是研究时段还是讨论的话题，都有一定的缺漏。既有的研究多集中在两个时段，即甲午之后到第一次世界大战结束、20世纪二三十年代土耳其革命和建国初期，相对忽视了甲午战前中国人对奥斯曼帝国的认知情况。一些重要议题尚未纳入讨论范畴，如没有系统归纳近代中国人认知奥斯曼帝国的途径。而两国外交往来对中国人奥斯曼帝国认知的影响问题，也未得到学术界足够的重视。

其二，从研究理路上说，研究者的解释取向往往较为单一，不利于全面把握该问题的整体情形和多样内涵。学者或偏重于从民族主义的角度出发，探讨奥斯曼帝国对于中国近代民族主义形成和发展的影响，或对近代中国人心目中的奥斯曼帝国形象持相对单一化的理解，以致论及晚清国人的奥斯曼帝国印象，总以"病夫之国"概括之，至20世纪20年代以后，又只作为中国实现民族复兴的一个"榜样"。当然笔者必须申明的是，这两种分析模式无疑都具有重要意义，有助于读者快速把握该议题的一些重点和热点问题，但或许它们不应成为研究的唯一切入点。为避免对奥斯曼帝国形成简单化的刻板印象，我们需要在前人研究的基础上，全面地、多角度地揭示近代中国人的奥斯曼帝国认知所承载的丰富内涵。

其三，史料开掘方面亦有一定的空间。目前学者所利用的文献资料多集中于知识分子发表于报刊上的文章，对于晚清民国时期的外交档案、土耳其研究专著、回族知识分子创办的期刊以及近代史料数据库的使用亟待加强。

### 三　本书写作思路

如前所论，"近代中国人的奥斯曼帝国观"这一课题无论在分析理路的提炼、具体观点的表述，还是史料的运用等方面，都有一定的提升空间。本书秉承"详人所略，略人所详"之原则，系统梳理奥斯曼帝国认知的历史渊源、信息获取及基本文献，在此基础上，尝试改变以往以时间为序的叙述模式，从问题意识出发，将近代中国人的奥斯曼帝国认知区分为三个层面加以把握。在每一专题内，论述又尽量兼顾时间顺序，如此既可以把握中国人奥斯曼帝国认知的演变过程，也能够相对集中地反映本书的问题意识，即近代中国人奥斯曼帝国观的研究价值在于"世界新知的获取与全球视野的拓展""西方之外的一个特殊'他者'""他者之路的思索与自我道路的追寻"。

第一个层面是关于奥斯曼帝国知识的记述与传播。近代中国人所获取的各类奥斯曼帝国信息和知识，是中国人世界知识体系的有机组成部分。在不同的历史阶段，中国人关于该帝国的记述和认知深浅不一、侧重有别、各具特色。这些丰富的信息和知识通过出版事业、课堂教育、文体活动，在中国社会广为流传，为越来越多的中国人所了解和熟悉。与此同时，在更多普通中国民众心中，奥斯曼帝国并不总是与民族主义、国家兴衰这类沉重话题联系在一起，一提起它，人们会立刻想起土耳其浴、土耳其鸦片和土耳其地毯，这或许才是民间社会对于帝国最为经典的记忆。通过触碰这些问题，我们能够以丰富的材料和多维的视野，提供关于近代中国人的奥斯曼帝国观之系统完整的知识史面貌。

第二个层面是通过聚焦奥斯曼帝国，把握他者、自我与世界的关系。近代中国人对奥斯曼帝国的论述，不仅刻画与塑造了其在中国的形象，还体现了国人对于自我及世界的看法与定位。作为一个有别于西方的"他者"，奥斯曼帝国在近代中国人的域外认知中占据着特殊地位。虽然与英、法、美、德、日、俄等与中国有着较为频繁往来的国家相比，其与中国的交往较少，只是中国外交事务中一个较为边缘的国家，但是，奥斯曼帝国有着独特的审视意义和认知价值，作为中西方之间的桥梁和纽带，它构成了中国人观察自我、他者与世界的一个独特视角。就帝国形象而言，晚清时期的奥斯曼帝国不仅是一个与中国相提并论的"病夫"国家，有时候似乎还远远落后于中国，是中国知识人在面对西方的强势压迫时抒发大国心态和民族自信的慰藉物；有时候似乎又强于中国，奥斯曼人的充沛体力、战斗精神和宗教热情，曾经成为刺激国人奋起自救的一剂良药。同样，在民国时期，走向现代的土耳其不仅是中国学习的榜样，其"复兴"的话题也得到中国知识人关注，并引以为鉴。就全球视野的展开而言，对奥斯曼-土耳其的定位反映了国人对于整个世界局势的把握，将这样一个远在万里之外的国家动态纳入考察范围，并与自身的国家安全勾连、比对，体现了国人世界眼光的拓展。而突出奥斯曼-土耳其的亚洲地位和属性，看重土耳其民族复兴的成功，将其视为亚洲民族解放运动和现代化建设的典范，甚至视为东方国家的门户和守护人，则体现了奥斯曼-土耳其曾历史地成为中国人重构亚洲秩序的重要凭借。在透析西方外交法则方面，奥斯曼帝国以切身的经历和实践，帮助国人洞悉了西方主导的外交法则之片面性和不公平性，有助于提高对列强侵略性的警惕和防范。可以说，近代中国人正是通过了解和认知奥斯曼帝国这类国家的斗争和命运，更加懂得了如何用外交法则在国际舞台上争取自身的合法权益。这一切，都是西方列强的行为和经验所无法提供的。

第三个层面是近代中国人对奥斯曼－土耳其发展之史的借鉴与反思。这个遥远的国度与中国有着相似的命运，中国所遭受的各种侵略，它都先一步碰到，并留下诸多经验教训，它在20世纪20年代率先赢得民族解放和国家复兴，又给中国人以强烈的刺激，并由此掀起一股学习热潮。于是，在中国发展道路的抉择上，奥斯曼－土耳其的经验和教训比之西方国家，更具针对性、参照性和实用性。在晚清，面对学习西方、寻求变革的时代主题时，人们自觉透过奥斯曼帝国之镜，去摸索教案、外债、铁路等新课题的解决方案。在面对革命、改良的道路选择之际，1908年土耳其立宪革命给予各派表达政治主张的绝佳机会：清廷官员或忧思立宪带来的皇权丧失，或指摘高层的步伐滞后；革命派以此倡导武装革命，推翻满人统治；立宪派则敦促清廷立宪，反思革命带来的社会动荡。延至民国，凯末尔领导的土耳其革命、建国运动，又成为中国各政治势力及知识界从事合法性论证和政治动员的绝好武器。

此外，在史料发掘方面，本书借助各类中国近代史料数据库，首次系统整理和发掘有关奥斯曼帝国的各类型文献资料，并从文献的类型、数量、作者、年代、内容及意义等角度进行统计分析，初步概括出中国人认识奥斯曼帝国的某些特点。就档案史料而言，本书运用了新近出版的晚清民国外交档案汇编及中国第一历史档案馆、台北中研院近史所档案馆等所藏档案资源。就报刊史料而言，本书补充使用了西方传教士、回族知识分子创办的期刊，并利用晚清民国期刊全文库、大成老旧刊全文数据库等网络资源，丰富了史料来源。就专著而论，本书征引了大量晚清民国时期西方、日本学者的论著，国人的史地著作、土耳其研究专著，以及外交史、革命史、回族史、军事史、历史地理等各学科领域的通史类专著。就文集、日记、家书、游记等材料来说，本书的特色在于利用了一些清代名臣的日记、家书，搜集并使用了大量中国驻外公使及赴土耳其学习、参观、游历者的日记、游记和报告，等等。

# 第一章 奥斯曼帝国认知的历史背景
# 与文献来源

对近代中国人的奥斯曼帝国认知进行总体性、全局式把握，必须首先梳理他们留下的相关文献，分析国人关注奥斯曼帝国的原因，厘清他们获取对方各类信息的主要途径。在近代中国，奥斯曼帝国引起了社会各阶层的广泛关注，这既与其历史地位、发展轨迹相关，也与中国人自身的时代关切紧密联系，弄清楚这一问题，实际上也就部分解答了作为"他者"的奥斯曼帝国之特殊性何在。此外，与英、法、美、德、日等国相比，近代中国与奥斯曼－土耳其的官方、民间往来较少，在1934年正式建立外交关系之前，双方一直缺乏正常的、长期的、有效的交流渠道和沟通机制。在这种背景之下，中国人依然获取了大量的奥斯曼－土耳其资讯，其途径何在，又反映了近代中国人寻求世界知识的哪些特点？这些都是本章将要研讨和揭示的内容。

## 第一节 历史因缘

近代中国人关注奥斯曼帝国有着深厚的历史因缘：一是其战略地位的重要性，二是两国近代命运的相似性，三是两国宗教领域的交流与摩擦。

## 一　奥斯曼帝国战略地位的重要性

14世纪，奥斯曼-土耳其人在首领奥斯曼的带领下建立了帝国——奥斯曼帝国。从那时开始，奥斯曼帝国前后历经了十代英主的统治，经过几百年的开疆扩土，最终发展成为一个横跨欧、亚、非三大洲的庞大帝国。奥斯曼帝国位于欧亚、东西分界线的位置，其所控制的达达尼尔海峡、博斯普鲁斯海峡为欧亚重要的海上交通线，是连接欧亚的桥梁，战略地位十分显要。同时，奥斯曼帝国疆域的广阔，也带来了人口、民族、宗教、文化的复杂性。在这个充满半欧半亚风情的国度，生活着奥斯曼人、埃及人、阿拉伯人、希腊人等不同民族，又散布着基督教、犹太教、伊斯兰教等多种宗教信仰，这一切都使帝国散发出独特的魅力。所有这些构成了近代中国人注目奥斯曼帝国的基础性原因。作为一个与之拥有相当地位的大国，近代中国对于世界知识有着强烈的渴求，对于奥斯曼帝国这样一个处于东西交流要冲的大国，自然要多加留心。即便从了解西方社会的角度来看，人们也难以绕开这个曾经在欧洲政治舞台上叱咤风云的强者。

至清末民初，奥斯曼帝国已经经历一个长时段的下滑期，各种矛盾交织，内政的腐败、列强的肆虐，使这个昔日威震四方的帝国一蹶不振，沦为"近东病夫"。特别是到第一次世界大战结束，作为战败国的奥斯曼帝国遭受了列强严厉的惩罚，丧失了大量国家主权，领土几乎被瓜分殆尽，跌到了历史的最低谷。所幸在危难时刻，凯末尔挺身而出，带领人民经过三年苦战，终于将希腊侵略军赶出国土，实现了民族独立，迈上了国家振兴的坦途。不可否认的是，复兴之后的新土耳其，不复当年的风采，控制的土地、人口大为削减，和昔日的奥斯曼帝国相比，难以望其项背。但其悠久的历史和文明是不随时代变化而磨灭的，人们在追溯历史的时候，总不会忘记帝国往昔的辉煌。更何况新土耳其在20世纪20年代以后仍不失为一个区域性大国，它依旧扼守着黑海与地中海之间的海峡通道，在国际事务中拥有举足轻重的地位。

从晚清到民国，奥斯曼帝国自身的战略地位，一直是国人关注它的基本而持久的因素。关于这一点，我们可以从时人的论述中得到印证。19世纪70年代，出使欧洲的使臣李凤苞了解到西方列强将奥斯曼帝国视为其殖民政策的一个关键点，在这片土地上有着激烈的争夺。他在出使日记中记述了英国首相的看法，即奥斯曼帝国实际上是印度的屏障："一旦东土耳其被人兼并，由波斯建瓴而东，凭陵印度，是我英国剥肤之实也……故驻兵居伯鲁岛以助之，或谓英据此岛，耗费无益，岂知略用英制，未及一年，除偿土国利息之外，已有赢余。不但政教洋溢可化邻近之邦，且是岛既得地势，又多土产，为地中海东偏各岛之冠。苟能经营妥善，则印度可借为声援，东土耳其不致弱肉强食，英属亚细亚得以日渐富强，永无外患矣。"[1]可以说，奥斯曼帝国对于英国的战略安全意义重大，一旦为俄国兼并，波斯、印度无险可守，形势危险，故英国屡次出手援助，目的在于保护其亚细亚殖民地的安全。尽管李凤苞的着眼点主要在于西方列强对奥斯曼帝国之争夺，但他通过英人的论述，体会到了这个国家在地理位置、军事战略上的重要性。

---

① 李凤苞：《使德日记》，中华书局，1985，第24页。

　　光绪年间，讲求西学的瞿昂来在其编校的《列国陆军制》中，再度对奥斯曼帝国在国际局势、亚洲事务、伊斯兰教务上的综合影响力发表了看法。一直以来，西方人都渴望将奥斯曼帝国这个异端国家驱逐出欧洲。瞿昂来恰是要讨论这样做的后果，他首先考虑的是奥斯曼帝国在伊斯兰世界的影响力，认为其一旦离开欧洲，必会转向亚细亚发展，波斯、印度均会随之归附，"土耳其人若由欧洲驱逐出境，英危将大。盖土耳其人皆崇回教，土皇系回教皇。失于欧洲必欲得于亚细亚。土耳其人较波斯人多，而且强势，必欲踞波斯，踞波斯则印度四十兆同教之人，必招之使来重兴回朝，英人弃印度而归矣"。同时，奥斯曼帝国一旦为俄国所据，俄进而可以控制海峡、黑海要塞，对英国不利，"俄得土京，英之炮船不能敌，其私计俄欲以黑海为内河，英船不能进，俄在内地可造铁路通小亚细亚，断英通印度之路，亚细亚大局可为之一变"。① 可见，奥斯曼帝国的战略地位很早就被中国人明确意识到。

　　即使到民国时期，中国人对奥斯曼-土耳其的一举一动仍然高度关注。特别是在第二次世界大战期间，土耳其究竟是保持中立，还是偏向轴心国，牵动着中国政府的心，其态度将直接决定欧洲时局的走向，也势必影响到中国战局。据学者研究，二战期间中国驻土的外交官员"在土耳其所搜集之情报，便以土耳其与英、美、日之外交动态为主，以让在亚洲的中华民国能了解欧洲之战况与土耳其对日本之态度"。② 当时中国

---

① 〔美〕欧波登著，〔美〕林乐知口译，瞿昂来笔述《列国陆军制》，倪晓建主编《汉译西方军事文献汇刊·德国专辑》第 25 册，学苑出版社，2015，第 99—100 页。

② 〔土〕娜姿妃：《中国和土耳其外交关系之研究（1923—1949）》，第 72 页。

的各大报刊，也对这方面的动向给予实时报道，甚至直接发表意见，公开呼吁土耳其站在反法西斯阵营一边，为世界和平做出贡献。同时，土耳其东西混合的文化特色也一直是国人的兴趣点。1948 年，学者陈达在土耳其伊斯坦布尔考察时，看到了在中国古老市镇才可以见到的古色古香的城墙，看到有着一千年以上历史的圣苏斐博物馆同时雕刻有基督教和伊斯兰教的经典故事，他对土耳其的定位依旧是"东西文化的桥梁"。①

## 二　两国近代命运的相似性

近代中国人关切奥斯曼帝国的主要原因，在于两国近代命运的相似性。从 16 世纪开始，奥斯曼帝国结束了其锋芒毕露的鼎盛时期，逐渐走下坡路。至 19 世纪，它早已从一个幅员辽阔的大帝国沦落为疆土日蹙、任人宰割的"近东病夫"。无独有偶，此时处于远东的中国在被列强以坚船利炮叩开国门之后，也一步步地丧失自己的领土和主权，成为西方人嘲笑的"东亚睡狮"和"远东病夫"。可以说，中国与奥斯曼帝国在近代面临相似的国际形势和时代主题，在西力东渐的浪潮之下，两国有着相似的外敌入侵，相似的民族沉沦，与之相对，也有相似的学习西方与振兴民族的紧迫任务。不同的是，所有的这一切奥斯曼帝国都先于中国几十年而遇到了。因此，在面临西方猛烈冲击之际，中国人很自然地将目光聚焦到它的身上，愿意去关心这个共患难的"兄弟"之国是如何应对的。

20 世纪二三十年代，新土耳其成功甩掉了"近东病夫"的帽子，实现了民族独立和国家振兴，成为当时殖民地、半殖

---

①　陈达：《东西文化的桥梁》，《新路周刊》第 1 卷第 10 期，1948 年。

民地国家学习、借鉴的榜样。而与此同时，"远东病夫"中国却没有完成自己的历史使命，充满内忧外患，发展举步维艰。于是，土耳其的复兴在中国社会激起了各种回响，促成了奥斯曼-土耳其研究的又一轮高潮。有人通过扎实的翻译和研讨，或亲自体验、调查，提出新颖的见解；有人采取口号式的呼吁手段，倡导效仿、学习；有人经过理性思索，形成了有深度、有见地的看法；还有人截取某一侧面，进行自身行为合法性的论证。无论哪一种取向，都充分证明两国相似的民族命运引起了国人对奥斯曼-土耳其的注意，让人们自觉地将其视为最佳参照物。1933 年，后任河南大学教授的留美学生王善赏谈及自己研究土耳其的机缘，便以亲身经历证实了这一点。他写道：

> 鄙人于民国十二年由清华学校毕业，被派赴美留学。当时所研究的是政治外交，特别注意于领事裁判权问题。因为中国所受不平等条约的束缚，就是以关税协定同领事裁判权之害为最烈。所以个人认为须加特别研究。一则希望我国在不久的将来能够达到关税自主与取消领事裁判权之目的，再则希望个人能贡献其一得之愚，以尽国民一份子之责任。彼时土耳其正在努力取消领事裁判权和一切不平等条约，与我国之目的，是一样的。就在那年七月廿四日，土耳其竟能得到圆满结果，而跻国家于真正平等之地位。此后过了三个月零五天，又成立民主国。所以当时鄙人对于土耳其复兴的过程，极饶兴趣，加以研究。回国后，在燕京大学及厦门大学服务，亦开一课程，专讲近东与国际政治的问题，以促起我国青年之注意及见贤思齐的

志趣。①

可见，正是土耳其在收回领事裁判权、废除不平等条约问题上的成功运作，引起了王善赏的注目，进而激起了他对于土耳其整个复兴历程的钻研。类似的情况还发生在后供职于国民政府内政部的留德学生柴亲礼身上。他在旅德期间曾赴土耳其游历，并写下一本土耳其游记。他在该书自序中表示，自己很早就有考察意大利、希腊等文明古国的计划，但出于各种原因未能成行，而土耳其复兴一事，恰恰成为启动游历计划的关键契机："今土耳其勃然再兴，故欲一观，所以游历之观念愈加急切矣。"② 这足以证明土耳其的复兴，在国人心中引起了极大反响，人们迫切希望去了解曾与中国命运相似的土耳其的发展近况。

此外，中国与奥斯曼帝国均是长期处于皇权统治的国度，封建帝制及其衍生的太监制度多有类似之处，容易引发国人的比照和联想，这也成为近代中国人对奥斯曼帝国的又一兴趣点。比如落后、野蛮的太监制度便在晚清时期屡屡遭人诟病，被视为国家不文明、不人道的标志。在一片倡言废止的声音中，人们总不忘附带提及奥斯曼帝国。19世纪70年代，出使欧洲的张德彝在日记中指出："环球大国，有宦官者，中国及土耳其耳，欧洲古有今无。"③ 清末十年，废除太监制度的呼声日益增强，奥斯曼帝国的例证也时常出现在国人笔下。1902

① 王善赏：《土耳其民国十周国庆纪念之感想》，驻豫特派绥靖主任公署，1933，第2—3页。
② 柴亲礼：《希腊土耳其游记》，京华印书馆，1933，第3页。
③ 张德彝：《八述奇》，岳麓书社，2016，第616页。

年，儒学家孙诒让认为欧美国家均不再使用太监，"以为与文明之化不无微碍"，只有土耳其、波斯尚沿旧制，由此力主中国革除之。①

延至民国，这种相似性的记忆仍然没有消退。奥斯曼帝国皇室的动态常常为学人关注，并激起他们对于逊位多年的清室的回想。1924 年，土耳其共和国政府正式宣布废除帝制，并将苏丹驱逐出境。政论家、清史专家孟森当即在《申报》上对两国"皇帝逊位"进行了品评：

> 今之土政府不但政治革命，亦并行其宗教革命，截然与宗教分为二事。而其向时土耳其之皇室留为回教之教主，盖与俄之杀戮其旧君为相反，与我之保全清室为略相近。又与意大利之处置教皇微有同焉。正惟以土皇之尚与回教为相维系，不似清室之根本先亡，满洲本土绝无满人根据之势力，远不如蒙藏之尚有种族界限，为其政治区域之标帜。故其结果不同。如此，土耳其之处置皇室特定专条于根本组织法之外，犹之吾国之清室优待条件，然清室优待条件订定于逊位之初，土皇室之条件乃由国民议会决议于根本组织法业已规定之后，盖纯为国民对于宗教之处分，非土皇有何要索之能力矣。条件不过两条，一则不承认皇室于国家有何职权，二则认其为回回教教主，惟其由何人践此皇位，仍由国民议会选举且由国民议会政府保护之。②

---

① 孙诒让：《周礼政要》卷上，黄晨主编《孙诒让稿本汇编》第 1 册，国家图书馆出版社，2019，第 38 页。

② 心史：《国会统治之新国家》，《申报》1924 年 2 月 29 日，第 4 版。

从孟森的论述可以看出，他基本肯定中土两国以较为和平的方式进行退位革命，与俄国革命不同。但中土两国的革命又有所不同，土耳其革命带有宗教革命的意义，故与中国革命的结果不尽相似；皇室退位条约的制定程序亦略有差别，土耳其皇室虽退，但仍保留伊斯兰教教主身份，只是教主人选须由国民议会裁定。相较而言，清皇室的覆亡更加彻底。

清遗老刘声木的笔记中也多次提及奥斯曼旧皇室的信息。他专门梳理了自清帝逊位后的十多年间德国、俄国、奥匈帝国等欧洲大国统治者丧失皇位的亘古变局，奥斯曼帝国苏丹的近况自然包含其中："土耳其帝国皇帝、回教教主阿白杜尔米杰德阿芬地被国民押解出境，寓居瑞士。"[1] 在另一部笔记中，他从期刊报纸上搜罗了各国废帝的财产状况，体现了在君主专制政体日渐扫除的时代，国人对于帝制残余的关心。据记载，到 1931 年，"中国现年二十六岁之逊帝溥仪，乃最贫者，其所执之珍宝，多属赝鼎，此外无他财产……土耳其废皇□□去国时，除妻妾珍宝外，仅携有二万五千元，于外国银行亦无存款。然各君主能自善其后，不能栖身贫老院。土耳其之苏丹□□虽较贫，现居瑞士，由其故国之教会，每年给以一万八千元之赡养费"。[2] 20 世纪 30 年代，都市时尚通俗文学期刊《紫罗兰》还刊文介绍奥斯曼帝国已故苏丹的儿子被凯末尔驱逐

---

① 刘声木撰，刘笃龄点校《五洲帝室多故》，《苌楚斋随笔续笔三笔四笔五笔·续笔》卷 2，中华书局，1998，第 263 页。

② 刘声木撰，刘笃龄点校《各国废皇财产》，《苌楚斋随笔续笔三笔四笔五笔·四笔》卷 6，中华书局，1998，第 804 页。

出境后，在罗马尼亚因为挥霍无度，几度陷入贫困境地的故事。① 两国皇帝虽已退位许久，但中国人对这种相似性的关注，仍没有完全消逝。凡此足以证明，两国在封建制度上的相似性，的的确确是国人对于奥斯曼帝国的兴趣点之一。

晚清之际，中国人往往从全球视野出发，对奥斯曼帝国进行评判，以便给予更加准确的定位。王韬曾强调奥斯曼帝国对于英属印度殖民地的战略意义，要远大于英国本土在欧洲的战略意义。英伦三岛孤悬海外，有德国、法国、意大利等为阻蔽，加以雄于天下的水师战舰，俄国即使吞并奥斯曼帝国亦难以攻击英国本土。但一旦奥斯曼帝国落入俄国之手，其对于印度的威胁就不容小觑，"土既入于俄，则亚洲一隅已无所阻，必将次第扫除波斯，剪灭阿富汗，以窥伺印度。英至此，势恐不能与之相敌，而泰西大小诸国亦无有为之援者"。②

对于奥斯曼帝国所控制的东西海路要塞，即黑海至地中海之间的海峡，包括博斯普鲁斯海峡、达达尼尔海峡、马尔马拉海峡的战略地位，国人亦有清醒的认识。1890 年，薛福成用较大篇幅详细描述了海峡的形势：

> 按土耳其，跨欧亚两洲为国，其都城建于欧洲之罗美里，曰君士但丁；对岸即亚洲之美诺，曰斯居得利。中隔海峡，黑海之水入焉。峡名波斯福尔，亦曰君士但丁峡，欧洲一岸长三十二启罗迈当，亚洲一岸长三十八启罗迈

---

① 张碧梧：《穷奢极欲之土耳其王子》，《紫罗兰》第 4 卷第 13 号，1930 年。
② 王韬：《英重防俄》，《弢园文录外编》，上海书店出版社，2002，第 100—101 页。

当，宽自六百迈当至三千二百迈当。惟欧亚两岸炮台之间，宽只五百五十迈当，深二十七迈当至五十二迈当，水流速率每小时约有五千迈当，皆自东北而至西南。黑海之水，过此潴为马尔马拉海，因其中有马尔马拉岛得名。过此海，则为他大尼里海峡，长六十七启罗迈当，宽一千二百迈当至七千五百迈当，深五六十迈当。礁多流驶，船不易过，只可鱼贯而进，不能方舟并行。两岸亦有炮台，可以对击，是为黑海及君士但丁锁钥。由是入于额力西皋耳海（译言希腊群岛海），以注于地中海焉。泰西人称君士但丁峡为金角，以其都城为天下形胜第一也。[①]

如此重要的交通要塞都归奥斯曼帝国所有，自然使其成为兵家必争之地。对此，薛福成亦有充分的了解："地为土耳其之地，海为土耳其之海，似与英俄两国无涉；然土既衰弱，不能自守，故两国得倚以为重轻焉。土存，则英恃为拒俄之屏障；土亡，则俄因以撤英之藩篱。两雄不相让，两策不并行也。"[②]

在进行世界形势的定位时，近代中国人还有一种类比春秋战国形势的认知取向，凸显了传统文化资源的现代运用，奥斯曼帝国的世界地位也从中得到更为形象的展现。1877年，出使日本的何如璋对欧洲各国进行了这样一番点评：俄如秦，奥与德如燕赵，法与意如韩魏，英如齐楚，"若土耳其、波斯、

---

① 薛福成：《出使英法义比四国日记》，钟叔河主编《走向世界丛书》第8册，岳麓书社，2008，第135页。

② 薛福成：《出使英法义比四国日记》，钟叔河主编《走向世界丛书》第8册，第135页。

丹、瑞、荷、比之伦，直宋、卫耳，滕、薛耳"。① 奥斯曼帝
国显然只能是诸侯国中的弱小国家。1897 年，维新派陈炽将
俄国比作强秦，奥斯曼帝国和朝鲜比作韩国，"韩最近秦，为
各国之屏蔽，韩不灭，不能窥中原，韩即灭，即各国俱非秦敌
矣。今亚洲之高丽，欧洲之土耳其，即东西两韩也"。② 这种
看法是以俄国为参照系的，凸显了奥斯曼帝国和朝鲜在东西方
两端屏蔽之位置。1891 年，薛福成指出，"今地球大势，颇似
春秋之后、战国之初"。他将俄、英、法、美、土、德、日等
国与春秋战国的各国逐一匹配：

> 俄罗斯以一面制三面，诸国畏之忌之，如六国之摈
> 秦；而俄之日趋强盛，颇如秦献公、孝公之时。英之国
> 势，与俄相匹，而富强过之，殆犹楚宣王威王之时，初并
> 吴越，地广人众，而衰微尚未见也。法兰西本霸国之馀，
> 拿破仑第三其犹齐闵王乎？德意志用贤才以勃兴，地不甚
> 大，而国势可抗英俄，殆犹赵之几与秦楚相匹乎？美国僻
> 处一洲，自辟疆土，亦犹燕之僻在一隅，而战争之祸较寡
> 焉。奥斯马加、意大利四战之国，犹韩、魏也。中国尚文
> 德而不兢〔竞〕武力，颇有宗周气象；然犹似在春秋之
> 前，非若战国二周之弱小也。土耳其处两大洲之中，为
> 英、俄、法所窥伺，孰先得之，皆足以广地而张国势，恐
> 不免如战国之宋，为齐、楚、魏所分裂也。日本国虽小，

---

① 何如璋：《使东述略》，钟叔河主编《走向世界丛书》第 3 册，岳麓书社，
2008，第 99—100 页。
② 《俄人国势酷类强秦论》，《陈炽集》，中华书局，1997，第 314 页。

常有与诸国颉颃之意，其犹中山乎？其馀诸国，殆如泗上
十二诸侯焉耳。①

这些对应颇有意思，也较为合理。一方面，能够被薛福成
点到的国家，在国际社会尚有一定地位，否则就会成为"其
余诸国，殆如泗上十二诸侯焉耳"，不值一提。奥斯曼帝国获
得点评，可见在当时仍具有相当的国际影响力。另一方面，奥
斯曼帝国是走下坡路的国家，其地理位置的重要性，只会加剧
列强的角逐，难免成为各家瓜分之对象。

### 三　宗教领域的交流与摩擦

中国与奥斯曼帝国之间长期存在宗教领域的交流与摩擦，
这恐怕也是国人关注对方的一个重要原因。前文已经提及，奥
斯曼帝国是一个信奉伊斯兰教的大国，其苏丹还有一个重要身
份——伊斯兰世界的哈里发，也就是说他不仅是帝国的统治
者，也是整个伊斯兰世界宗教上的领袖，至少名义上如此。由
于奥斯曼帝国在伊斯兰世界享有特殊地位，帝国的兴衰史早已
成为伊斯兰发展史的重要组成部分。两者的关联性在奥斯曼-
土耳其人那里表现得最为明显。长期以来，他们将自己与伊斯
兰教完全等同起来，以致"土耳其民族"这一概念无法显露
出来。正如国际知名的土耳其研究专家伯纳德·刘易斯指出
的，"奥斯曼"这一名称，"是根据它作为一个朝代的意义，
而不是根据它作为一种民族的意义来理解的，而奥斯曼国家被

---

① 薛福成：《出使日记续刻》，钟叔河主编《走向世界丛书》第 8 册，第
477—478 页。

认为是直接承袭和接替了过去的伊斯兰大帝国而来的。至于作为集中表现民族忠诚感和爱国心的如像奥斯曼民族和奥斯曼祖国等一类的概念，那是在十九世纪受到欧洲影响之后的产物"。①

实际上，中国人对奥斯曼帝国"回教大国"的印象至少在清前中期就形成了。成书于雍正朝的《海国闻见录》和嘉庆朝的《海录》均强调奥斯曼帝国为"回教大国"。到 19 世纪 50 年代，何秋涛在评议魏源、叶圭绶二人对《海录》中"役古国"的认定问题时，主要判别依据也是奥斯曼帝国的伊斯兰教国家性质。魏源认为"役古"指的是奥斯曼帝国，叶圭绶则认为"役古"指的是俄罗斯，二人给出了各自的论证。那么，何秋涛是如何裁决的呢？他找到"役古"一节"为回子种类"记载，断定"役古"为奥斯曼帝国，绝非俄罗斯，从而支持了魏源的观点。② 可见，在何秋涛心目中，奥斯曼 - 土耳其人最显著的特征即其伊斯兰教信仰。

晚清中国人对奥斯曼帝国在伊斯兰世界的影响力也有着充分的体验和认识。1866 年，满人斌椿以首席代表身份率领清政府访问团赴欧洲考察，他的出游笔记记载了旅途中的一则见闻："舟中有印度回教人，往土耳其国拜教祖墓以祈福者，登舟病不能起，三月朔圆寂。舟例，客死则投诸海。"这位印度的伊斯兰教徒不远万里赴土耳其朝拜，竟命丧大海，给斌椿留下了深刻印象，他在诗作中感慨印度佛教的衰落："嗣兴回教祖，相衡亦异端；舍近而求远，邀福往他山。"③ 我们亦可以

① 〔英〕伯纳德·刘易斯：《现代土耳其的兴起》，第 8 页。

② 何秋涛：《朔方备乘》卷 40，台北：文海出版社，1964，第 821 页。

③ 斌椿：《海国胜游草》，钟叔河主编《走向世界丛书》第 1 册，岳麓书社，2008，第 162 页。

从中推导出，斌椿对奥斯曼帝国之于伊斯兰教信徒的吸引力，有了真切的体认。延至民国，奥斯曼-土耳其也成为伊斯兰发展史书写的重要内容。比如陈捷出版于 1933 年的《回教民族运动史》，将奥斯曼-土耳其的国家命运与整个伊斯兰世界的兴衰紧紧联系起来，其所占比重自然很高。如"土耳其之屈辱"专作一章，分五节详细阐述，包括土耳其建国、俄人南侵、列强的保护、德国的介入、青年土耳其党执政时之厄运等内容，而其他伊斯兰国家及区域如浩罕、波斯、阿富汗、印度、南洋、埃及、摩洛哥则置于一章，各占一节；在"回教民族运动"部分，土耳其又独占一章，包括国民议会政府成立、国民政府之外交、希土大战、洛桑合约、土耳其民国成立及各种改革五节，不可谓不详细繁复，而其他国家都只出现在某一章的某一小节，如阿拉伯、叙利亚、伊拉克同列于"旧土耳其境内之民族运动"一章，埃及、摩洛哥放在了"非洲回教民族之运动"一章，内容介绍自然不如土耳其丰富、细致。对于这样的安排，作者在书中有过明确交代："大战以前，土耳其国土最广大，地势最扼要。其受列强之欺陵也亦极久。土耳其为回教民族宗主国，土耳其之存亡，在回教民族中，关系甚大。土耳其而存，全世界回教徒，尚存一线之希望。土耳其而亡，则全世界回教在政治上皆失望矣。兹故就土耳其之兴衰，详为论列焉。"①

奥斯曼帝国在全世界穆斯林心目中享有崇高地位，前往朝圣、联络者不绝如缕。奥斯曼帝国苏丹也常常向世界各地的伊斯兰国家派遣使者，试图扩大其影响力。伊斯兰教在中国流传

---

① 陈捷：《回教民族运动史》，商务印书馆，1933，第 11 页。

较广，对中国的政治、社会、宗教、文化产生过较大影响。于是，近代以来，中国与奥斯曼帝国并非隔空相对、完全没有实质性的联系，实在宗教领域，双方一直存在一条沟通渠道，这也是考察近代中国人奥斯曼帝国认知的一个视角。从晚清至民国，很多中国回民前往奥斯曼帝国朝圣、参观或留学。他们留下大量的日记、游记，记叙在奥斯曼帝国的见闻，并且经常在回族知识分子主办的期刊上报道奥斯曼帝国的相关资讯，发表见解。道光年间，云南回民马德新曾赴奥斯曼帝国游历，并留下了文字记录。清末回族教育改革家王宽曾以中国总教长的名义觐见奥斯曼帝国苏丹，苏丹向其询问中国革命情形及政治状况。王宽长于宗教哲学，但对于国内政治详情素未注意，致应对之间语多遁词。他回国后深自奋勉，乃创立学校，组织"中国回教俱进会"，以树开通风气之先声。[1] 王宽在"中国回教俱进会"的一份通告中对这段经历有过简单交代："余游土耳基归国后，始知世界大势非注重教育，不足以图存。遂即提倡兴学。未几，而清真学堂以立。"[2]

近代中国前往奥斯曼-土耳其留学的回民亦不在少数，他们希望能够从中找到革新伊斯兰教、振兴国家的良方。北平清真书报社主人马星泉之长子马宏道曾留学土耳其，在伊斯坦布尔居留十二年之久，1932 年毕业于土耳其国立师范大学哲学系，获哲学硕士学位，1933 年归国。马宏道精通阿拉伯语和

---

[1] 杨德元：《国难严重期中回教徒应有的觉悟》，《晨熹》第 3 卷第 1 期，1937 年。

[2] 王宽：《〈中国回教俱进会本部通告〉序》，白寿彝：《中国伊斯兰史存稿》，宁夏人民出版社，1983，第 383 页。

土耳其语，被视为中国回族知识界不可多得之人才。[1] 20 世纪 30 年代，长期寓居土耳其的回民王曾善归国，引起了回民的广泛关注和欢迎。《成达文荟》杂志称："好了！王曾善先生自土负誉归来了，他的声誉，差不多传遍了中国，在他没有起程之前，一般教民的热望，好像大旱之望云霓，而王先生的归国，适当其时。所以王先生在香港直至北平的途程中，不知受了多少热烈的欢迎。一则是王先生负了领导回民的使命，值得大家来欢迎的；一则也是一些回民救教心切，故有此举。王先生在土几年的期间，所研究的东西，当然是不一而足，不然，怎得称为博学多能的博士呢？不过就中以历史科为他的专长，尤其是回教史，更是他所注意的。想他一定有一种充分的明析，统系的理解。回国来，岂能不介绍给教胞们吗？"作者透露，成达师范师生邀请王曾善讲演、训话，给师生带来了不少新的知识，并请他将全回的历史译著一本，供大家学习，增加回民对于自身历史的了解。[2]

　　奥斯曼帝国的宗教活动也曾引起两国间的交涉和冲突。晚清时期，奥斯曼帝国苏丹曾多次遣使来华，在北京、上海、苏州、镇江等地干涉回民事务，插手中国内政，引起了中国方面的广泛关注，包括总理衙门、地方官员、新闻媒体都有大量的记录和回应。更有甚者，奥斯曼帝国利用自己的宗教势力，不

---

① 《马宏道君行将返国》，《月华》第 5 卷第 18 期，1933 年，徐丽华、李德龙主编《中国少数民族旧期刊集成》第 18 册，中华书局，2006，第 348 页。

② 韩宏魁：《回教青年所庆幸的——教史译著有人》，《成达文荟》1932 年第 4 集，王正儒、雷晓静主编《回族历史报刊文选·社会卷·青年》上册，宁夏人民出版社，2012，第 478 页。

断向中国西南、西北地区渗透，对中国边疆安全和稳定构成了一定威胁。晚清云南回民杜文秀起义、新疆阿古柏伪政权，背后都有一定的奥斯曼帝国色彩，他们都曾派使者前往帝国联络，希望取得军事、外交、宗教各方面的支持。这自然引起了中国官方及知识界的警觉，人们开始思考奥斯曼帝国在中国外交格局中究竟扮演了何种角色，中国应该如何妥善处理与该国的关系。在这一背景下，加强奥斯曼帝国的专题研究，就显得十分迫切。

## 第二节　奥斯曼帝国信息的获取

近代中国人认知奥斯曼帝国主要有两大途径：一是来自西方和日本的有关论著，由此获取其政治、经济、社会、历史文化等各方面的信息，了解其世界处境和国际地位；二是通过与奥斯曼帝国多渠道的往来，直接接触，深入感知。近代以来，两国之间存在外交、军事、经贸、游历等多层次的交流，国人由此得以更加直接、深入地了解其风土人情及发展实况。

### 一　来自西方的影响

中国人接触和了解奥斯曼帝国的一个重要渠道，是西方的文化输入。近代以前，中国长期闭关自守，对于外部世界知之甚少，处于盲目自大的虚骄状态。而同时期的西方，在经历了文艺复兴、新航路开辟及工业革命之后，确立了资本主义在世界范围内的统治地位，迅速走上了全球扩张的道路。在西风东渐的浪潮之下，世界一体化进程拉开大幕，古老的中国也被动卷入了资本主义世界体系。在被列强的坚船利炮轰开国门以后，从迷梦中惊醒的中国人不得不睁开眼睛去重新打量世界，了解域外各国动态，掌握新的世界法则。此时，西方人通过各种方式为中国人提供了域外新知，大量有关奥斯曼帝国的信息也随之输入，其中以阅读和翻译西人的论著为最基本的路径。

西方知识的传入，至少要追溯到明末清初传教士的东来，他们带来的不仅有基督教，也有大量的西方自然科学和人文科学知识。早期传教士撰写、翻译的史地论著中就已提及奥斯曼帝国。这些传教士与中国士大夫有着一定的交往和知识交流，早期奥斯曼帝国信息也在其间微弱地传播。到近代前夜，来华西人已经开始在东南亚、中国南部沿海地区创办各种中英文报刊，介绍世界各国政治、经济、军事、社会、宗教动态，其中不少亦涉及奥斯曼帝国。这些刊物在部分国人，特别是中国早期基督教徒中有不小的影响力，个别教徒甚至参与了报刊的排版、刊刻、印刷、派送工作。由此可以推断，这些人或多或少地得知了一些奥斯曼帝国的信息。

如果说近代以前西方传教士在华活动还处于非法或秘密状态，那么两次鸦片战争之后，他们的活动则从地下走到地上，其布道和出版事业都获得了更为宽松的社会环境。在这种情况下，传教士主办的报章杂志大量涌现，如《字林西报》《万国公报》《中国教会新报》《教会杂志》《北华捷报》等均有一定篇幅的新闻报道和评论文章关涉奥斯曼帝国。这些刊物的读者不乏中国知识人，他们能够从中了解一些有关奥斯曼帝国的信息。

晚清时期，由于奥斯曼帝国在国际舞台上扮演着十分重要的角色，许多有关国际政治、经济、军事的西方著述都不可避免地涉及这个国家。随着这批著述的译介和传入，有关奥斯帝国的军政知识也流入中国。1875 年，传教士林乐知等翻译的《欧洲东方交涉记》中不少内容是讲奥斯曼帝国的，包括"克里迷亚之战本末""土京会议纪略""俄土之战咎有攸归"等。① 在中国知识阶层流播甚广的由李提摩太翻译的《泰西新史揽要》中也有"土耳其"一章，详细讲述了奥斯曼帝国的发展史。这批西人著作中的相关观点对中国读者产生了很大影响。

近代中国在培养了一批通晓外文的人才之后，也开始翻译一批西人的论说。清末，中国官方获取外国情报的手段日益丰富，外务部就大量翻译英国路透社传送过来的奥斯曼帝国最新消息。据《外务部收发文依类存稿》载，1903 年 12 月 3 日外务部收路透社电："土耳其京都总未有闻俄国咨请将黑海舰队驶出大甸尼尔士海峡。昔英俄有约，限俄国舰队不得全行出峡，近日欲出，故须咨请。"② 这则消息反映了英俄两强围绕奥斯曼帝国要塞达达尼尔海峡之争。有时，外务部对于反馈过来的电报，不是简单地阅读，还要附上批语。1903 年 12 月 13 日外务部收到电文："勃格里阿国有兵千名，在巴兰格地方过界攻土耳其，两军对敌后，土耳其之兵先退，其军队现已赶速招募矣。"外务部官员在电文后专门批注："此可见近东乱机已萌矣。"③ 足见清廷十分关注奥斯曼帝国乃至整个近东局势，而翻译西方电报是一个便捷的路径。直到民国时期，路透社的

---

① 〔英〕麦高尔：《欧洲东方交涉记》，〔美〕林乐知、瞿昂来译，江南制造总局，1875。

② 《清外务部收发文依类存稿》，全国图书馆文献缩微复制中心，2003，第 119 页。

③ 《清外务部收发文依类存稿》，第 121 页。

电文依旧是中国人了解土耳其实时动态的有效途径。现存1924年外交部条约司翻译路透社的一组关于土耳其改革的报道，就包括《土耳其之讨论废止案》《土耳其与德国订约修和》《土国废除回教教主职权》《土耳其政治改革》《土耳其之新内阁》《俄土自由通商》。① 这说明通过新闻翻译工作，中国官方能够以最快的速度把握和了解远方的土耳其正在经历的变革。

至于中国人翻译的西方论著则更多了，涉及奥斯曼帝国的也不在少数。比如1909年，严复翻译了孟德斯鸠的名著《论法的精神》，其中涉及奥斯曼帝国的君主专制制度。该书在国内的广泛流传，使国人了解到其君主制度的某些特点。而严复翻译的亚当·斯密《国富论》则介绍了该国公司制度的现状，这同样是中国人了解奥斯曼帝国经济情报的一个有效路径。

即使到了民国时期，从整体上而言，中国能够亲赴奥斯曼–土耳其参观、考察、学习的人依然不多，但人们了解这个异域国家的欲望越发强烈，当时国内所能找到的资料越来越不能满足国人日益增长的知识诉求。不止一位学者抱怨，在中国从事奥斯曼–土耳其研究，资料和专著的匮乏实在是一个令人头疼的难题。在这种情况下，有能力从事译介工作的人还是采取大规模输入西方现成论著的方式。1934年，范师任选译了西人罗伯特·贝克（Robert L. Baker）发表于美国《当代史》（*Current History*）杂志上的《建国十年之新土耳其》一文，认

---

① 《民国外交档案文献汇览》第4册，全国图书馆文献缩微复制中心，2005，第1707、1751、1803—1804页；《民国外交档案文献汇览》第5册，第1906、1957—1958、2007页。

为该文措辞公允，叙事翔实，足资中国人借镜自新，发奋图强。[①] 另有一批学者取材西人已有的史料，加以整合，形成土耳其研究论著。需要说明的是，在那样一个动乱不已的年代，中国知识人能够克服重重困难，千方百计地从国外搜寻到有价值的资料、论著，翻译呈现给国内读者，其孜孜不倦的学术精神和感人至深的爱国热忱，总令人动容。1943 年，时任浙江大学史地系教师的黎子耀翻译了伦敦泰晤士报馆的《土耳其特刊》，取名《土耳其之建设》。他在该书序言中说：

> 凯氏对于改革事业，进行不遗余力。十余年内，一切改观，使中古式的土耳其，一跃而列入现代化国家之林，不可谓非现代史上一大奇迹。其阀谟硕画，吾人愿悉其详。徒惜我国论列新土耳其之书，坊间寥寥无几；国人于其改革计划，尤少作全面的介绍。具见我国著术界之犹属沈沦，言之可为太息！一九三八年八月伦敦太晤士报馆有"土耳其特刊"之辑，嗣由伦敦太晤士出版公司印成专书行世。诸文由各专家分撰，取材最为精到，于兹足以窥新土耳其之全貌。爰特译出，以飨国人，颜曰："土耳其之建设。"他山之石，可以攻错。吾人之建国大业，经纬万端，于此亦或有所借鉴，是则斯编之译，不为徒劳矣。[②]

可见直到 1943 年，黎子耀还在感慨中国学术界缺乏关于

---

① 范师任：《建国十年之新土耳其》，《华侨半月刊》第 42 期，1934 年。

② 伦敦太晤士报编辑《土耳其之建设》，黎子耀译，文通书局，1943，译者序，第 2—3 页。

土耳其复兴历程的权威著述，他只好去翻译英人的论著，希冀起到"他山之石，可以攻玉"之效。

近代中国人还在与西人的直接往来中获取关于奥斯曼帝国的信息。自 19 世纪 70 年代起，中国开始努力融入国际社会，按照国际通行的外交法则，向西方国家派遣驻外公使，这一举动无疑为时人认知奥斯曼帝国开辟了一条新渠道。这批外交官在走出国门之后，通过各种渠道，以不同方式，获得奥斯曼帝国的第一手信息，有时还会将自己的看法传递回国内。公使们搜集列国动向，乃是清政府布置的一项基本任务。1876 年，总理衙门明确要求驻外公使将外交事宜、各国风土人情、外国书籍新闻纸的报道反馈回国，"数年以后，各国事机，中国人员可以洞悉，即办理一切，似不至漫无把握"。① 应该说，外交公使们较为忠实地执行了总理衙门的规定，奥斯曼帝国的各类信息就在此种背景下大量获取和流传。

公使们一旦置身西方国家，各类奥斯曼帝国情报自然会不期而至。他们在翻阅西方报纸时，会读到最新的奥斯曼帝国新闻和时评。驻德公使李凤苞在旅德期间，通过阅读来自俄国官报的消息，了解到奥斯曼帝国所处的外交环境。该报提示在与英国亲密接触时要保持一份警惕，英国对于中国的所谓保护，"不过如今日据居伯鲁岛以保护土耳其而已"。② 这里，借助俄国这一"第三者"的观察，李凤苞能够感受到，英国对待中国与对待奥斯曼帝国本质上是一样的，都有自身的侵略意图。

外交官在与西方人直接打交道的过程中，也会了解到奥斯

① 《总署奏底汇订》第 3 册，全国图书馆文献缩微复制中心，2003，第 1345 页。
② 李凤苞：《使德日记》，第 49 页。

曼帝国的最新动态。1868 年，应法国外务部之邀，外交官志刚于 12 月 8 日会晤外交大臣拉法来德。由于当时奥斯曼帝国与希腊正在交战，拉法来德忙于参加列强的七国会议，故会见稍迟。志刚遂在日记中记载了其在巴黎打听到的战况："希拉踞中海北岸，群岛以为国。俄人借为欧南之援。土尔其昔败于俄，英、法恐俄之南也，援之得免俄患。土在希东，尝扰希。英、法又恐土之张也，共保希。希北恃俄，西资英、法，于是欲取中海土属之干地岛，或言俄构之也。土弗与之，希欲战。夫希小而土大，又尝为希拒土，为英、法者宜乎助希以拒土者也。使者适在法都闻之，乃言英、法必且助土以扼希，时有洋人谓然。盖俄人靡日不思土尔其，碍于英、法之约。若英、法一经助希，土失两国之怙，则俄必起而议其后，两国弗为也。希卒未能取其岛。"[①] 1890 年，薛福成在巴黎旁听了法国上议院关于土修约问题的论辩会，他将情况如实记录下来："法国于同治二年与土耳其所立条约，今年期满，另议修约。外部以其约与各国不同，税则无常，议改为一律仿照一千八百二年第九款条约，而上议院不允。其为首辩驳者曰贾来仪。首相氏哈，偏护外部，力与争论。院中是氏说者百十七人，是贾说者百二十九人，继又有二人议率由旧章为是，允之者百六十三人，非之者八十五人，于是氏相及外部司毕赖告退。厥后，李宝继为外部尚书，与议院辩明此事，仍照司毕赖之议立约。"[②] 如是外交决策事件至少可以让薛福成发现，饱受欺侮的奥斯曼帝国是当时西方关注的焦点之一，也正因为如此，这个国家开

---

① 志刚：《初使泰西记》，钟叔河主编《走向世界丛书》第 1 册，第 307 页。
② 薛福成：《出使英法义比四国日记》，钟叔河主编《走向世界丛书》第 8 册，第 110—111 页。

始进入薛福成的视线。

中国的出洋考察人员在异国他乡有不少观光活动，也有机会接触到带有奥斯曼元素的物件，这会增加他们对于帝国的感知。1902—1903年奉命前往法国、比利时、美国、日本四国考察的贝子载振撰写的《英轺日记》中便有他的奥斯曼见闻及感受。他在日记中记述了前往博物院观看东方各国器物的情形："首印度，罗列各兵器盔胄之属，有全金宝座一。次埃及，次土耳其，次日本。"[①] 再如其赴格禄司博物院，他看到"印度、土耳其、希腊、罗马及欧洲前贤手迹，亦皆罗列中庭。余不能识其字，通其义，而古香古色，盎然行间，亦殊可爱"。[②] 在当时中国人鲜能游历奥斯曼帝国的情况之下，这种文化认知渠道实在不应被忽视。

此外，在与西方人打交道的过程中，国人亦会得到很多关于奥斯曼帝国的信息，这对他们的认知也产生了一定影响。据学者研究，清前期中国人在处理边疆事务之时，与俄国人、中亚人打交道，就初步了解到了西方存在一个大国——奥斯曼帝国。[③] 到晚清时期，这种情况更为普遍。当总理衙门与法国、美国驻华使节交涉时，西人经常以奥斯曼帝国做比喻，无形之中向中国人提供了一些信息。1882年四月初十日，美国何署使到总理衙门，与陈、夏、周大人谈话，记录如下："又云据新闻纸说法国兵已抢去越南一城。各堂云法国如此举动，泰西

---

① 载振：《英轺日记》卷5，台北：文海出版社，1972，第127页。
② 载振：《英轺日记》卷5，第139页。
③ Matthew W. Mosca, "Empire and the Circulation of Frontier Intelligence: Qing Conceptions of the Ottomans," *Harvard Journal of Asiatic Studies*, Vol. 70, No. 1, June 2010.

各国向来有此样子？想公论以为然否？何云：西国办法，必先彼此商量，不合亦必预先告知，断无强抢之理。法国不讲情理，从前抢土耳其的地，亦是如此的。"① 奥斯曼帝国的遭遇也经常为人们述说。1898 年正月初四日，法国署使吕班到总理衙门提醒中国官员，英国对待中国的办法与其对待奥斯曼帝国和埃及的办法类似："又云闻中国向英国借款，尚有将税关、厘金、盐课等事，准其包揽，此事于中国甚为危险。法国与中国交情甚密，不能不为告知，英国之待中国，大似待土尔其、埃及的办法。"② 当然，法国人也是出于自身利益，并非真正关心中国，但其中两国处境的对比的确传播了奥斯曼帝国信息。

到民国时期，中国的许多外交事务也不时关涉奥斯曼帝国，这有助于国人对其信息的捕捉。由于没有订约通使，中国在奥斯曼帝国的侨民遇到困难，外事部门只能通过其他欧洲国家的使馆与中国外交官取得联系，多有不便。1915 年 6 月，外交部收驻奥地利公使沈瑞麟电："驻奥土耳其大使奉政府命令通告本馆，有中国喀什噶尔人民二十人，旅居土京营业，现受战事影响，极为困苦，请即设法保护该人民等之利益等语。查中土尚未订约通使。本馆离土虽较他馆稍近，然以鞭长莫及，所有在土之中国人民利益，拟请大部迅速托友邦暂为保护，俟大局平定，另筹办法。"③ 1918 年，荷兰政府亦向中国方面提出，"允许荷使在华代管土耳其侨民事宜"。北京政府

①　《国家图书馆藏清代孤本外交档案》第 18 册，全国图书馆文献缩微复制中心，2003，第 7158—7159 页。

②　《国家图书馆藏清代孤本外交档案》第 28 册，第 11956 页。

③　《收驻奥沈公使电》，《民国外交档案文献汇览》第 1 册，第 405—406 页。

外交部以中国与奥斯曼帝国并非立约之国，且交涉甚少，拒绝了荷兰的请求。[①] 这些外交事件提醒中国政府，长期漠视与奥斯曼帝国的外交往来，会产生不利的影响，这自然也从一个侧面推动了后来中国政府与土耳其共和国的建交谈判。

## 二　来自日本的影响

在近代中国人的奥斯曼帝国认知中，来自东邻日本的影响不容忽视。戊戌维新时期，维新派机关报《时务报》曾聘请日人古城贞吉主持"东文报译"栏目，翻译了大量日本报纸的新闻评论，其中就有不少涉及奥斯曼帝国。如1897年第26期的《论土耳其军舰》一篇，即翻译自日本的《东京日日报》，向国人播报了该国军政不振，军舰陈旧不堪、年久失修的实况。[②] 再如该年第23期的《论土耳其情形》一文，讲述了列强在对奥斯曼帝国问题上的重重矛盾，以及逼迫其改革弊政之事。[③] 此外，《东京日日报》主笔碌堂所著的《土耳其论》也经古城贞吉之手翻译，连载于《时务报》1896年第11、13期，后被收入邵之棠所辑《皇朝经世文统编》。此为较早全面讨论奥斯曼帝国兴衰史的一篇文章，其中不少观点为国人汲取。如对帝国衰微原因的追溯，作者立足于西方立场，认为其保守、偏执，不能接受西方文明的"感化"，加以国内民族、宗教成分复杂，未能处理得当，最终导致内忧外患的危局。同时，作者肯定了奥斯曼帝国进步的一面，用较多篇幅介绍了其

---

① 《京华短简》，《申报》1918年11月25日，第2张第6版。
② 〔日〕古城贞吉译《论土耳其军舰》，《时务报》1897年第26期。
③ 〔日〕古城贞吉译《论土耳其情形》，《时务报》1897年第23期。

向西方学习的情况。① 这些内容在后来中国人的奥斯曼帝国论述中多多少少都有体现。

戊戌维新失败后，康有为、梁启超等人流亡日本，昔日的蕞尔小国开始充当西方文化传播者的新角色，所谓"东学"即在此时大规模输入中国。巧合的是，此时的日本亦十分关心奥斯曼帝国的近代命运，他们的知识人在这方面的著述颇为丰富，其中很多被译介至中国。比如中国社会公开发行的第一本奥斯曼帝国通史著作《土耳机史》，就是由维新志士赵必振于1902年翻译自日本人北村三郎。

有关奥斯曼帝国认知的日本因素，在清末发行的《外交报》上有集中体现。国人在翻译日人作品时，并非简单、机械地转译，而是结合自己的理解和感受，发表简短的评论，两国命运的参照也就凸显出来。如1905年11月15日，一篇题为《论近东时局》的文章译介了西方列强在奥斯曼帝国的动态及造成的危局。翻译者的按语为："今地球所称文明古国而积弱不振者，惟中国与土耳其耳。乃远东战血未枯，而君士但丁问题又起，于乎，弱国其可为哉。"② 再如1906年所译的《论最近土耳其交涉》批评奥斯曼帝国不图自强，最终导致外交上的无力。翻译者附言："国不自强，彼虎视眈眈而来者，直无所不用其威胁恐吓，土固其实证也。虽然，世有与土相类

---

① 〔日〕碌堂：《土耳其论》，邵之棠辑《皇朝经世文统编》卷16，台北：文海出版社，1979，第562—567页。

② 《论近东时局》，《外交报》第130期，张元济主编《外交报汇编》第7册，国家图书馆出版社影印本，2009，第548页。

者，将何以善自为谋耶。"① 类似的例子还有很多，编译者的按语或指出该国国力微弱，不宜挑起纷争，而应修明内政，培养国力；② 或通过奥斯曼帝国苏丹戏弄外国使臣的轶事，表示"土耳其当积弱之余，土皇犹能以外交之术，侮弄外使，使敢怒而不敢言，则其于国际之交涉，所裨应非鲜鲜，而胜于但以迁就逢迎为得计者多多矣"；③ 或了解到其国的亲英政策，认为"土耳其在今日，其国无可存之理。所恃以苟存者，惟事大一主义耳，所事而得当，则国赖以一日安。所事而失当，则国必有危亡之虑。噫！为土国者，亦当自知振兴之道矣"。④ 上述例证充分表明，中国人了解的奥斯曼帝国外交动态，很大一部分来源于日本。同时，这些信息的解读又有着深切的中国关怀，人们从中引申出来的，要么是与中国衰亡命运的凄凉对照，要么是对中国外交不争的愤怒之情，抑或是对中国外交政策失当的忧思，处处体现了近代中国人对自身前途命运的深切担忧与关切。

## 三　中土多渠道往来

虽然中国与土耳其建立正式的外交关系已经是 1934 年，但这并不表明在此之前两国间没有直接的、实质性的往来。相

---

① 《论最近土耳其交涉》，《外交报》第 138 期，张元济主编《外交报汇编》第 7 册，第 696 页。
② 《论英土交涉与欧洲政局之关系》，《外交报》第 147 期，张元济主编《外交报汇编》第 8 册，第 122 页。
③ 《论土皇外交之才》，《外交报》第 165 期，张元济主编《外交报汇编》第 8 册，第 321 页。
④ 《论英土交亲》，《外交报》第 168 期，张元济主编《外交报汇编》第 8 册，第 341 页。

反，在晚清民国时期，两国一直存在多样的沟通渠道。在全球化时代来临之际，两国在很多领域不期而遇，中国人由此获取了有关奥斯曼帝国的第一手信息。

前文已经提及，晚清时期中国政府向英、法、德、美、俄等国派出了驻外公使，这些外事人员的驻地虽然不在奥斯曼帝国，但是他们会在驻地遇到奥斯曼派往该国的外交大使或其他身份的奥斯曼人。双方的接触往来便由此开始。公使之间的相互走访是外交界非常普遍的现象。中国驻美公使崔国因就经常与奥斯曼驻美公使见面攀谈，这在崔国因的日记里有不少记录，虽然大多时候只是寥寥数语，仅告之会晤时间、地点，但仍可看出双方交往的频繁与密切。[①] 曾纪泽的《出使英法俄国日记》也多次记载了与奥斯曼公使交谈的情景，或谈片刻，或久谈，或赴土使处参加茶会，或在外交部碰到交谈。[②]

1877 年，驻外使臣刘锡鸿与奥斯曼公使布罗士有过一次长谈。他的出使日记有如下记录：

> 布罗士来拜。正使言及土耳其虐政，布曰："土政之虐，在二十年前，今则失之宽纵。兵本素强，非诸国所及。倘得好官，何至受侮于人。"问："官何以不好？"答曰："爱钱不治民事。尝有彼国贵官之素识者，见其急逸，规劝之，以无事可治为对。盖废弛之久，竟忘其所以然。不知食禄取财而外，更有何事矣。普天之下，虽野人

---

① 崔国因著，胡贯中、刘发清点注《出使美日秘日记》，黄山书社，1988，第 256、261、374 页。

② 曾纪泽：《出使英法俄国日记》，钟叔河主编《走向世界丛书》第 5 册，岳麓书社，2008，第 172、181、207 、393、723、733、796 页。

亦自有赏罚政教。赏罚不当，政教不修，而惟恃兵能杀人，从未有立国可久者。今土国文恬武嬉，虽有劲卒，谁实驱率使前，此败亡之所以可忧也。第差胜于兵，亦不强者耳。"嗟乎！布罗士之言，与夫人之论土政者不合，得毋有所讽刺乎！其人年六十馀，举止言动，似有深心远识者。又言：土国制禄太薄，不足养人廉耻。近开火车路，然亦太少，不能周通往来。欲强其国，须增官俸，而严惩其贪且惰者，以饬政令；广开火车路，以收贸易之利，而富其民，然后可望治。①

短短 300 余字的记录即可看出，通过与奥斯曼公使布罗士的交流，刘锡鸿在该国政教知识方面收获颇丰。按照布罗士的说法，奥斯曼帝国废弛之原因，不在于施政残暴，而在于施政宽纵，导致官场腐败，没有将兵之才。关于这一点，刘锡鸿并不认可，因为这与传统印象是相反的，他脑海中的奥斯曼帝国是以暴虐著称的。但这至少证明，刘锡鸿获取了多样的信息，他对奥斯曼衰弱缘由又增加了一种新的解释。

当时中国外交人员出使欧洲，路途遥远，需要取道红海、地中海流域，这就使处于航线上的奥斯曼帝国有可能成为漫长旅途中的一站。1892 年，出使海外的姚文栋通过薛福成向清廷转奏沿途见闻，他的行程安排中就有奥斯曼帝国："自正月二十八日，由马赛海口搭趁法国公司轮舟，经地中海、红海，历意大利、奥地利及希腊、土耳其等国，又过埃及国京城之

---

① 刘锡鸿：《英轺私记》，钟叔河主编《走向世界丛书》第 7 册，岳麓书社，2008，第 120—121 页。

南，阿喇伯国京城之北，至二月十七日，始抵锡兰。以上皆历来使节所经，无庸赘述。"① 按照姚文栋的描述，当时中国外交使节的欧行之路，奥斯曼帝国似为必经之地。但目前我们没有直接的证据证明姚文栋曾经在该国本土停留。不过他的一些论述国际形势的文章屡屡论及这个国家，至少能反映这段难得的海外经历，使奥斯曼帝国进入了他的视野。另一位出使海外多年的外交官钱恂则的的确确游历过奥斯曼帝国。1898 年，张之洞专门给清帝上呈《保荐使才折》，郑重推荐有着丰富出使履历的钱恂，称赞他"历充欧洲各国出使大臣随员参赞，于俄、德、英、法、奥、荷、义、瑞、埃及、土耳其各国，俱经游历，博访深思"，系当时讲求洋务最为出色的有用之才。② 而钱恂也确实没用辜负张之洞的厚望。1908 年，他就奥斯曼帝国及近东问题向清廷递交专折，发表了很有见地的看法，这说明外交官的实地考察对于深入了解该国的真实情况起到了积极作用。

20 世纪 20 年代末，中国与土耳其共和国开始进入建交的磋商期，并于 1934 年正式建立外交关系。20 世纪 40 年代，中国政府还在土耳其主要城市伊斯坦布尔设有使领馆。根据《中国回教协会会报》的记载，1946 年伊斯坦布尔使领馆的领事为马赋良，秘书为海维谅。③ 随着中土双方外交往来的日益频繁，中国外交人员所能获取的土耳其情报更加丰富和准确，

① 《出使英法义比大臣薛咨送直隶候补道姚文栋禀陈滇边及缅甸情形文》，颜世清辑《约章成案汇览》乙篇卷 6，《续修四库全书》第 875 册，上海古籍出版社，2002，第 237 页。

② 《保荐使才折》，《张文襄公（之洞）全集》卷 48，台北：文海出版社，1970，第 3439 页。

③ 《小统计》，《中国回教协会会报》第 7 卷第 1 期，1946 年。

土耳其方面的意见也更容易传递给中国人。1930 年，外交部特派员程演生谈到了自己去土耳其安哥拉访问应酬的情况："土外长派员招待，当接见时彼表示对于中国抱有无限热情，并略谈时局，供其意见，谓中国应首先巩固内政，建设一强有力政府，励行改革，国势自振，对于外患，殊不足虑，能安内而后可攘外，不平等条约皆易取销。土之为政，即用此而治云云。又殷盼中国即派使驻安哥拉以增进两国之交谊，并可彼此时得确实之国情。"程演生还表示自己所作的赞颂土国革命成功、外交胜利的诗歌，已由土人翻译成土文，见诸报端，朝野传诵，莫不欣洽。① 这充分说明中土两国之间的交往是双向互动的，土国对于中国的评价和回应，也是中国人土耳其认知的一个有机组成部分。

与之相对的是，土耳其来华公使也会传递更多的土耳其资讯。1939 年 12 月 21 日，新任土耳其驻华特命全权公使席拔希抵达重庆，他对中国"以全民族最伟大之坚毅精神，抵抗侵略到底"表示敬佩，并说土耳其民族也具有最深切最热烈之同情。② 20 世纪 30 年代，中国官方高规格的访问团频频抵达土耳其，受到土耳其高层的热情接待，他们的所见、所闻、所思、所想，毫无疑问将成为中国人认知土耳其最直接、最真实的材料。1934 年，司法院副院长覃振率团出国考察，按其既定的计划，将逗留土耳其较久，因为中国受不平等条约之束缚，多为领事裁判权问题，包括内河航权、关税自主权等，造成了国家积弱，"故此次考察，对于取消领判权一点，更为重

---

① 程演生：《土耳其》，《外交部公报》第 3 卷第 4 号，1930 年。
② 《土公使昨晨抵渝》，《申报》1939 年 12 月 22 日，第 4 版。

视，将来至土耳其后，考察日期，将较他国为久，因土耳其为新兴之国家，昔日亦受领判权痛苦，经历年之奋斗，其经过情形，与现时司法改善，大足为我国借镜，故预定留土之期较多"。① 这说明当时中国官方确实关注土耳其，甚至将其放在考察行程的最重要位置。

就军事领域而言，中国官方与奥斯曼帝国的早期接触大体可以追溯到光绪年间。1877 年，中国与日本围绕琉球、台湾问题发生争执，一度形成几欲兵戎相见的危局。为了应对一触即发的中日海战，中国官方迫切希望能够从外国购买外壳厚实、排水量大、战斗力强的铁甲舰，其中就有购买奥斯曼帝国军舰的计划。同年，中国官方开始与奥斯曼帝国外事人员接洽，欲购买他们从英国订购的铁甲舰。笔者从李鸿章给同僚的五封信件中找到了相关记载。

（1）光绪三年七月十一日《复何筱宋制军》：

　　土耳其铁甲船，李丹崖来信，似非新式，价值亦非便宜，自应缓办。②

（2）光绪三年八月十五日《复船政吴春帆京卿》：

　　铁甲船为海防不可少之物，李、日两监督与金登干等向土耳基领事面议，价值八十馀万金，税司即赫德所用之

<hr />

① 《司法院副院长覃振今日放洋》，《申报》1934 年 5 月 5 日，第 3 张第 10 版。

② 《复何筱宋制军》，戴逸、顾廷龙主编《李鸿章全集》第 32 册，安徽教育出版社，2008，第 98 页。

人，似赫总税司承揽，减至六十六万两，尚不可信。无论船样稍旧，价值非廉，现无修船之坞与带船之人，何敢冒然定购。[①]

（3）光绪三年九月初六日《复丁雨生中丞》：

昨赫德过津，面询前此尊处函托各件……一、土耳基铁甲船，原议每号约二十万镑，今既另有人议价二十五万馀镑，政出多门，必更奇货可居，伊亦不愿经办……四船管驾均非锐意向上之人，中国水师人才造诣实浅，又不肯虚心求教，而执事与幼丹屡屡大声疾呼，催购铁甲，原为御侮而设，即暂雇英官，事急例应求去，有船仍与无船等。况海洋万里，一二只铁船何能兼顾，终恐为人所禽耳。[②]

（4）光绪三年九月十六日《复沈幼丹制军》：

铁甲船自台湾事起，中外迭经议购，迄无成局，一由费绌，一由无驾驶训练之人，无修理合式之坞。雨生屡疏催购，而于前三项并未著实措意，棉力实不敢独任。至土耳基现船二只，李、日两监督会禀，以为可购，每只价银二十五万馀镑，无可再减。赫德昨过津晤谈，去冬愿减至十六万镑，今春可二十万镑，日、李验过则增至二十五万镑，渠断不肯经手。惝恍迷离，殊莫测其意向。而丹崖密

---

① 《复船政吴春帆京卿》，戴逸、顾廷龙主编《李鸿章全集》第32册，第121页。
② 《复丁雨生中丞》，戴逸、顾廷龙主编《李鸿章全集》第32册，第137页。

函又沥称该船种种不合新式，土国非无力给银，实欲另变新样。三年以来，各省解到海防专款将及二百万，弟不敢滥用丝毫，除开销赫德所购炮船四号杂项外，枢部迭次饬提，现存约敷购土船一只，购到后支用更繁。①

（5）光绪三年十月二十二日《复吴春帆京卿》：

铁甲船一项，幼丹、雨生来函催办。顷幼帅复称，土耳其之船既不合用，可另定制新式者，生徒随厂学习，船成而学亦成，将来可备驾驶、修理之用。②

由上述五则材料，我们大致可以梳理出如下信息：中国自与日本发生台湾纠纷后，急于购买铁甲舰以充实海防，起初选定奥斯曼帝国的两艘铁甲舰，中国官员李丹崖等与该国领事面议，税务司总监赫德亦参与其间，但终因价格昂贵、款式落后、中国没有驾驶修理之人而作罢。不过，这些足以说明当时中国官方与奥斯曼帝国已有初步的磋商，中国方面至少能够感受到该国尚具备一定的军事实力。

到1880年，中国军方仍未放弃购买奥斯曼帝国铁甲舰，而军费问题依旧是困扰李鸿章的一大难题。笔者从李鸿章与同僚的书信以及他的奏稿中找到以下几条信息。

（1）光绪六年二月五日《复总署筹铁甲船价》：

---

① 《复沈幼丹制军》，戴逸、顾廷龙主编《李鸿章全集》第32册，第140页。
② 《复吴春帆京卿》，戴逸、顾廷龙主编《李鸿章全集》第32册，第159页。

英国转购土耳其八角台铁甲船两只，续接李丹崖五年十一月二十七日函称，英海部信以所添物件须加价，一系三十万二千馀镑，一系三十万九千馀镑，译录尺寸价目清单，俟续查明，再有切实复函电报请示等语，兹照录函单附呈台察。此函发在十二月杪电报之前，似电信所称共五十四万三千三百馀镑，系核减切实之价，未必再减，即就此数计算镑价，约合银二百万两，有盈无绌。尊意应竭力购致，拟将闽省添购之蚊船二只、碰船二只、南洋议购之碰、快船二只，共价银一百五十五万两移作改购铁甲船价，其不敷银四十五万两，商由北洋现存海防经费内设法匀兑，仰见力顾大局，移缓就急之至意。惟此铁甲两只英既转售，系现成之物，须兑现银乃可交付，未必如订购新船分期汇给，稍有腾挪。①

(2) 光绪六年二月十九日《议购铁甲船折》：

总理衙门筹议南洋海防经费折内称，土耳其所定八角台铁甲船两只，已发电信询出使大臣李凤苞查明，如未出售而价不甚昂，自应购备……西洋均属岛国，海口水深不似中国各口之浅，其大号铁甲吃水至二十六七尺，购价至二百馀万，中国无所用之。且船既笨重，能来中国者亦少。土耳其八角台船吃水十九尺九寸，用之中国海面抵御日本及西洋来华之铁甲最为相宜。且甲厚样新，似出日本

---

① 《复总署筹铁甲船价》，戴逸、顾廷龙主编《李鸿章全集》第 32 册，第517 页。

铁甲之上。①

（3）光绪六年二月二十日《复李丹崖星使》：

英海部第二次开来清单，价值似无可再减，较初单已减不少。中国正当急需，船式虽非极新，深浅尚属合用，且土耳其定造不久，英厂复加修理，当成利器，不至如老样旧坏，为各国所讥。②

（4）光绪六年六月三日《定造铁甲船折》：

奏为前议定购英国铁甲船二只，现据电报英不肯售，拟令访求新式，克期在洋厂订造，以备战守，恭折仰祈圣鉴事。窃本年二月间，接据出使大臣李凤苞函称，英国海部允转售土耳其八角台铁甲船两只，谆嘱当趁中国未开邻衅之前成议等语。③

（5）光绪六年十二月六日《复船政黎召民廉访》：

出洋学生郑清廉等四人，丹崖函称留德监造铁甲及散处订购雷艇、鱼雷等件，分派学习。现在德厂定造铁甲一只，式样甚新，然船炮、杂项约合一百四十万两，较前拟

---

① 《议购铁甲船折》，戴逸、顾廷龙主编《李鸿章全集》第 9 册，第 18 页。
② 《复李丹崖星使》，戴逸、顾廷龙主编《李鸿章全集》第 32 册，第 526 页。
③ 《定造铁甲船折》，戴逸、顾廷龙主编《李鸿章全集》第 9 册，第 108 页。

> 购英厂土耳其旧式铁甲所增已多，加以将来回国运费，恐
> 须百五十万。前奏拨铁甲两船经费本尚不敷，今凑办一
> 船，所馀无几，尚未知能续购一船否。①

综合上述史料，我们可以得出推论：在英国方面不肯售予中国铁甲舰的情况下，李鸿章一开始还是中意于英国转售的两艘铁甲舰，只是担心没有足够的经费。他甚至认为这种八角台船吨位虽不及西洋大号铁甲，却非常适合中国海面，甲亦新且厚，超过日本铁甲，因而，他迫切想要购买该舰。但很快李鸿章就通过海外留学生得知德国有新式铁甲，胜于土耳其旧式铁甲。尽管此事最终作罢，但这至少说明奥斯曼帝国当时亦在大力发展海军，且在武器装备上还是有可取之处的。虽然与西方列强相比，奥斯曼帝国还是要落后一些，但中国与西方的差距恐怕更大，这给当时洋务派官员留下了一定的印象。

由于经费问题，购买铁甲舰的动议一拖再拖。直到1894年中日甲午战争开战前夕，中国官员还在讨论此问题。由张之洞给李鸿章的一封电报可以看出，甲午战前，由于各大国都保持中立，中国一度寄希望于从巴西、葡萄牙、奥斯曼帝国购买军舰："倭事日急，我船太少，非添船不可。水师能战则关沽无虞，旅顺可守。英德各大国谨守局外，无可商购……土耳其不守局外，有铁甲多艘，可以利饵。此款太巨，然权衡缓急，欲购战船，惟有借洋款可以速集。拟请旨饬出使英美德大臣，托人与同驻该国之巴阿葡土各公使密商，饵以厚利，择其船身

---

① 《复船政黎召民廉访》，戴逸、顾廷龙主编《李鸿章全集》第32册，第641页。

坚固，炮火精良者，速购数艘。"① 张之洞希望能够通过驻外公使联络奥斯曼帝国，至少说明在他心目中，该国海军军事力量仍然较为强大，至少在中国之上。

第一次世界大战期间，俄国和奥斯曼帝国是交战国，不少奥斯曼战俘被俄国运往西伯利亚，火车经过中国境内，曾引起中国东北军方的注意。1915 年 3 月 12 日，黑龙江将军朱庆澜致电大总统府，告之近期通过的俄国列车载有俘虏的奥斯曼军官和士兵，自 2 月 21 日到 28 日，"共由俄境开来列车一百十二辆，约载土耳其武官五十余员，载土兵二千九百余名"。② 5月 2 日，他又发电报表示，自 4 月 11 日至 20 日，过境的俄国列车有"一百七十辆，载德、奥、土俘虏，武官一百十余名，德、奥、土兵四千六百八十余名，解兵一百六十余名，均开往东路去"。③ 这说明中国人在一战期间对于奥斯曼事务有过关注，也从一个侧面表明中国人获取奥斯曼帝国信息渠道的多样性。

1934 年，南京陆军军官学校校长杨杰率团访问土耳其，凯末尔等要人招待颇殷。回国后，考察团写了《欧洲各国军事考察报告》，呈给蒋介石、林森、汪精卫等国民政府高层。根据这份报告，我们可以得知访问团在土耳其的行程安排：1934 年 2 月 15 日，向伊斯坦布尔进发；16 日访问驻丁总督兼市长；17 日向安哥拉进发；18 日访问外交部长鲁舒第；19 日基玛尔延见，并访问国务总理马苏尔、参谋总长伊思迈；20

---

① 《致总署天津李中堂》，《张文襄公（之洞）全集》卷 76，第 5229—5230 页。

② 《收黑龙江将军电》，《民国外交档案文献汇览》第 1 册，第 27 页。

③ 《收黑龙江将军电》，《民国外交档案文献汇览》第 1 册，第 182 页。

日考察团战斗演习，及营房设备；21 日考察陆军大学；22 日考察通讯兵团、通讯鸽及军官学校骑兵学校等；23 日考察军事博物馆；25 日向俄国黑海大埠敖德萨进发。该报告的第五章第一节详细论述了土耳其"军事设施之一般"：全国陆军设三个检阅使管辖之，计分九个军团，九个军管区，步兵十八师，骑兵五师。对于其陆军、海军的具体编制，也讲述得颇为详细。其后，对于土耳其政治制度、经济建设、文教事业发展亦有非常具体的阐述。① 这些都是通过外交途径所获取的土耳其一手资料。

晚清民国时期，中国与奥斯曼帝国的民间往来一直不曾中断，包括移民、经贸、留学、旅游、朝圣等多种方式。两国人民通过切实的往来，增强了互信和了解。不少奥斯曼人来华从事宗教、贸易活动，有的因为传教不顺、经营不善，沦为流民，成为中国社会治安的一个不稳定因素，不时被中国的新闻媒体曝光。19 世纪 80 年代，《申报》就曾刊载上海、广东、东北地区一些土耳其流民的新闻报道。有流落上海的土耳其人去洋行寻同乡借款，进而滋生事端的；② 有土耳其人前往钱庄行骗的；③ 有土耳其人在广东购买烟嘴不付钱，反而打伤店员的；④ 还有土耳其人在奉天私自开设当铺的，不一而足。⑤

民国时期，土耳其来华游历、求学、经商之人也时而有之。1928 年，中华民国大学院院长蔡元培收到土耳其学生赖

---

① 杨杰：《欧洲各国军事考察报告》，出版机构不详，1935，第 7—8、99—105 页。

② 《土人落魄》，《申报》1884 年 12 月 10 日，第 3 版。

③ 《土人行骗》，《申报》1886 年 3 月 20 日，第 3 版。

④ 《土耳其人市物滋闹》，《申报》1907 年 1 月 6 日，第 3 张第 17 版。

⑤ 《土人私开当铺》，《申报》1908 年 12 月 17 日，第 2 张第 2 版。

毅夫的请求书，自述对于中国文化十分敬重，喜欢研究中国文明、文化、历史、文学，还特地赴法国在东方语言学校留学。3月，中国政要胡汉民访土期间，曾对其面谈考试，测试其中文水平，孙科还赠送其三民主义图书若干。该生拟赴中国留学，特将胡汉民的证明书寄上，希望大学院发予通晓中文证明书，"以便恳邀敝国政府之照准，而为到抵中国时之一种证据，庶可引起华人之兴趣，而得相当之便利"。蔡元培批示"应予照准"。① 这说明中国对于土耳其人同样有着吸引力，这些来华的土人将带来更多真实的土耳其信息。1935年回族知识分子创办的一份杂志报道称："土耳其学生里林，于去年十一月间，来华游历青海，新疆，宁夏等省毕，于昨日上午十一时，乘平包三〇四次车，由包来绥，拟在省稍作勾留，借资游览本市各名胜，一二日内即离绥再赴河北山东等地，从事游历云。"②

　　土耳其人在游历过程中，不可避免地与中国人接触，给国人留下了一定的印象。1938年，一位叫徐盈的游客在从甘肃返回时夜宿华家岭，和同行的土耳其商人就土耳其宗教改革有过交谈。徐盈记录了与土人赏月的情形："随在那几个高大身影的后边，我觉得所谓'近东病夫'的脚跟，到今日已然坚强的起立了，这群从艰难困苦的革命时期成长出来的青年，每一个人都赋有了对抗环境的勇毅。"作者联想起了土耳其奋斗

---

① 《土耳其学生赖毅夫来呈》，《大学院公报》第1卷第8期，1928年。中华民国大学院是南京国民政府掌管全中国学术及教育行政之最高行政机构，成立于1927年10月1日，相当于早前北京政府的教育部、南京国民政府的教育行政委员会，首任院长是蔡元培。1928年10月24日，大学院裁撤，所有改革制度取消。

② 《土耳其学生里林昨来绥》，《突崛》第2卷第10期，1935年。

的历程。①

民国时期，土耳其安卡拉大学已设有中国学（Sinologie），伊斯坦布尔大学设有东方学术科等，均加强了中国研究。②1946 年，土耳其教育部还准备派出汉学博士欧在尔丁女士来华考察中国文化，受到中国教育部的欢迎。据报道，这位土耳其汉学家将大量的中文著作翻译为土耳其文，如《老子道德经》《大学》《中国之命运》等，③ 对中土文化沟通做出了贡献。

晚清民国时期还曾有土耳其人移民中国东北和西北地区。清末，俄国人曾策划将土耳其战俘送到中国东北开垦，这项计划为中国人获悉。清廷官员朱一新曾表示："闻俄人经营其地，始则招华民以事开垦，近又悉数遣回，而迁其国之罪犯与所掳土耳其人以实之，人给一火枪以自卫。"④ 另据黑龙江地方志记载，1922 年的户籍调查显示，黑龙江下辖的胪滨县外人寄居者"土耳其籍二户男三丁"。⑤ 此外，据北京政府内务部统计，1916 年寄居新疆之土耳其国籍者为 272 人，主要集中在伊宁、莎车等地。⑥ 这些生活在中国境内的土耳其人长期与中国人相处，给中国人带来有关土耳其的信息，甚至可以说，他们的生活方式、体貌特征、言行举止本身就是一种信息

---

① 徐盈：《土耳其是怎么起来的——华家岭望月谈》，《全民周刊》第 1 卷第 5 期，1938 年。

② 《土耳其成绩优良之专科以上学校名单》，中国第二历史档案馆藏，5-15193。

③ 《土耳其汉学家将来华》，《教育通讯》复刊第 1 卷第 4 期，1946 年。

④ 朱一新：《东三省就地筹饷片》，《朱一新全集》中册，上海人民出版社，2017，第 1069 页。

⑤ 《黑龙江志稿》卷 12，台北：文海出版社，1965，第 1234 页。

⑥ 《新疆寄居之外国人国籍地方别统计表》，甘肃省图书馆书目参考部编《西北民族宗教史料文摘·新疆另册》，甘肃省图书馆，1985，第 854—855 页。

的传送。

中国与奥斯曼帝国之间的交流不是单方面的，而是双向互动的。晚清民国前往奥斯曼-土耳其朝圣、游历、求学的中国人也非常之多。近代中国有一批寓居或留学多年的旅土华侨，对当地风土人情非常熟悉，经常往来于两国之间，在报刊上撰写文章，成为两国沟通的桥梁。他们既是信息的记录者，也是信息的传播者，更是双边友好往来的使者。1928 年，旅土华侨代表王曾善、马宏道、赵洪堃联名致电中国外交部，请求与土订立通好条约。他们强调土耳其的突飞猛进，对于中国有借鉴意义："土耳其为近东新造之邦，国内政治，日见改良，国际地位，日以增进，年来近如苏俄、巴尔干诸国，远如日本、南美诸邦，莫不与之议定条约，互派使领，我国与土耳其同属东方文明之邦，政情地位，靡不相同，无论在政治方面，经济方面，均有彼此联络互相提携之必要，况我国政府当此训政开始之时，即宜切实履行全国民众所属望之取消不平等条约，以达到与列国立于平等地位之目的，土耳其在战胜希腊，驱逐列强驻兵，废除其帝政时代与各国间所订之一切不平等条约，而改建共和之际，其所处之地位、与奋斗之经过，先例具在，可资借镜。"[①]

回族知识分子直接翻译土耳其文著作，构成中国人了解土耳其的一个有效途径。特别是民国时期，中国有一批留学土耳其的回族学生，他们熟悉土耳其文，译介了不少土耳其作品。1935 年，回民刊物《晨熹》的创刊号就登载了马宏道翻译的

---

① 《旅土侨胞请订中土通好条约》，《申报》1928 年 10 月 25 日，第 2 张第 8 版。

著名学者 Ziya GöK Alp 的《土耳其主义的沿革》。

　　20 世纪 20 年代，留学土耳其的马宏道虽然生活清贫，但始终努力奋进。他时常给家人写信，介绍自己的生活、学习状况。除了讲述经济上的压力，希望弟弟马明道给予接济外，他还记录了在土的学业情况："我是在土尔其国立伊斯坦堡大学（校长是教育部长直辖自兼的，另委一委员会主席），分医，文，法，理，神，医药……学校资格，如法国国立巴黎大学，有学士和博士两种学位，我是文科哲系本科生，该校系三年，及期考试及格，可得学士学位，我同时要求允我在法科神科作旁听生，已蒙当局允许，不过每年多交一份讲义费，我所念的课程，分必修科，和选科两种。"具体而言，必修科包括普通哲学、西洋哲学、伊斯兰教哲学、社会学、政治学、经济学、伦理学、心理学等，选科包括古兰注释、圣谕、教律史、伊斯兰教史、土耳其民族史、伊斯兰教各支派、国际法等。至于学费，"大学学费，平均三科，用二百多元，讲义与书籍等费，在外较国内大学，特别便宜"。他还谈到了自己的课余补习，"我下午六时至八时，入伊埠工业学校夜班，学电气工业，也是三年毕业，聚礼四五，工校休息，入 The belity a school of lo-my ages 补习法文，每课需要交费一元七毫五分"。[1] 他还指出，"住宿费，系某某诸君之力，请教部允在师校住，只花零费，衣服车费约计每年，常用洋一千元上下，现况如此"。[2]

---

[1]　漫：《留土回教青年马宏道的一封信》，《天方学理月刊》第 3 卷第 3 期，1930 年，王正儒、雷晓静主编《回族历史报刊文选·社会卷·青年》上册，第 170 页。

[2]　《留土青年马宏道的一封信（续一）》，《天方学理月刊》第 3 卷第 4 期，1931 年，王正儒、雷晓静主编《回族历史报刊文选·社会卷·青年》上册，第 171 页。

这种直接体验是最为真实的一种记录，翔实记载了土耳其大学的管理、教学、课程、考核、学费、留学成本、夜校教育等。

此外，根据土耳其官方档案的记载，土耳其政府还接收过一批中国留学生。1937 年 1 月 14 日，司法部批准安卡拉法学院以特例的方式录取中国学生 D. S. Şadiye 为免费寄宿学生。① 同年 8 月，司法部准允法学院以特例方式录取中国回教协会推荐的云南 "Çin-tig" 高中毕业的 S. C. Osman Lin。② 1942 年，中国回教救国协会与教育部商定，派遣 6 名学生赴土耳其留学，并令各省分会严格遴选人才。③ 1944 年，该会仍在从事留学生派出的筹备工作，不仅核定了留土学生预备班的预算，还决定在现有的亚西语文专修班内成立土文班，以帮助预备留学者打好语言基础。④ 1947 年，土耳其政府又决定接收中国留学生 10 名，学习政治、法科、农业、语言、历史、地理等科目，其中前 7 名学生的膳食住宿由土耳其政府供给。4 月，国立北京大学接到教育部的训令，朱家骅部长要求该校依据土耳其所列各条件，从法律系、语言文学系中推荐优秀学生，供教育部考核、遴选。⑤

---

① 《土耳其总统颁布之命令》（1937 年 1 月 14 日），土耳其档案馆藏外交公文资料，BCA，Fon：30. 18. 01. 02，Yer no：71. 4. 1，转引自〔土〕娜姿妃《中国和土耳其外交关系之研究（1923—1949）》。

② 《土耳其总统颁布之命令》（1937 年 8 月 20 日），土耳其档案馆藏外交公文资料，BCA，Fon：30. 18. 01. 02，Yer no：78. 72. 17，转引自〔土〕娜姿妃《中国和土耳其外交关系之研究（1923—1949）》。

③ 《回教救国协会曾与教部商定派回教学生出国留学》，《月华》第 14 卷第7—9 期，1942 年，马博忠、李建工编《抗战时期穆斯林期刊·广西资料辑录》，香港：天马出版有限公司，2007，第 91 页。

④ 《第六次谈话会纪录》，《中国回教协会会报》第 6 卷第 6—9 期，1944 年。

⑤ 《教育部训令》，《国立北京大学周刊》1947 年第 3 期。

中国前往奥斯曼-土耳其观光游览者，亦会将自己的见闻写下，成为中国人了解奥斯曼的一扇窗口。1909 年，赴奥斯曼帝国旅游的景憨记录了自己的见闻，他对该国的第一印象就是衰败。他这样记述在火车上看到的君士坦丁堡情状："村落次第出现，颓垣败瓦，气象萧条，破衣垢面之人，如长薰于烟草中者。列屋而街居，实亡国之朕兆也。"同时，他对于达达尼尔海峡的风光有生动的描述："入达达奈尔海峡，时天空晴霁，月映水中，光明如画。此处海峡，与玻斯颇洛同。南岸为亚细亚，北岸为欧罗巴。唯其广阔，较玻斯颇洛海峡，约三倍余。两岸山脉低连，南岸之山戴雪莹白，北岸则昏黑不可辨。灯台分红白青三色，每座约隔二里余，交辉海上，灯或一或二，或隐或现，其构造各异，所以防航海者之迷途也。予立船面，皓月当头，微风拂面，并不觉寒气侵人。"① 这段文字虽然算不上优美，却表达了中国人游历时的真实感受。

20 世纪 20 年代末，曾去欧洲游历的力斯在游记中谈到对君士坦丁堡的印象："在君士坦丁，你可以看出这纯然是一货物聚散的市场，你可以想像到欧亚商业的中心是怎样发展起来的。此地没有近代工业，但是有各帝国主义国家的银行，六七层楼的大旅馆，洋行，大商店等。这里的人民穿着很坏，面孔上也表现得愚骏。"② 可见，土耳其商业之发达与人民之困苦给力斯留下了深刻印象。

中国人还在与奥斯曼-土耳其的经贸往来中获取对方信息。民国时期，《纺织时报》曾关注到两国的棉货贸易，"编

---

① 景憨：《环球周游记》，中华书局，1919，第 218、230 页。
② 力斯：《欧游回想录》，《读书杂志》第 2 卷第 9 期，1932 年。

辑小谈"栏目指出："土耳其、希腊两国对于我国输往棉货进口税突由百分之二十五加至百分之二百，以我国未与缔结通商条约也。此项消息来自外商，当属不诬。据某外人谈中国输往土希两国市布，一九二五年至君士坦丁者为四〇七〇〇件，又由波赛口岸转输两国为七九〇七〇件。而土希两国运华之货极为稀罕，与之订立商约，实属有利无害。"① 这说明两国之间存在实质性的商贸往来，中国外贸商人十分注意搜集这方面的情报。

随着 20 世纪 30 年代中土两国的正式建交，加强双边经贸交流与合作的呼声越来越高。中土建交之际，高文远提议尽快订立通商及航海条约，以改善当前中国经费困难、市面萧条、农村破产的局面："在此殷待救济之际，若稍有活动，立即奏效，通商一事，本为彼此卖买，是经济提携之一。"② 1935 年，中国首任驻土耳其公使贺耀组为其属员曾广勋的新书《土耳其经济现状》作序，强调中土双方应趁着友好条约的缔结，早日订立商约，互通有无。他写道："中土两邦并峙亚洲之东西两端，地势气候，迥不相同，物产亦随之而异，贸通有无，相需甚殷；徒以往昔未发生正式邦交关系之故，商业上之输出入额，皆甚微弱。据我国海关贸易总册之统计，土耳其对我国输入年只四千八百余元，我国对土输出亦年仅五万二千余元，占我国输出总额不过万分之一。因此继友好条约缔结之后，如遇必要时，似应早日磋订商约，树立此后两国在经济上密切合作之基础。"③ 至 1943 年，土耳其外交部经济司还向中国驻

---

① 《编辑小谈》，《纺织时报》第 292 号，1926 年。
② 高文远：《献于驻土公使者》，《突崛》第 2 卷第 2 期，1935 年。
③ 曾广勋：《土耳其经济现状》，太平洋书店，1935，贺序，第 4—5 页。

土耳其公使馆提出，从能以航空运输之轻便货品着手，不论数额多少，先建立两国贸易关系，以作战后发展两国贸易之基础。[①]

## 第三节 奥斯曼帝国认知的基本文献

早在 1957 年，中国台湾学者周宏涛就整理出晚清民国时期中国人论述奥斯曼-土耳其的文献目录，并以附录的形式放在其主编的《中土文化论集》（台北：中华文化出版事业委员会，1957）中，这一开创性工作为后人按图索骥提供了极大便利。但以今天的眼光观之，这份目录显然存在较大的缺憾，无论从文献类型还是文献数量来看，都不全面，遗漏颇多。按照周宏涛所提供的目录，截至 1949 年，相关研究论著仅 25 部，其中一些书目如《亚洲之再生》（Marguerite Harrison 著，华企云译，新亚细亚学会，1932）、《东欧现势》（王云五主编，商务印书馆，1944）、《巴尔干各国时势》（王云五主编，商务印书馆，1944），均非严格意义上的土耳其研究专著。在期刊方面，编者仅罗列了《东方杂志》《外交月报》《教育杂志》《妇女杂志》《地学杂志》《太平洋杂志》《晨熹》等民国期刊，总计刊发文章 171 篇，严重不全。因此，利用现有的技术条件，重新梳理近代中国有关奥斯曼帝国认知的基本文献便显得十分必要。

笔者以为，凡 1840—1949 年间，中国人论及奥斯曼-土耳

---

① 《驻土耳其公使馆电请供给中土商务贸易资料的文书》（1943 年 6 月），中国第二历史档案馆藏，4-26662。

其的政治、经济、社会、文化、历史、地理等各方面情况的文献，均应纳入统计范畴。同时，文献搜集还应关注中国人翻译的外国论著，以及西方传教士用中文写就的作品。尽管它们并不能直接反映中国人的奥斯曼帝国认识，但在中国的出版和传播，对于中国人认识和了解奥斯曼帝国，起到了较大的引导和推动作用。熟悉中国近代史的研究者都知道，近代史料的突出特点就是数量庞大，正如华中师范大学严昌洪教授指出的："按断代比，古代史上没有任何反映一百年历史的史料比近代从鸦片战争到中华人民共和国成立一百年的史料多。"① 若想完成上述工作，仅靠纸面阅读几乎不可能，且有时会因阅读疏忽而遗漏一些重要信息。有鉴于此，笔者采取纸质阅读与数据库检索相结合之方法，最大限度地搜索相关史料，并进行定性和定量描述。② 笔者深知，囿于能力和精力，这样的工作显然无法完全实现预想的目标，唯有留待后来者批评和超越。

## 一　档案、官修典籍

晚清民国时期，中国留下了大量的官方原始档案，它们是反映历史事实最直接、最真实的第一手史料。据了解，中国第一历史档案馆藏有清代中国与奥斯曼帝国的外交专档，现已完成纸版档案的电子化制作，惜尚未对外公布，笔者无缘得见。目前，中国第一历史档案馆馆藏的清代朱批、录副奏折、电报

① 严昌洪：《中国近代史史料学》，北京大学出版社，2011，第 7 页。
② 有关史料型数据库在中国近代史研究领域的开发和利用情况，可参见陈鹏《数据库的开发利用与重写中国近代学术史》，《河北学刊》2013 年第 5 期；陈鹏：《新世纪以来的史料型数据库建设与中国近代史研究》，《国家图书馆学刊》2013 年第 6 期。

档、灾赈档，以及东北、安徽、青海等地方档案，计158万余件，能够提供档案题名的检索。笔者选取"土耳其""土尔其""土国"三个关键词，对档案的标题进行检索，得到有效数据82条，根据档案材料的时间、内容及形式，我们可以大致梳理出以下几条线索。

第一，清代档案中反映的奥斯曼帝国信息多为新闻报道，且大多系由驻外公使、北洋大臣等通过电报形式传递给高层，资料来源主要为国际知名的新闻社。82条档案中，电报档高达67条，占总数的80%以上。电报档中，又以英国路透社的信息为多，计12条，约占总数的18%。这说明当时驻外公使、北洋大臣能够较为便利地获取奥斯曼帝国消息，并利用现代电报传播方式，以最快的速度将它们传递给清廷。这类档案所载奥斯曼信息，可以说是走向世界历程中，清政府世界知识水平不断丰富和提高的一个缩影。而清廷官员对于奥斯曼帝国的直接论述，则并不多见，这似乎暗示此一时期，中国与奥斯曼帝国的直接往来很少。

第二，就信息内容而言，主要涉及政治、军事、外交三个方面。从时间分布来看，出现次数最多的是1908年，达38条，约占总数量的46%，而这一年恰恰是青年土耳其党发动立宪革命的一年，奥斯曼帝国得到了国际社会较多的关注，与之相关的新闻报道也激增。考虑到当时中国要求立宪的呼声正达到顶峰，这一时期奥斯曼帝国信息的大规模传入，似乎有着更为深刻的历史影响。

第三，也有少量中国与奥斯曼帝国之间的外事交涉档案，如奥斯曼人赴中国西北地区游历所引发的护照问题、他们在华权益的保护问题等。这说明尽管当时两国并未建立正式的外交关系，但双方在政治上的接触和摩擦已经产生，而在这些交往过程中，中国官员自然会形成自己的奥斯曼帝国观。

中国台湾地区是近代档案史料收藏的另一个重镇。台北中研院近代史研究所藏有清代总理衙门及外务部、民国北京政府外交部、南京国民政府外交部的档案，并以此建成"近史所档案馆馆藏检索"数据库，同样可以快捷地进行关键词搜索。笔者以"土耳其"为检索词，共得到有效条目265条，上迄1879年，下至1949年，全部为此一时期两国的外交史料，其中属民国时期的数量最大。这批资料虽然不是本书所依据的主体，但于我们分析不同时期中国政府高级官员对奥斯曼帝国的态度和评价，也有重要的史料价值。

此外，档案史料还能够考订报刊、日记类史料的准确性，补充它们所缺失的信息。众所周知，报刊、日记的记录往往存在简略、不准确甚至错误之处，相对而言，档案材料则是历史事件的第一手记载，准确性、丰富性都优于前者。以本书的研究为例，从19世纪70年代起，中国驻外公使郭嵩焘、曾纪泽、薛福成等人均在日记中记载了自己与奥斯曼帝国外交公使的交往，对方多次表达了两国建交、合作的初步意向，这些信息是否反馈给了总理衙门，清廷又是如何回应的，日记上没有记录，但如果我们查询相关档案资料，则可以找到答案。再如晚清以降，奥斯曼帝国经常借口宗教问题，向中国西北地区派遣使者，调查当地的信教情况，企图干涉中国内政，相关报道在《申报》《万国公报》等报刊上时有见闻，为后人的研究提供了诸多有效线索，可惜多语焉不详，而这些事件恰恰在官方档案中有着较为翔实的记载，可以帮助我们厘清事情的原委，进而窥探中国官员对于奥斯曼帝国此种行为的真实想法。

当然，利用档案数据库所得到的资料，还只是档案材料的冰山一角，加之目前数据库大多只能标题检索，无法全文检索，缺漏在所难免。数据库的价值主要在于帮助我们对相关档案史料有一个感性的、整体的把握，它的检索结果并不全面，不能过度依赖。更多反映双边关系的丰富文献散见于整理出版的各类档案资料汇编中，有赖于研究者的细致爬梳。比如1854—1855 年两广总督叶名琛向咸丰帝汇报克里米亚战争中土耳其表现的两份奏折，便收录于台北中研院近代史研究所编《近代中国对西方及列强认识资料汇编》，是目前所见较早的反映晚清官员奥斯曼帝国观的重要文献。再如总理衙门俄国股、美国股、德国股以及之后的外务部官员与西方驻京公使讨论土耳其国势的记录，可见于全国图书馆文献缩微复制中心编《清代孤本外交档案》《清代孤本外交档案续编》《晚清外交会晤并外务密启档案汇编》《清外务部收发文依类存稿》等中。而外交官陆徵祥在世界保和会等国际舞台参考土耳其使节的外交行动，形成自己的外交意见等，则需要阅读中国第一历史档案馆编《晚清国际会议档案》。此外，《国家图书馆藏民国孤本外交档案》《民国外交档案文献汇览》中亦有不少关涉奥斯曼-土耳其的材料。

另外，笔者还对中国第一历史档案馆开发的《清实录》《清会典》《上谕档》数据库进行过检索，找到的有关条目为数不多，仅十几条而已，说明奥斯曼帝国信息在官修典籍中所占分量的确非常微弱。不过我们也应注意，数量的多寡并不能决定史料价值的高低。官修典籍中的相关记载虽少，但它们集中反映了清廷官员对于奥斯曼帝国的了解、评价和利用，意义自不可低估，甚至有的时候，一些极为关键的信息就蕴含其间。比如《清实录》中记载了出使法国大臣刘式训的联络奥斯曼帝国之建议。在他看来，中国应该统筹亚洲大势，力行远交政策："与土耳其、波斯、暹罗，立约通好，以树远交而广联络。"① 这则材料反映了彼时奥斯曼帝国在中国外交事务中地位的上升。

顺便提及的是，全国各省市档案馆也藏有一些零星资料，可以反映清末民初奥斯曼人在华活动历史细节。例如，上海市档案馆藏上海公共租界工部局档案就包含了此一时期引渡奥斯曼罪犯、调查来沪奥斯曼人情况、开设土耳其浴室、奥斯曼人与上海商会洽谈商贸事宜等内容，北京市档案馆藏有关于来京奥斯曼人的携带鸦片、入宅行窃等犯罪行径的档案，这些均是中央层面档案的必要补充，有助于我们考察中国政府处理双边关系的微观实践，尚有待系统整理。

## 二 新闻报刊

在西学东渐浪潮的推动下，现代报章杂志在晚清民国时期的中国社会大规模涌现，它们以信息量大、传播面广而著称，是记录近代中国变革历程的难得史料。这类材料登载了不少奥斯曼帝国的新闻报道、知识分子的奥斯曼论著或译作，涉及面广，时效性强，举凡政治、经济、社会、文化、外交、军事，无所不包，可以清晰地反映中国人对于奥斯曼帝国的关注程度。报刊文字也代表了一定的阶级、政党或利益集团的认知取向，是从事政治活动的一个重要舆论宣传工具，从中也可以看

---

① 《清德宗实录》卷564，光绪三十二年九月辛酉，中华书局，1987，第475—476页。

出不同派别、不同身份者奥斯曼帝国认知的差异性。

就报刊史料而言，除了可以利用前人编纂的大部头近代报刊目录索引工具书，如上海图书馆编的《中国近代期刊篇目汇录》（上海人民出版社，1979—1984）、中国革命博物馆资料室编的《二十六种影印革命期刊索引》（人民出版社，1988）等外，近年来已有多家图书馆、科研院所和文化公司开发了信息全面、功能强大的报刊类文献数据库，其中以上海图书馆制作的"晚清民国期刊全文数据库"和北京爱如生数字化技术研究中心研发的"《申报》数据库"最为成熟。前者收录了1833—1949年出版的2万余种期刊，是目前所见收录中国近代期刊数量最大的数据库，全方位展示了此一时期中国社会的风貌，后者则实现了近代中国发行时间最长、信息量最广、社会化程度最高的报纸——《申报》的全文检索，为奥斯曼文献的搜索和统计提供了便利。尽管两个数据库在信息录入方面还存在一些疏漏，但它们蕴含的信息量，远远超越了单个研究者所能掌握的资料范畴。前者数字化标题检索功能的实现，可在几秒钟内就将期刊文章标题中包含"土耳其"的文献找寻出来，并反映出文献的年代分布状况；而后者提供的资料横跨晚清、民国两个时段，发行时间长达116年，且每日、每版均保存完整，连续性强、信息量大，过去学者难以逐字逐句地阅读，现在则可以实现全文检索，比"晚清民国期刊全文数据库"的标题检索更加全面、准确。

笔者以"土耳其""土耳基""土耳机""土耳叽""土尔其"为关键词，在"晚清民国期刊全文数据库"中进行检索，剔除无效信息后，共得到5193条有效信息，其具体的年代分布见图1-1。

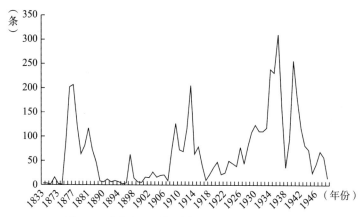

**图 1-1 "晚清民国期刊全文数据库"分年统计**

资料来源：晚清民国期刊全文数据库。

图 1-1 显示，1876—1878 年，新闻报刊上出现了第一次论述奥斯曼帝国的高峰。究其原因，此一时期爆发了俄土战争，英、法、德等列强卷入其间，是当时震动欧洲乃至世界的大事，《万国公报》《教会新报》等刊物每期均有大量战事的实时播报，故数据值较大。

报刊论述奥斯曼帝国的第二次高峰出现在 1908—1913 年，此一时期青年土耳其党发动立宪革命，当时中国亦面临同样的时代主题，有关新闻报道、舆论品评屡屡见诸报端。然而，彼时的奥斯曼帝国并没有因立宪革命而走向复兴，反而外患不已，接连与意大利、巴尔干诸国爆发战争，丧失的领土越来越多，成为当时国际舆论瞩目的又一焦点，故相关的报道格外多。

由图 1-1 亦可见，奥斯曼帝国崩溃以后，国人对其持续予以关注，特别是 20 世纪 30 年代，报刊的论述趋于高峰。这一方面与期刊报纸数量大幅度增长有关；另一方面，土耳其实现国家独立和民族复兴之后，依旧处于苦难深渊的中国人将其视为学习、仿效的榜样，介绍其发展历程的报道、论著如雨后春笋般涌现。

再看《申报》数据库的统计情况。还是选取"土耳其""土耳基""土耳机""土耳叽""土尔其"为关键词，共获得有效条目 18991 条，具体年代分布见图 1-2。

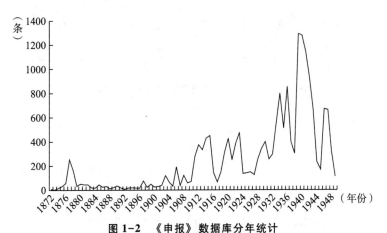

**图 1-2　《申报》数据库分年统计**

资料来源：《申报》数据库。

通过图 1-2 不难发现，《申报》数据库中的数据统计走势和"晚清民国期刊全文数据库"的大抵类似。三个高潮时段依然比较清晰地得到体现，即 1876—1880 年、1908—1915 年、20 世纪二三十年代。该图显示，20 世纪 40 年代中国人还有一次报道土耳其的高峰，这是因为在二战期间，由于占据显要的战略地位，土耳其的态度将直接决定战局的成败，故土耳其成为法西斯阵营和反法西斯阵营两派势力均极力拉拢的对象，它的一举一动都备受国际社会瞩目。二战结束之后，由于土耳其在战争期间摇摆不定的表现，其国际地位和声誉都大跌，不得不加入以美国为首的资本主义阵营，谋求改变不利的外交局面。随着中国迅速陷入国共对立的战争阶段，土耳其的榜样效应开始降低，国人对其关注度亦随之下滑，这些都在图1-2中有一定体现。

从时间维度论之，早期的杂志多为西方传教士所办，体现了西方在奥斯曼帝国知识传播上的深刻影响。中国人大规模创办报刊则晚至19世纪90年代，尽管有关奥斯曼帝国的译作仍不时出现，但中国人自己的评述日益占据重要地位。就发文作者而论，既有梁启超、康有为、孙中山、汪精卫、胡汉民、吴稚晖、白崇禧、恽代英、蔡和森、陈独秀等政治精英，他们的作品是分析不同党派、政见者对于奥斯曼帝国历史事件之运用的良好材料；也有柳克述、赵镜元、王善赏、蒋廷黻、陈恭禄、孟森、常燕生、李泰芬等各行各业的专家学者，他们的作品富有专业性、求真性，同时也饱含知识分子寻求救国救民之路的意识，史料价值很高；还有孙绳武、王曾善、马宏道、马松亭等回族知识分子，他们对于奥斯曼-土耳其的认知和感受总带有一份特殊的宗教关怀，阅读他们的文字，可以听到另类的声音。就杂志类型而言，除革命党、立宪派、中国共产党、中国国民党等重要团体、政党主办的报刊及使用率极高的《东方杂志》《独立评论》《国闻周报》《教育杂志》《时事旬报》外，还有传教士创办的报刊，如《察世俗每月统记传》《东西洋考每月统记传》《万国公报》《广益丛报》，社会传播较广的报章杂志如《北洋画报》《申报》《大公报》《画图新报》，专业性较强的刊物如《地学杂志》《读书杂志》《妇女杂志》《外交报》，等等。总之，这些报刊各具特色、内容丰富，具有很强的代表性，是研究近代中国人的奥斯曼帝国认知史不可或缺的重要资料。

## 三 专著

晚清民国留存的论著类资料十分丰富，涉及奥斯曼-土耳其的也不在少数，大致可以分为以下两种类型。

第一类是关于奥斯曼-土耳其的专题著作。近代中国人对于奥斯曼-土耳其抱有浓厚的研究兴趣，出现了一批研究专著或译著。就笔者目前所见，共有 37 部（详见表 1-1）。

表 1-1　近代中国有关奥斯曼-土耳其的专著和译著

| 序号 | 题目 | 著译者 | 出版机构 | 出版时间 |
|---|---|---|---|---|
| 1 | 俄土战记 | 汤叡译，梁启超序 | 大同译书局 | 1897 |
| 2 | 土耳机史 | 〔日〕北村三郎编述，赵必振译 | 广智书局 | 1902 |
| 3 | 土耳其国志 | 张美翊述，吴宗濂、郭家骥译，薛福成鉴定 | 无 | 1902 |
| 4 | 土耳其属地纪略 | 沈林一 | 云间丽泽学会 | 1902 |
| 5 | 土耳其志辑略 | 吴前楣 | 云间丽泽学会 | 1902 |
| 6 | 土耳基志 | 学部编译图书局 | 学部编译图书局 | 1907 |
| 7 | 土耳基新志 | 学部编译图书局 | 学部编译图书局 | 1907 |
| 8 | 土耳其恢复国权之经过 | 〔土〕阿皮沙刺著，外交部译 | 外交部 | 1926 |
| 9 | 土耳其革命史 | 程中行 | 民智书局 | 1928 |
| 10 | 土耳其革命史 | 柳克述 | 商务印书馆 | 1928 |
| 11 | 凯马尔——新土耳其的创造者 | 〔埃及〕葛拉兰著，王斐荪译 | 青天出版社 | 1928 |

续表

| 序号 | 题目 | 著译者 | 出版机构 | 出版时间 |
|---|---|---|---|---|
| 12 | 新土耳其 | 柳克述 | 商务印书馆 | 1929 |
| 13 | 凯末尔 | 邢墨卿 | 新生命书局 | 1929 |
| 14 | 土耳其一瞥 | 〔英〕密林根著，孟瑢玮译述 | 商务印书馆 | 1926 |
| 15 | 土耳其寓言 | 王世颖 | 开明书店 | 1931 |
| 16 | 土耳其复兴史　第一编 | 夏文运 | 不详 | 1931 |
| 17 | 土耳其民国十周国庆纪念之感想 | 王善赏 | 驻豫特派绥靖主任公署 | 1933 |
| 18 | 土耳其童话集 | 〔日〕永桥卓介著，许达年译 | 中华书局 | 1933 |
| 19 | 凯末尔传 | 〔日〕泽田谦著，何璧译 | 国际译报社 | 1933 |
| 20 | 希腊土耳其游记 | 柴亲礼 | 京华印书馆 | 1933 |
| 21 | 中国土耳其友好条约 | 中华民国国民政府外交部 | 中华民国国民政府外交部 | 1934 |
| 22 | 凯末尔传 | 顾森千 | 正中书局 | 1935 |
| 23 | 土耳其经济现状 | 曾广勋 | 太平洋书店 | 1935 |
| 24 | 土耳其史 | 赵镜元 | 中华书局 | 1935 |
| 25 | 基玛尔 | 鲍维湘 | 中华书局 | 1936 |
| 26 | 土耳其糖：凯末尔反攻君士坦丁堡时的一段故事 | 〔英〕P. Gibbs 著，郭定一译 | 新闲书社 | 1937 |
| 27 | 现代土耳其政治 | 戴望舒 | 商务印书馆 | 1937 |
| 28 | 土耳其农村经济的发展 | 何凤山 | 商务印书馆 | 1937 |
| 29 | 土耳其的外交政策 | 钱能欣 | 军事委员会政治部 | 1941 |
| 30 | 新土耳其建国史 | 边理庭 | 独立出版社 | 1942 |
| 31 | 土耳其之建设 | 伦敦太晤士报编辑，黎子耀译 | 文通书局 | 1943 |

| 序号 | 题目 | 著译者 | 出版机构 | 出版时间 |
|---|---|---|---|---|
| 32 | 欧亚风云中之土耳其 | 陈钟浩 | 新中国文化出版社 | 1944 |
| 33 | 土耳其外交政策 | 萧金芳 | 中国文化服务社 | 1948 |
| 34 | 西班牙与土尔其 | 英文研究会编译 | 东北新华书店 | 1949 |
| 35 | 土耳其涉外法令译要 | 王善赏 | 不详 | 不详 |
| 36 | 民族复兴史（意大利与土耳其） | 王抚洲 | 长安军官训练团 | 不详 |
| 37 | 凯末尔的奋斗 | 不详 | 太极书局 | 不详 |

资料来源：中国国家图书馆、中国人民大学图书馆书目检索系统；北京图书馆编《民国时期总书目》，书目文献出版社，1986—1997。

表1-1中的不少著作系完全翻译自英国、日本、土耳其、埃及人的作品，如序号1、2、8、11、14、18、19即是。其余多为编译之作，大量参考了西方学者的论著，其中亦糅合了译者的见解。就成书年代而言，清末十年是中国人编译奥斯曼著作的第一次高潮，20世纪20年代后期起，进入第二次高潮，这与前述报刊类史料的统计大致相符。从内容上看，早期论述以奥斯曼帝国通史为主，带有传统的编修史地论著性质。而20世纪20年代以后，内容日趋多元，既有通史论著，也有政治、经济、军事、外交、文学等某一分支领域的专业著述，还有多本新土耳其之父凯末尔的传记。从作者群体而言，多为各方面的专家学者，如柳克述、戴望舒、程中行等，都是赫赫有名的学问家。另有相当数量的作者为外交人员或留学生，如薛福成、王善赏、何凤山、柴亲礼、曾广勋等，他们均具有海外学习、工作、生活经历，能够较为容易地掌握西方及奥斯曼帝国的材料。这些著作是后人考察近代中国人奥斯曼帝国认知的

基础性史料，也代表了认知的水准。即使是前言、后记、版权页、参考文献、叙述方式、框架设计等，都有不容忽视的史料价值。

第二类比较重要的论著是各学科领域的通史性著作，包括外交史、革命史、回族史、军事史、历史地理、音乐史、文学史等各学科、各领域，它们的部分章节会涉及奥斯曼-土耳其。如鸦片战争后涌现的史地著作《海国图志》《瀛寰志略》就辟有专节介绍奥斯曼帝国；民国时期的革命运动史著作如文圣举、文圣律的《各国革命史》（新生命书局，1929），洪为法的《民族独立运动概论》（民智书局，1934），李鼎声的《各国革命史讲话》（光明书局，1947），都用较大篇幅讨论土耳其民族革命的盛况。再如欧洲或世界外交史、政治史的论述也难以绕开这样一个近东问题的核心国，像张介石的《战后列国大势与世界外交》（中华书局，1927）、刘君穆的《战后世界政治地理》（民智书局，1934）、包华国的《战后欧洲政治外交史》（大东书局，1933）等，均对土耳其问题有充分的研讨。作为伊斯兰世界的大国，奥斯曼帝国的兴衰史更是成为伊斯兰史叙述的重要组成部分，陈捷的《回教民族运动史》（商务印书馆，1933）、金吉堂的《中国回教史研究》（成达师范出版部，1935）等代表性作品中均屡有提及。

## 四　文集、日记、家书、游记

文集是反映政府官员、知识分子奥斯曼帝国认知的珍贵史料，他们的论述往往带有很强的思想史意义，对于我们准确把握近代国人的奥斯曼帝国观、对双边关系之定位、对奥斯曼帝国发展历程的运用和解读，都有十分重要的意义。这方面的资料非常零散，难以依靠数据库检索，有赖于研究者一件件爬梳。仅据笔者有限的查找和阅读，晚清民国时期在自己的作品中较多讨论奥斯曼问题的人有王韬、左宗棠、张之洞、郑观应、康有为、梁启超、谭嗣同、唐才常、夏曾佑、朱执信、邹容、孙中山、宋教仁、毛泽东、蒋介石等，涉及洋务派、维新派、革命派、国民党、共产党等各派人士，梳理他们的观点，也就可以大致把握百年来中国人奥斯曼帝国认知的流变状况。值得一提的是，出版的文集大多以时间为序编排，我们能够较为快捷、清楚地发现著者观点的前后变化，比如郑观应、康有为在论述土耳其的时候，对同一事件、同一问题，有着前后迥异的判断，这自然是需要格外注意的。

　　日记、家书类资料带有私密性质，其主要价值在于反映日常生活、社会交往之中，国人对于奥斯曼帝国信息的交流和传递。比如斌椿、郭嵩焘、薛福成、刘锡鸿、张德彝等晚清驻外公使的日记中就多处记载自己获取奥斯曼情报的方式。而《左宗棠家书》（群学社，1925）收录了其对奥斯曼帝国看法的信件，既是中国人奥斯曼帝国观的直接表露，亦体现了这种认知的社会化传播路径，具有双重的史料价值。

　　除此之外，关于奥斯曼帝国的文献还广泛存在于国人的游记之中。近代中国国门洞开之后，驻外公使、留学生、海外游历者、宗教朝圣者大幅增多，他们有的直接去过奥斯曼-土耳其，有的则在其他国家搜集到相关信息，并记录在自己的游记中，成为考察国人奥斯曼-土耳其认知最真切的一手材料。比较重要的如卢锡荣的《欧美十五国游记》（国光书店，1941）、屠坤华的《一九一五万国博览会游记》（商务印书馆，1916）、邹鲁的《二十九国游记》（商务印书馆，1947）以及钟叔河主编的《走向世界丛书》（岳麓书社，2008）所收录的各类游记。

## 五　综合类数据库

最后需要说明的是，目前学术界较为常用的还有一批综合类的史料数据库。此种数据库集期刊、专著、方志、文集等史料于一体，为学者提供了海量的文献资源，如"读秀中文学术搜索"、"中国国家数字图书馆"、"瀚堂典藏"数据库、"雕龙古籍"数据库等均上传了晚清民国的图书、期刊、报纸、方志、革命历史文献、古籍特藏资料，是近代史研究的资料宝库。通过检索这些数据资源，我们可以大致了解有关奥斯曼文献的分布情况。北京大学刘俊文主持开发的"中国基本古籍库"收录了自先秦至民国（公元前11世纪至公元20世纪初）历代典籍1万余种，计17万卷。该库容量颇大，是清代典籍的重要合集，其统计数据具有一定的代表性。而陕西师范大学袁林领衔打造的"汉籍全文检索系统"，收入文史哲类古籍文献2159种，共7.4亿字，亦具有相当大的参考性。在上述两个数据库中，我们选取"土耳其""土耳基""土耳机""土耳叽""都鲁机""英吉利""法兰西"7个关键词进行检索，结果可见表1-2。

表1-2　从中国基本古籍库和汉籍全文检索系统中检索
"土耳其"等关键词所得结果

单位：条

| 数据库名称 | 时代 | 土耳其 | 土耳基 | 土耳机 | 土耳叽 | 都鲁机 | 总计 | 英吉利 | 法兰西 |
|---|---|---|---|---|---|---|---|---|---|
| 中国基本古籍库 | 清代 | 1709 | 172 | 30 | 4 | 186 | 2101 | 3086 | 1228 |

续表

| 数据库名称 | 时代 | 土耳其 | 土耳基 | 土耳机 | 土耳叽 | 都鲁机 | 总计 | 英吉利 | 法兰西 |
|---|---|---|---|---|---|---|---|---|---|
| 汉籍全文检索系统 | 清代 | 860 | 35 | 26 | 8 | 2 | 931 | 1026 | 628 |

　　两个数据库的容量和选材不同，得出的统计结果有较大差别，不过依然可以大致得出以下基本结论：在帝国称谓的五个关键词中，"土耳其"一词的使用最多，"土耳基""土耳机""土耳叽""都鲁机"均使用于早期，后来基本没有再用。这一点在统计数据上有充分体现，"土耳其"的比例分别占81%、92%，远远超出其他名词。同时，与"英吉利""法兰西"两个关键词的搜索结果相比，"土耳其"出现频次也不逊色，一定程度上也说明晚清时期，奥斯曼帝国在中国得到的关注并不算少。

　　需要说明的是，本节所探讨的文献主要指中文资料，近代中国人对于奥斯曼帝国的描述当然不限于此，还应当包括英文、满文、回文、蒙古文、藏文等。前引小沼孝博、钟焓等的研究成果已经有所涉及，此不赘述。如果我们利用英文报刊数据库 ProQuest Historical Newspapers：Chinese Newspapers Collection（1832-1953）进行检索，亦会获得不少相关的英文文献。

# 第二章 奥斯曼帝国的知识记述与流播

本章主要考察近代中国人对于奥斯曼帝国各类知识和信息的记述、传播与记忆。对于这样一个特殊的"他者"，中国人有一个认知和接受的过程，在近代以前、晚清和民国的不同时段，国人的记录各有侧重，呈现出不同的特点。本章将按照上述三个阶段，梳理近代国人对于奥斯曼帝国全方位信息的记录情况，揭示这些信息社会化传播的过程，并选取其中最深刻的那一部分印记，予以重点介绍。本章的关注点主要在于，作为世界知识体系重要组成部分的奥斯曼帝国知识，在国人笔下呈现出何种样态，它们经由哪些媒介在更广泛的范围内得到传播和接受。近代中国人有关奥斯曼帝国的探讨，不限于"借鉴""民族主义""榜样"之类的话题，还有很多看似平淡、缺乏思想深度的政治、经济、文化、社会方面的知识记录，它们同样是中国人世界知识的一部分，也拥有不可忽视的认知史价值。特别是奥斯曼帝国在中国民间社会留存的深刻记忆，往往与知识分子所传导的国家形象，并不完全吻合。

## 第一节　奥斯曼帝国的知识记述

中国人对于奥斯曼帝国的观察，经历了漫长的历史时期，在不同阶段，其记述主体不断变化，内容亦不断丰富和完善，这是中国人世界认知水平不断提升的重要表现。本节分三个时段加以论述，以揭示不同时代的中国人，究竟接触到了一个怎样的奥斯曼帝国，又了解到了哪些相关知识。

### 一　初识他者：近代以前的奥斯曼帝国记述

中国有关奥斯曼帝国的记述很早以前即已展开。虽然长期缺乏实质性的官方往来，但通过留存于世的各类文本史料，我们可以察觉到两国之间存在微弱但不可忽视的信息交流渠道和空间。循着一些蛛丝马迹，我们尝试复原近代以前中国与奥斯曼帝国交流的某些片段。

按照学术界通行的观点，奥斯曼帝国始建于 1299 年。当时中国正处于元大德年间。成吉思汗的子孙东征西讨，席卷欧洲，一度激起了西方人的"黄祸论"。既然蒙古大军曾与奥斯曼土耳其有过激烈的战争，那么远隔万里的元朝与奥斯曼帝国究竟有无往来呢？目前存世的实物资料似可证明，当时两国之间至少存在物品的交流。土耳其的伊斯坦布尔现藏有一份用八思巴文和回鹘文并列书写的元世祖忽必烈的圣旨录文（见图 2-1）：

**图 2-1　土耳其伊斯坦布尔藏忽必烈圣旨录文**

资料来源：D. Tumurtogoo & G. Cecegdari, "Mongolian Monuments in 'Phags-pa Script: Introduction, Transliteration, Transcription and Bibliography," *Language and Linguistics Monograph Series*, 42, Taipei, Taiwan: Institute of Linguistics, Academia Sinica, 2010。

该圣旨录文译文为："忽必烈皇帝颁布圣旨道：我的子孙们，当你们在我之后要管理国家的时候，与其约束人的身体倒不如夺取人心……"①

今天，土耳其的博物馆里还藏有一幅中国元代的人物及马的画像（见图 2-2）。

---

① 呼格吉勒图等编著《八思巴字蒙古语文献汇编》，内蒙古教育出版社，2004，第 515—516 页。

Figure 96. *Two Dignitaries Holding the Tether of a Magnificent White Stallion.* Manuscripts, ink and color on paper. Library of the Topkapı Sarayı Museum, Istanbul H.2153-123b, H.2154-33a

**图 2-2　土耳其博物馆馆藏中国元代画像**

资料来源：James C. Y. Watt, with Essays by Maxwell K. Hearn, *The World of Khubilai Khan: Chinese Art in the Yuan Dynasty*, New York: Metropolitan Museum of Art; New Haven [Conn.]: Yale University Press, 2010, p. 23。

这些材料似可间接说明，奥斯曼人对于元代中国有一定程度的接触和了解。

到了明代，两国的交往状况更加清晰。有充分的证据表明，当时中国的绘图技术、青花瓷艺术品均传入奥斯曼帝国的宫廷。20世纪50年代，中国台湾学者张希哲在土耳其伊斯坦布尔的塞拉格里奥宫博物馆（即原奥斯曼帝国苏丹王宫）看到了2000多件中国瓷器，以宋明两代的出品最多。他由此推断，"中土两国在中古时代已有相当密切的往还"。综合博物馆记载和历史常识，他还推测了中国瓷器的传入途径：

一、古时中国和古代土耳其有往还，中国以瓷器答赠苏丹王。

二、苏丹王特别在中国定制瓷器。该馆有若干瓷器上烧出中文和阿拉伯文或回教经文的，我相信系苏丹王特别定制者。

三、当土耳其国势鼎盛的时候，阿拉伯半岛亦属于奥托曼帝国（即古代的土耳其）的版图，苏丹王一方面是君主，同时也是回教教主。当时中国回教徒至麦加朝圣，可能带些瓷器献给苏丹王。

四、陆续在君士但丁堡（即现在的伊士坦堡）及附近地区买得一部份瓷器。①

上述四种解释路径，均可验证一个结论：早在元明时期，中国与奥斯曼帝国之间就存在一定的交往。

21 世纪初，中国博物学家许明在参观土耳其伊斯坦布尔托普卡帕宫后，用自己的观察和记录再次向世人证明，元明时期，中土两国确有文化、商贸、艺术方面的互动往来。据他介绍，兴建于 1478 年（明成化十四年）的托普卡帕宫有一道名为"吉祥门"的宫门，门檐下的一组彩画，在构图和着色方面，都和北京故宫或颐和园的山水彩画非常相似。宫中所藏的一幅反映 15 世纪奥斯曼帝国苏丹穆罕默德二世宴请外国使节

① 张希哲：《从土耳其博物馆藏中国瓷器看中土两国的古代关系》，周宏涛等：《中土文化论集》，第 40—41 页。

场景的画中，宴席的用品都是中国瓷器。[①] 他还对该馆所藏的40多件造型硕大、纹饰丰富的稀有珍品——中国元代青花瓷赞誉有加，并指出部分瓷器还被加饰了代表伊斯兰审美观念的各种宝石纯金镶嵌。[②] 和张希哲一样，这些瓷器的来路问题是萦绕在许明心头的一个疑团，他尝试进行了回答，即这些中国瓷器或由荷兰等国海陆运输得来，或通过丝绸之路经伊朗中转而来，还有可能从海上贸易之路经阿拉伯输入。尤其值得重视的是，1574年，托普卡帕宫曾遭遇大火，绝大部分中国瓷器被毁，至17世纪末，仅余数百件。此后，国王曾下令增补中国瓷器。许明推测，今天所见到的元青花，极有可能是18世纪帝国宫廷从民间征集而得的。[③] 不管这些中国的工艺品自何种途径取得，它们都证明了一点，那就是元明时期，中国与奥斯曼帝国之间已经存在文化沟通的路径。

此外，明代曾有奥斯曼人来中国游历。据亨利·玉尔《古代中国闻见录》记载，1560年，荷兰人白斯拜克出使奥斯曼帝国时，一位曾赴中国游历的奥斯曼人向他讲述了中国之行的体验。此人途经中国的嘉峪关，抵达国都，赠送中国皇帝礼物，并得到丰厚赏赐，"赠送国王以相当之礼物。王皆酬以重价。其余货物，可以自由出售，或换他货。限定若干时日，必须归回故国也"。他按规定的时间离开，"盖契丹国不喜有外

---

① 许明著，王炜麦摄《土耳其、伊朗馆藏元青花考察亲历记》，上海人民出版社，2008，第4—5页。
② 许明著，王炜麦摄《土耳其、伊朗馆藏元青花考察亲历记》，第9—10页。
③ 许明著，王炜麦摄《土耳其、伊朗馆藏元青花考察亲历记》，第15—16页。

国人逗留其境。恐其国风俗习惯，为外国人所混乱也"。① 这里叙述的更像是古代中国与周边国家厚往薄来的朝贡贸易传统。

以上材料，更多反映的是奥斯曼人对于中国的接触和观察，似乎还不能证明中国人究竟对于奥斯曼帝国有无感知。下面就来看看中国文献中的记录。据官修正史《明史·鲁迷传》记载，明嘉靖年间，鲁迷国曾五次入贡（分别为嘉靖三年、五年、二十二年、二十七年、三十三年），这里的鲁迷或指奥斯曼帝国。明代陈仁锡所著《皇明世法录》里有关奥斯曼帝国的记载也大抵类似，嘉靖五年朝贡后，"诏定五年一贡，每贡起送十余人。贡物有玉石、珊瑚、珠、金刚钻、花帐子、舍列孙、皮花瓷、汤壶、羚羊角、锁服"。②

但问题在于，这些鲁迷使者究竟是否确系奥斯曼帝国苏丹所派？众所周知，在朝贡体制之下，中国人往往将一些前来从事商贸活动的外国人，统统归入朝贡之列，故而一些贪图"厚往薄来"之利的外国人很可能打着鲁迷使者的幌子招摇撞骗。其实这一点，当时明朝官员已有怀疑。嘉靖三年，鲁迷遣使贡狮子、西牛，明廷官员认为："鲁迷不列《王会》，其真伪不可知。近土鲁番数侵甘肃，而边吏于鲁迷册内，察有土鲁番之人，其狡诈明甚。请遣之出关，治所获间谍罪。"嘉靖帝采纳其意见，令边臣察治。不难看出，当时一些吐鲁番人打着鲁迷国的旗号，企图探听明廷情报。但是我们也不宜就此判定史书上的记载均不真实。中西交通史专家张星烺就认为奥斯曼

---

①　张星烺编注，朱杰勤校订《中西交通史料汇编》第 1 册，中华书局，2003，第 470—472 页。

②　张星烺编注，朱杰勤校订《中西交通史料汇编》第 1 册，第 469 页。

帝国遣使来华，是完全可信的："明世宗时，土耳其帝国建都君士旦丁堡已百余年，伐匈征奥，地跨欧亚非三洲。正为土耳其国运旭日中天时代。苏烈曼大帝君临土国四十余年……遣使绝域，乃意中事。"而前引西人所记奥斯曼游客的中国之旅，也验证了他的推论，"可知《明史》所记各次贡使之真情矣"。①这些零星的记载，至少可以初步证明，明代中国与奥斯曼帝国之间保持了有限而直接的联系和交往。

中国人真正开始了解奥斯曼帝国，应该是在清代前中期，现存的满文、蒙古文、藏文等少数民族语言文献就有一些相关的记述。据日本学者小沼孝博研究，清中前期中国人称奥斯曼帝国为"控噶尔国"，主要信息来源为俄国、哈萨克、浩罕、厄鲁特等地居民。18 世纪前半叶，奉命前往蒙古、西伯利亚等地处理边疆民族事务的满族官员图里琛在《异域录》中最早记录了"控噶尔国"。俄国西西伯利亚总督加加林向他介绍俄国周边情况时，提到了"恭喀儿汗"，也即奥斯曼苏丹。②1757 年，哈萨克的一位首领阿布赉告诉清人："meni donji-hangge，šun dekdere ergide manju han amba. šun tuhere ergide kungkar han amba."（汉译为："我们听说，日出方向的满洲汗强大。日落方向的控噶尔汗强大。"）③ 1759 年，浩罕君主额尔德尼伯克也对清廷使者说："mini donjihangge，dergi ergide

---

① 张星烺编注，朱杰勤校订《中西交通史料汇编》第 1 册，第 467—469 页。

② 〔日〕小沼孝博：《"控噶尔国"小考——18 至 19 世纪欧亚东部奥斯曼朝认识之一端》，《民族史研究》第 8 辑，第 153—154 页。

③ 中国第一历史档案馆藏《军机处满文录副奏折》中胶片 47 号第 1138—1388 页收录的乾隆二十二年九月十四日定边右副将军兆惠等的奏折，转引自〔日〕小沼孝博《"控噶尔国"小考——18 至 19 世纪欧亚东部奥斯曼朝认识之一端》，《民族史研究》第 8 辑，第 154—155 页。

dulimbai gurun emu amba han bi. wargi ergide kūngkar han bi sem-
bi. mesei suduri bithede inu arahabi. ”（汉译为："我听说，东
方有中国的大汗，西方有控噶尔汗。我们的史书中也有记
载。"）① 据此可知，时人将奥斯曼帝国与中国视为东西方并
列的两个强大帝国。学者钟焓也利用蒙古文史料证明，清代蒙
古人也了解和记述了"控噶尔"，尽管虚幻色彩多于现实成
分，但在蒙古人心目中，来自西方的"控噶尔"是和东方的
清朝、北方的俄国并列的能够支配世界的一大力量。② 到 1837
年，蒙古族史学家金巴道尔吉的《水晶鉴》中描写的"控噶
尔"，已经大体符合奥斯曼帝国的情况。③ 不过，笔者在乾隆
朝纂修的展示清廷怀柔万邦理念的《皇清职贡图》中，并未
见到有关奥斯曼帝国的记载。这说明尽管此时中国人已对奥斯
曼帝国有一个模糊的印象，但其和中国官方并未发生实质性交
往，故未收入官修典籍。

然而民间的汉文史地论著中早已有了奥斯曼帝国的切实记
载。成书于 1730 年的《海国闻见录》是一部著名的史地论
著，系作者陈伦炯根据亲历见闻撰写而成。其中《小西洋记》
记述道，"多尔其，分东西二国，皆回回。东多尔其国，不通
海，东邻大白头，东北傍里海，北接惹鹿惹也，西邻西多尔
其，南接阿黎米也"，而"西多尔其，民哗呻二国，不通小西
洋之海，而滨于中海之东北"。陈伦炯还指出阿黎米系多尔其

---

① 中国第一历史档案馆藏《军机处满文录副奏折》中胶片 55 号第 59—86
页收录的乾隆二十四年十月十三日定边将军兆惠等的奏折，转引自
〔日〕小沼孝博《"控噶尔国"小考——18 至 19 世纪欧亚东部奥斯曼朝
认识之一端》，《民族史研究》第 8 辑，第 155 页。
② 钟焓：《控噶尔史料评注》，《民族史研究》第 9 辑，第 63 页。
③ 钟焓：《控噶尔史料评注》，《民族史研究》第 9 辑，第 50—53 页。

所属，贡男女于多尔其为奴婢。[1] 在《大西洋记》中，陈伦炯也简略提及西多尔其："由民哖呷沿东南中海，而至西多尔其。由西多尔其东沿中海，至阿黎米也。"[2] 综合以上记录，我们可以看出，在陈伦炯生活的年代，中国人的奥斯曼印象还十分模糊，学者对其介绍非常简单，只是在描述全球地理方位时略加涉及。

小沼孝博曾指出，乾隆朝椿园七十一的《西域闻见录》中有关于"控噶尔"的王宫样式以及物产、风俗、宗教方面的详细描述，并记载了其与俄国的战史。[3] 这里的"控噶尔"是否为"土耳其"，学术界尚有争议。钟焓根据书中王国军事制度和对俄战争的描写，推论"控噶尔"也有可能指的是克里米亚鞑靼汗国。至于存在的夸张和不实，既有土尔扈特人的虚构，也反映了人们对于东罗马帝国记忆的延续。[4]

嘉庆年间，游历葡萄牙、英国的谢清高在同乡杨炳南的协助下，口述自己的海外见闻，经过杨氏加工、整理、补充，形成《海录》。虽然现在我们无法考证出谢清高是否曾踏足奥斯曼帝国，但《海录》一书确设专章予以介绍，称其为"祋古国"："在西洋、吕宋、佛朗机之后，港口在伊宣各国之北。

---

[1] 陈伦炯撰，李长傅校注，陈代光整理《〈海国闻见录〉校注》，中州古籍出版社，1985，第62—63页。根据该书的注释，大白头即波斯，惹鹿惹也即亚美尼亚，阿黎米也即阿拉伯，中海即地中海，民哖呷即 Veneyia，今译威尼斯，指意大利北部。

[2] 陈伦炯撰，李长傅校注，陈代光整理《〈海国闻见录〉校注》，第67—68页。根据该书的注释，大西洋即大西洋。

[3] 〔日〕小沼孝博：《"控噶尔国"小考——18 至 19 世纪欧亚东部奥斯曼朝认识之一端》，《民族史研究》第 8 辑，第 158—160 页。

[4] 钟焓：《控噶尔史料评注》，《民族史研究》第 9 辑，第 70—85 页。

疆域极大，本回回种类。人民强盛，穿大袖衣，裹头，服皮服，不与诸国相往来。西洋人谓之仍跛喇多者，犹华人言大国也，唯称中华及祋古为然。"① 此处谢清高大致交代了奥斯曼帝国的地理位置，并揭示了其两大特点，一是伊斯兰教国家，国民服饰上的伊斯兰特征明显；二是疆域广袤，在西洋人眼中，是与中国并称的大国。这恰恰与同时期由哈萨克、浩罕、蒙古方面传入的信息相一致。

延至道光朝，奥斯曼帝国已经进入官修方志。阮元主持编修的《广州通志》中有"亚利晚国"的记录："在西洋，与回回国相近。天气温和，风俗淳厚，戴八角帽，着长衣，采色相间，文如柳条，窄袖束腰，蹑革履。夷妇披发不笄，以青帕蒙首，背领饰金银，着长衣，常持盥器，善女工。"该通志特别提到："亚利晚疑即小西洋之多尔其，分东西二国，皆回回种类也。"② 说明修志者已经非常清楚小西洋有奥斯曼帝国的存在，分东西两部，信奉伊斯兰教。这也说明较早接受西学之风的广东知识人，对奥斯曼帝国已经并不陌生。

另据史料记载，18 世纪初期，曾有奥斯曼人来华学习医治天花之法，并传之于西方："方泰西初行天花之时，十人中患死有二三。迨一百五六十年前，土耳其国有医士来中土，学习苗痘之法，返国后将此法遍传于泰西。"③ 这也足以证明当时奥斯曼帝国与中国有一定的接触。

---

① 谢清高口述，杨炳南笔录，安京校释《海录校释》，商务印书馆，2002，第 235 页。
② 阮元修、陈昌齐等纂《（道光）广东通志》卷 330，《续修四库全书》第 675 册，第 734 页。
③ 《牛痘论略》，《申报》1878 年 3 月 16 日，第 4 页。

与上述线索相并行的是，早期来华的西方传教士已经通过中文著述向中国宣传奥斯曼帝国的部分知识。尽管这些传教士并非中国人，但其中文论著的受众主要是中国人，其信息和知识记述也会转化为中国读者知识系统的一部分。

就笔者所见，晚清中国有关奥斯曼帝国的译名五花八门，有"土耳其""土耳基""土耳机""都鲁机""度尔格"等，其中以"土耳其"使用最为广泛，而传教士的率先译介无疑有着先导性贡献。19 世纪 20 年代，传教士马礼逊、米怜在东南亚马六甲创办的世界上第一份近代中文报刊《察世俗每月统记传》，已明确将"Ottoman Empire"翻译为"土耳其"。其刊发的《英国土产所缺》一文介绍鸦片烟时提及"土耳其"，称英国"不产鸦片烟也。此物多生于印度列国，又于土耳其国，但孟雅拉之柏拿地所出之鸦片烟，为上等好的"。[1] 然而随着岁月的推移，人们似乎忘记了早期传教士的贡献，对于"土耳其"语词的来历也产生了误解，就连晚清传教士李提摩太都没有搞清楚"土耳其"一词原来出自前辈之手。他在翻译《泰西新史揽要》时认为"土耳其"是中国人的误译，显然没有弄清楚该译词的来龙去脉。

《察世俗每月统记传》中有关奥斯曼帝国的介绍，并不限于上面一例，其还提供了更为具体的信息。如《全地外国纪略》一文按五大洲来介绍世界各国，欧洲、亚洲部分均提及"土耳其"，包括土耳其语、土耳其分省及人口问题等，欧洲部分记载为"土耳其，即度尔格国。其京曰根土但颠阿百勒。

---

此国之半亚、西亚之分，一半在有罗巴也"，① 并简单提及土耳其语；亚洲部分记载为："土耳其国。其国之半亦在有罗巴，见上有罗巴列国之第二十二。古如氏亚国今为土耳其王所治也。在亚西亚之土耳其地，分为十大省，而其人数约十兆，即一千万人也。"② 文中还引用了一则奥斯曼帝国的故事，用于宣传基督教。故事讲的是很久很久以前，在土耳其国，一位教书先生遇到一个轻视基督教之人，此人问先生如何能现真神，魔界在哪等问题，教书先生用土块击其头部，此人遂告到官府。官府将先生捉拿审问，先生表示他若能将疼痛现出，我即可以现出真神。官府遂将先生释放，而责难之人亦觉羞愧。作者评论道："以此古事而看，就知道若是有何合理之事，则不可因是目所未见者而遂不信之也。"③ 该刊物主要面向南洋地区的华人，也曾流传到中国东南沿海地区，如广州、香港、澳门等通商口岸，故部分中国读者对于奥斯曼帝国的知识应当有所接触。

另一份重要的中文报刊《东西洋考每月统记传》于 1833 年 8 月 1 日创刊于中国广州，创办人是普鲁士传教士郭实猎。该报文字通俗，文风简短，旨在宣扬西方文化的优越性，同样刊载一些关于奥斯曼帝国的报道。如 1837 年 5 月的《土耳其国》一文就关注到奥斯曼帝国苏丹的新政，称其"恒专务改

---

① 《全地外国纪略・论有罗巴列国》，〔英〕米怜主编，刘美华编校，张西平审校《察世俗每月统记传》，第 250、257 页。
② 《全世〔地〕外国略传・论亚西亚列国》，〔英〕米怜编，刘美华编校，张西平审校《察世俗每月统记传》，第 262 页。
③ 《论侮圣言之人》，〔英〕米怜编，刘美华编校，张西平审校《察世俗每月统记传》，第 307 页。

恶迁善，召耶稣道之师开学，教幼蒙训，向来此国之民禁女人，不容街上。惟国王欲改恶俗，准皇妃嬖妾，任意游山玩景矣。俄罗斯国德威扬播，权势益广，土耳其国临危矣。故此帝君召募乡勇壮民二十万丁，为镇守兵马，亦有蒸船并力防堵海边。看此民之前风俗，恒执迷不悟，然今挽流俗而臻于善，不亦奇哉"。① 但同年 7 月的另一则消息则称奥斯曼帝国已经停止了上述改革，原因在于俄国使臣的恶意挑唆和蛊惑，使得奥斯曼士民固执己见，苏丹"出谕饬禁，毋庸设为庠序学校也"。结果导致北方之族类怨苏丹之政，有勾结反叛之征兆。② 尽管传教士对于奥斯曼帝国的评价总体是负面的，但多多少少也透露了其被动改革的内容，可谓开奥斯曼帝国西化改革论述之先声。该刊物还报道过奥斯曼帝国与英国的一起外交冲突，讲的是该国宰相监禁凌辱英国钦差一事。受凌辱的钦差表示如果不伸冤，必结衅隙。英国商贾也要求守护国家的体面，"该邦之帝君，诚恐英吉利民雪怨，惶忙，无奈何，只革职宰相，以安和睦矣"。③

19 世纪 30 年代，郭实猎撰写的中文著述《古今万国纲鉴》设有"都耳基"一节，简要介绍了奥斯曼帝国的兴盛史，指出奥斯曼人信奉伊斯兰教，勇猛大胆，曾攻陷罗马国之京都，自此与欧罗巴列国结仇，"两次侵阿理曼之国，且围其京都也。诸国心慌胆震，挡不住此国敌矣。都耳基帝君与法兰西王结约，攻击奥帝哩亚国，其衅隙无已矣"。同时，该书也谈到了奥斯曼帝国逐渐落后于欧洲，走近衰亡的近况："惟欧罗

① 《土耳其国》，《东西洋考每月统记传》1837 年 5 月。
② 《土耳其国》，《东西洋考每月统记传》1837 年 7 月。
③ 《土耳基国》，《东西洋考每月统记传》1837 年 1 月。

巴列族进学操演武艺，种种所知。是以能足胜是虏族也。鄂罗斯民甚埋怨。此异族伐其国，夺其省，杀其军焉。当此之时，国家尽衰，庶乎临亡也。"[1]

当时，传教士在华所办英文报纸《中国丛报》（*Chinese Repository*）上也有一些文章涉及奥斯曼帝国。如 1834 年 10 月，一篇题为《土耳其人》（The Turks）的文章，简要提及了奥斯曼人的历史宗教信仰及对外侵略扩张史。[2] 1837 年 4 月，《奥斯曼帝国的兴衰》（Rise and Decline of the Ottoman Empire）一文介绍了奥斯曼帝国推进现代变革的新动向。[3] 只可惜这些文章乃用英文写就，当时的中国人能阅读者少之又少。

综上所论，在近代前夜，中国人对于奥斯曼帝国的发展历程、地理方位、宗教特性、社会习俗等基本信息，已有一定程度的了解和把握。其中，西方传教士、俄国人、中亚人，以及中国的汉、满、蒙、藏等各民族知识分子，都曾充当知识记述和传播者的角色。但总体而言，这些记录还十分简单、粗疏、零碎，不成体系。这种认知上的模糊性，与当时中国人整体的世界认知水平是一致的。历史学家陈旭麓说过："直到清初编纂的《明史》，能够明白列举的欧洲国家还只有 4 个，即佛郎机（指葡萄牙，但有时又兼指西班牙）、吕宋（现在的马尼拉一带，当时此地为西班牙所占，所以实际上是指西班牙）、和兰（荷兰）、意大利。在《明史》的初稿中，意大利是写成欧罗巴的。虽然后来改了过来，但把意大利当成整个欧洲，毕竟

---

① 郭实猎：《古今万国纲鉴》卷 19，道光十八年（1838）新加坡坚夏书院刻本，第 90 页。

② "The Turks"，*Chinese Repository*，Oct.，1834.

③ "Rise and Decline of the Ottoman Empire," *Chinese Repository*，Apr.，1837.

反映了知识上的模糊。"① 可见，在当时的社会背景和认知条件下，中国人能够对奥斯曼帝国有如上认知，已属不易。

## 二 全面了解：晚清时期的奥斯曼帝国记述

晚清时期是中国人全面了解和认知奥斯曼帝国的重要阶段。在国门洞开的新形势下，西学知识如潮水般涌入，走出天朝迷梦的先进中国人开始醒悟，他们了解世界的渴望越来越强烈，在各类综合性的世界知识论著里，奥斯曼帝国均占有一定篇幅，国人笔下的相关基本信息日益丰满和清晰。随着电报、报刊等新式传媒的出现和发展，中国人获取世界知识的途径越来越丰富，奥斯曼帝国信息的记载也越来越准确和富有时效性。19 世纪 80 年代以后，随着民族危机的加深，两国民族命运的对比感日益凸显，奥斯曼帝国成为清廷官员、改革者瞩目的对象，有关的研究和论说越来越普遍，出现了一批奥斯曼帝国研究的专论。奥斯曼信息的翻译和传播，不是一般性的知识输入，更呈现出明显的选择性，彰显了晚清国人强烈的自我关怀，希冀从同病相怜的奥斯曼帝国身上找到适合中国发展的历史经验与教训。

作为中国人世界知识体系的重要组成部分，奥斯曼帝国方方面面的知识和信息，全面进入了晚清出版的大部头史地丛书、综合性的世界知识图书，构成了国人奥斯曼帝国的知识信息源。近代以来人们围绕奥斯曼帝国史事的想象、阐发和利用，均不能脱离这些最为基础的素材。

---

① 陈旭麓：《近代中国社会的新陈代谢》，中国人民大学出版社，2012，第 23—24 页。

鸦片战争以后，西方的坚船利炮叩开了古老中国紧锁的大门，一批先进的知识分子从天朝迷梦中惊醒，开启了睁眼看世界的艰难历程。他们在融汇中西方材料的基础之上，编纂了一批质量上乘的综合性史地论著。这批成果以西学知识为主要支撑，代表了国人对于世界的新判定和新体认。在这样的大背景下，奥斯曼帝国各项信息也得以更新，相关记录不仅全面，而且准确，不似以往仅为只言片语、含混不清的简介。

近代中国人最早对奥斯曼帝国的系统专论，当属魏源的《海国图志》。该书是近代中国人"睁眼看世界"的代表作，集中体现了中国人世界知识水平的进步。其中奥斯曼帝国部分多取自林则徐组织编译的《四洲志》，介绍也较为全面、丰富，涉及政治、经济、社会、文化、历史等各方面。如对奥斯曼官僚系统的设计，包括首相、军事法官、财政、外交、内政、海军大臣等的官位和职责，都有具体论述。有关帝国风土人情的记载也有不少："惟俗尚孝弟，其父母身后，遗产惟子弟得有之，外人无预。婚姻先议奁赠多寡，嗣议位置妾媵几人。庶出如嫡，若不生育，即结发之妻，亦许休弃，皆与欧罗巴相反……饮食甚俭，无非菜蔬、橄榄、糖果而已。酒是回教所禁，而国王与贵人多好之，余皆不饮，各以鸦片代酒。食烟者众，每不及四十岁。土产地毡、羊皮、黄蜡、蜜糖、鸦片、棉花、丝发、洋布、铜。"文中所言奥斯曼人尚孝悌、生活简朴、婚姻制度上与欧洲相反等都符合历史事实。就社会风俗而言，魏源的负面评价居多。如他对该国服饰、风俗、人情的记录如下："服饰风俗颇似东方，宽衣阔袖，与欧罗巴窄服相反。入户以去屦在外为礼。饮食箕坐，以手取食。女处深闺，与男子不接见、不通问，内外甚严。其人似勇实怯，似良实狠，似捷实惰，似庄肃实淫佚，似慷慨实吝啬。"[1]

尤其值得注意的是，《海国图志》已初步形成奥斯曼帝国兴衰史的书写模式。根据魏源的记载，土耳其人先前臣服于塞尔柱王朝，1299 年塞尔柱王朝解体，其所属部落各立一方。土耳其人的首领奥斯曼便乘机独立，建立了奥斯曼帝国，由此开启了东征西讨的开拓史："千二百九十九年，有荷多曼者，少为海盗，后为西底阿头目，威服邻部，自立为王，遂为荷多曼国。其子荷占嗣位，旋夺得普鲁萨为国都。千四百五十三年，麻荷弥王又夺得额力西、观斯顿丁罗布尔二地，又攻击伊揖、麻马里、阿丹诸国并格利弥阿之地，无不归附，威震欧罗巴洲。后又屡破寒牙里、威引那诸国。诸国连兵拒敌，丧师而返。复攻滨海罗尼士、西普鲁及额力西各海岛，阻于石礁，不能进。"[2] 随后，魏源进入奥斯曼帝国衰落史的描述，认为其沉沦应追溯到 1700 年。至 1800 年，帝国内有部落反叛，外有强俄逼迫，衰颓之势一发而不可收："国王沉湎酒色，所属之巴札，各据一方。其先日所取欧罗巴洲内各部落，均起兵尽逐土鲁机人出境，俄罗斯亦出大兵攻击。土鲁机屡战屡败，失去富庶数部落，从此不能复振。"[3] 虽然相关论述还非常简略，一些历史细节也不乏错漏之处，但这一书写模式大体为后来的史家继承和遵循，只是史实表述更加准确，过程铺陈更加细致，缘由剖析更加深入。

徐继畬的《瀛寰志略》是继《海国图志》之后的又一部

---

[1]　《海国图志》卷 48，《魏源全集》第 6 册，岳麓书社，2011，第 1363—1366 页。
[2]　《海国图志》卷 48，《魏源全集》第 6 册，第 1362—1363 页。
[3]　《海国图志》卷 48，《魏源全集》第 6 册，第 1363 页。

经典史地力作。该书对奥斯曼帝国的相关信息做过较为严谨的考订。如作者总结了奥斯曼国名的各类译法，包括土耳矶、都耳基、多尔其、特尔济、都鲁机、杜尔格、控噶尔、疴多马诺、阿多曼等，为后辈学人从事考证奠定了基础。① 作者还对乾隆朝椿园所著《西域闻见录》中"控噶尔"一国是否真实存在表示质疑。他根据"控噶尔"处于俄国西北的线索，对俄国周边各地进行了考察，指出俄国北界为北冰洋，西边为瑞典、普鲁士、奥地利，西南为土耳其，东南为波斯，并不存在"控噶尔"一国，"所谓控噶尔者，盖指欧罗巴之全土"。而书中所称与俄国交兵之控噶尔，指的才是奥斯曼帝国。② 尽管徐继畬将"控噶尔"推之于整个欧洲是错误的，但他是较早对"控噶尔"进行考证的学者，并准确指出与俄国交战的"控噶尔"即为奥斯曼帝国。

徐继畬还介绍了奥斯曼帝国的风土人情，负面记载不在少数。在他的笔下，奥斯曼人吸食鸦片成瘾，街道脏乱差，瘟疫横行，大国形象荡然无存。仅就西土耳其而言，"建都之部曰罗美里亚，其民多土耳其种族，性强悍，乐于战斗，轻死生，重然诺，不禁鸦片，人多赢瘠。都城曰君士但丁……多瘟疫、火患。所辖亚得安城，周十五里，内有古殿，闾阎凋敝"。波斯尼亚，"在极西北，北距多恼河，草场丰广，内有山，产铁甚良，居民铸为刀剑。不堪土之苛政，揭竿而起者屡矣"。③书中随处可见城市凋敝、宗教冲突、苛政暴乱的记载。有关东土耳其的记载亦然："诸部地界辽阔，距王都绝远，自土耳其

①　徐继畬：《瀛寰志略》卷 4，上海书店出版社，2001，第 107 页。
②　徐继畬：《瀛寰志略》卷 4，第 114—115 页。
③　徐继畬：《瀛寰志略》卷 6，第 166 页。

中衰，守土之酉多拥地自擅，不供赋役，百余年来，仅仅羁縻勿绝而已。"① 出现最多的还是地方部落的擅权、自重、叛乱，一派中衰景象。通过这些论述，国人可以真切地感受到奥斯曼帝国步入了全面衰落期。

与稍早的《海国图志》相比，《瀛寰志略》的一大进步表现为引入了国际关系视角，从合纵之术看待奥斯曼帝国的存亡问题。徐继畬对于奥斯曼帝国的战略地位有明确表述："泰西诸国跨亚细亚、欧罗巴两土者，惟俄罗斯与土耳其两国。土耳其疆域之大，不及俄罗斯，而擅膏腴之壤、据形便之地，百年来逐鹿纷纷，迄无止戈之日，固恃其地大兵强，不肯遽为俄下也。"② 在对历次俄土之战详加介绍后，作者指出日渐孱弱、一败涂地的奥斯曼帝国未被俄国兼并的根本原因，在于"英、佛两大国护持而排解之也"。他还特别强调，英、法两国对以昏虐著称的奥斯曼帝国嗤之以鼻，并未抱有同情之心，其出手援助无非出于自身国防安全的考虑："俄罗斯境土得欧罗巴之大半，然北地荒寒，不长水战，故仅能比肩英、佛，而未足以定霸一方，若土耳其三土一旦为所并兼，则地兼三海，于欧罗巴一土已扼吭而拊其背矣。彼且治船炮，阅形势，一旦拥十万之众卷甲西驰，诸国其能宴然已乎？故英、佛之存土非爱土也，惧俄之兼土，而事未有所止也。两国之强，俄所素慑，亦未敢开衅端而延大敌，不得不隐忍戢兵，听土之姑延残喘。欧罗巴情势颇类战国，故纵横之谋，有不期然而然者。"③ 这种从国际关系角度的解读，在后人的分析和论述中反复出现。

---

① 徐继畬：《瀛寰志略》卷 6，第 168 页。
② 徐继畬：《瀛寰志略》卷 6，第 170 页。
③ 徐继畬：《瀛寰志略》卷 6，第 171 页。

咸丰时期，西北史地学家何秋涛完成了近代中俄关系史的巨著《朔方备乘》。由于俄国与奥斯曼帝国有着密切的军事、外交纠葛，故其对既往文献中的奥斯曼帝国记载进行了一番考订。他认定过去史家所言的"红孩儿""控噶尔""祓古"均系该国的别称。在"俄国邻红孩儿"一节，他指出《广东通志》所言的俄国之邻国红孩儿，"即控噶尔，乃土耳其之别名也"。① 和徐继畬一样，何秋涛也对《西域闻见录》中的"控噶尔"颇感兴趣。据《西域闻见录》记载，俄罗斯本为控噶尔属国，向其称贡。后来双方构兵不已，俄属国土尔扈特部不堪征调之苦，部落首领渥巴锡率部众逃离，归附清朝。此事发生在乾隆年间。但问题在于，"今考欧罗巴诸国并无控噶尔之名"，究竟"控噶尔"是哪个国家？何秋涛调动自己所掌握的世界知识进行了论证。他指出百年来与俄国有过激烈战争的只有三个国家，即土耳其、佛郎西、波斯。后两者与俄国构兵均发生在土尔扈特部投诚之后。他由此断定，"惟土耳其与俄罗斯连兵前后近百年，道光初年犹交哄未已，闻见录所云交兵事，其为土耳其无疑"。② 需要强调的是，何秋涛对于奥斯曼信息的发掘，是基于其俄国关怀，才附带论及。当时奥斯曼帝国并不是中国人关心的热点国家，但这并不妨碍国人记录其基本信息。

除了史地类巨著，晚清中国还有大量反映全球各国政治、经济、军事、外交、社会、文化各方面情况的通论性著作，其中也收集了不少奥斯曼帝国的信息。1896年，西人所著《列

---

① 何秋涛：《朔方备乘》卷40，台北：文海出版社，1964，第802页。

② 何秋涛：《朔方备乘》卷59，第1040页。

国岁计政要》被林乐知、郑昌棪译介到中国，其中就有关于奥斯曼帝国各方面情况的详细介绍，是当时奥斯曼帝国信息记录比较完整的代表性著作。与早期的记录相较，其包含的内容更加丰富，增补了不少奥斯曼帝国最新动态，历史书写也有一定的创新，不仅勾勒了奥斯曼帝国历史进程的复杂面相，还增添了中土两国的对比论述。

《列国岁计政要》不仅完整、准确地记载了奥斯曼帝国王室继承的谱系，还注意到宫廷政治中伯叔相继、宫人掌权、开销巨大的情况："宫闱有一老宫人管事，中常侍居间以通内外，中常侍之权与宰相埒。王岁供银一百十八万九千八百八十磅，又五十五万二千六百三十五磅为养老存孤之费，共一百七十四万二千五百七十五磅，由国库筹备。至于宫中之费，岁无清单，约计岁需四百五十万磅，有盈无绌，更有王产租息及官府属国岁贡，悉输入内府，而王仍不足用。"

《列国岁计政要》强调奥斯曼帝国的伊斯兰宗教信仰，凡事以古兰经为宗，不敢逾越半步："土为回回大部落，国例以回教戈阑经书为宗，更有回教之祖摩哈麦以来历世案卷，即墨铁迦条例，垂为典要。国王综揽大权，莫敢谁何，惟不敢违戈阑经书之要旨，而墨铁迦条例，王亦重违其意焉。更有沙立漫第二，辑前王谕旨，合为一书，世世贵重之。惟以为沙立漫书出于人意，戈阑经书及墨铁迦条例二种，出于天理耳。"但该书注意到，奥斯曼帝国也施行过宗教宽容政策："前王阿孛特美极治民宽大，悉弛民从他教之禁。他国人民，受廛市产，一视同仁，无分轻重。"

《列国岁计政要》还揭示了奥斯曼帝国财政、军事等方面的衰弱迹象。如近年来财政收支不均，入不敷出。自 1853 年与俄国构兵以来，公然举借外债，"岁岁借之，其借之数，即其岁所赢余之数，故意掩饰众目，以为逋负地步。外似庞大，内实呰窳，识者早已訾其后矣"。这一记录后来也受到同样面临外债问题的中国洋务官员的关注和讨论。再如奥斯曼帝国军舰炮台存在大量闲置荒废的现象："今托英国代造大铁甲二号，每号需银四十万磅，不知作何用处？其托造第三等炮轮四号，以备潼拿江巡防，或属有用。而二号大铁甲永远停泊都城外海口，从不驶行外海，其造船之费，岂非虚縻于无用乎？"

值得注意的事，《列国岁计政要》的译本还有关于中土两国比较分析的内容，显系译者的创造性发挥，其目的在于使读者更为清楚地了解奥斯曼帝国的现状。比如奥斯曼帝国有总督，统辖之地称为"佛立侯"，"犹华言藩镇也"；巡抚所辖之地称为"克劳文"，"犹华言省会也"。译者还特别肯定了奥斯曼帝国在地方官吏选拔上的标准，即"官员出身，不论门第高下，惟有才有能者皆得预选举焉"。[①] 这些细节描写后来为许多知识人沿用，成为进行中土关系建构的重要材料。

此外，其他综合性图书如光绪朝陈昌绅的《分类时务通纂》中也有对奥斯曼帝国历史、皇室、疆域、人口、财政、田地、国债、物产、商贾、兵制、对外战争等信息的专门介绍，与同时代的其他论述互有参照，内容亦大同小异，此不一一赘引。这些成果对奥斯曼帝国信息的全方位勾勒，构成了晚清中国人认知奥斯曼帝国的知识宝库。尽管一些著述也注意到奥斯曼帝国民风淳朴、宗教宽容、唯才是举、西化改革的一

---

① 〔英〕麦丁富得力编纂，〔美〕林乐知口译，郑昌棪笔述《列国岁计政要》卷九，上海图书馆整理《江南制造局译书丛书·政史类》第 1 册，上海科学技术文献出版社，2012，第 252—260 页。

面，但国势的衰颓是各方较为一致的判定。后人发掘和利用奥斯曼资源，往往要到这里找寻原点。人们会根据自己的需要，截取某些片段，附着自己的体验和想法，形成差异化的奥斯曼形象表达。

随着晚清新闻报刊事业的兴起和繁荣，奥斯曼帝国信息有了新的记录、保存和传播的方式。新闻报刊讲求时效性，能够及时收录奥斯曼帝国的最新资讯，这是一般专著不能比拟的。当时，远在千里之外的奥斯曼帝国刚刚发生的一件大事，很快就能够出现在中国新闻纸上。比如 1880 年，奥斯曼帝国发生了严重饥荒。当年二月，《申报》就及时报道和评论称："土耳其国东境近报大饥，十室九空，民人有倒悬之叹。语曰：大兵之后，必有凶年。土俄之役，土国之因战废耕者，殆亦不少。兹之凶荒有象，遍野哀鸿，其来亦非无自也。"① 奥斯曼帝国的地震灾害及救济也为中国媒体捕捉。1875 年传教士所办《万国公报》报道称："土耳机国之南小亚西亚地方常有地震。早数年有一大震，震去房屋，城市死薨人数不少。新近又有一大地震，乡镇震倒狠多，民死计有二千多人。"② 1903 年，《鹭江报》报道称："土耳其君斯坦近罹地震之灾，极为惨酷。"此则新闻还介绍了俄国对其赈灾救济活动。③ 奥斯曼帝国发生的重大政治变动，更会得到新闻界的瞩目。如《外交报》多次报道 1908 年青年土耳其党革命，视其为当年度欧洲外交界中的两大要事之一："希腊闻土人革命之胜利也，因大受激刺，故亦有陆军同盟会要求维新之活剧，攻击政府，倡言

① 《土国饥荒》，《申报》1880 年 2 月 7 日，第 2 页。
② 《土耳机国事：地震》，《万国公报》第 347 期，1875 年。
③ 《土耳其地震》，《鹭江报》1903 年第 26 期。

革命，汹涌之势，不可终日。而各国对于革里底岛之政见，亦颇为陆军同盟会所动移，此又土国革命余波之所及也。"①

当时，中国驻外公使在西方阅读报纸时，也获取了很多奥斯曼帝国的消息，并记录在案。出使美洲的使臣崔国因在日记中多次摘录西方新闻纸的相关报道："初九日　晴。俄皇至土耳其国，见其君主，开宴尽欢。土君因请俄皇保全和局。"②"初十日　晴。德皇与后坐兵轮，偕至意大利国，又至土耳其国。"③"十四日　晴。俄皇素欲并吞土耳其。兹闻土与德皇结好，更滋不悦。于是密令驻土俄使，风示土君，言俄皇将来土国相见。土君知机，欣然应诺，遂订期来春。"④ 这组连续性强、近乎实时播报的记录，说明阅读报纸已成为人们把握奥斯曼资讯最有效的方式之一。

新闻报刊对于奥斯曼帝国风土民情的介绍也更为丰富翔实。1906 年，《(清末) 时事采新汇选》收录了《土耳其国风土记》一文，记述了奥斯曼帝国城镇、乡村人民的日常饮食："贫民日食以面包为大宗，城镇皆有烘制面包店铺，乡村则自备麦磨，自烘面包，以供日用，或涂乳油及蜜糖，然粗劣不可食。惟乳饼乳皮，价廉物美，最为滋益之品焉。"⑤ 也录有妇女的生活状态："妇女出门用白纱二方，一大一小，小者覆其首，下垂至额，大者掩其口鼻，结于头后，下垂于背。除两目

---

① 《一千九百零九年欧洲外交大势论》，《外交报》第 273 期，张元济主编《外交报汇编》第 2 册，第 639—640 页。

② 崔国因著，胡贯中、刘发清点注《出使美日秘日记》，第 32 页。

③ 崔国因著，胡贯中、刘发清点注《出使美日秘日记》，第 33 页。

④ 崔国因著，胡贯中、刘发清点注《出使美日秘日记》，第 37 页。

⑤ 《土耳其国风土记》，《(清末) 时事采新汇选》第 17 册，北京图书馆出版社，2003，第 9095 页。

外，皆遮不见人，并用一口钟罩其全身，下垂至地。其乡镇妇女尤为拘谨，几于全身皆蔽焉。乡村妇女操持家务，为人洗衣，凡耕种收获，皆由女子独任，且有时兼任造砖筑屋之劳，牧马畜牛之务及一切污秽之工作。至于纺纱、织袜及制咖啡、烘面包等转由男子代任焉。"还展示了乡村农民的艰苦生活条件，揭示出贫富差距："乡村房屋或撑以木，或砌以石，或造以土块，屋皆平顶，先铺树枝，后涂土泥，坚结厚实，使能泻雨水而不漏，每遇风清日暖，家人均聚于屋顶，或牵手磨，或烘面包，有时并作。卧室因较屋内凉爽也，其在贫苦乡村，本不知有卧床，但知宿于空地，卧以草席而已，且不知有灯烛，但知日出而作，日入而息而已。惟富贵人家亦有建高楼大厦者。"① 这些略显琐碎的信息，看似没有多少深刻内涵，却是中国人世界知识储备的一部分。

一些专业化的学术期刊也致力于奥斯曼帝国知识的传播，其往往重视知识的准确性，以期纠正社会流行的偏见。以往国人多想当然地以为，奥斯曼人有多妻之俗，男子娶妻、休妻均无限，换妻子如同换衣服一样容易。1911 年，中国地学会主编的中国第一份地理学术刊物《地学杂志》刊文予以澄清，指出："土人一夫数妇者，概不多见。而休妻之多，尚不如耶教诸国。盖休与娶均有定例，不能违也。"作者还举例加以证明："土俗订婚，新郎视门第之贫富，或以十磅至五百磅作为聘礼。亦有钗环手镯诸品物。送至女父母处，女家不受，即为未允。若既允，则亦必豫备奁赠，其值如郎家聘礼，谓之曰尼嗒。倘欲休妻，则必须以金贴还尼嗒，其款自十磅至千磅不

---

① 《土耳其国风土记》，《（清末）时事采新汇选》第 17 册，第 9096 页。

等，由女父母酌定之。土人娶妻，至多不能过四人。凡四人所有之房屋仆婢，必与第一妻同，且须分居。土人以供给烦难，故亦不甚多娶云。"① 这说明国人对奥斯曼认识的专业化程度开始增强，一些笼统言之、流传甚广的错误知识得到更正。

随着印刷、摄像技术的进步，新闻期刊还不时选登有关奥斯曼帝国的图片、漫画，以更加直观的方式增进人们的了解，这亦是奥斯曼帝国信息记录的一个重要方面。清末，奥斯曼帝国苏丹的图片已经出现在《外交报》（第4卷第4期，1904年）和《东方杂志》（1909年第9期）上（见图2-3）。

图 2-3　奥斯曼帝国苏丹像

以漫画形式记载的还有1911年《北京浅说画报》第941期的一幅小图（见图2-4）。图中画有一位奥斯曼人及一位中国人，奥斯曼人着土服，头戴土耳其帽，均系奥斯曼传统装

---

① 《土耳其婚俗（节录）》，《地学杂志》1911年第15期。

扮，而中国人身穿长袍马褂，脑后留着长辫子，一副守旧人士的扮相，作者给漫画取名"中国国粹之一"。该图应为清末剪辫风潮兴起时的作品，画家以传统的土耳其帽子、服饰与中国旧俗类比，旨在讽刺部分中国人顽固保留旧俗，不肯接受新生事物。由此亦可推导出，在当时国人心目中，奥斯曼帝国的形象也是较为落后和保守的。

图 2-4　奥斯曼人与中国人漫画

晚清时期，有关奥斯曼帝国知识记述的另一个突出特点就是出现了一批奥斯曼帝国研究的早期学术成果。学者在治蒙古史的过程中，对奥斯曼帝国产生了浓厚兴趣，开始追溯其历史。同时，随着民族危机的加深，奥斯曼帝国的参照价值日益凸显，全面了解这个国家，已经成为近代中国人的内在需求。于是，编修奥斯曼帝国通史的工作也被提上了议事日程。

19 世纪 80 年代兴起的蒙古史研究带来了奥斯曼帝国研究的一次小高潮。奥斯曼帝国的发展演变历程与蒙古史有交叉，要想全面梳理蒙古大军的西征史，不弄清楚奥斯曼帝国的发达史，几乎是不可能的。换句话说，勾勒奥斯曼帝国的历史脉络已然成为蒙古史专家的一项严肃的研究任务。最先从事这项工作的学者是洪钧，他在担任清廷驻外公使期间借助查阅的大量西方文献，考订了奥斯曼帝国的发展由来。在其所著《元史译文证补》里，奥斯曼帝国被称为"握托蛮"。

19世纪末20世纪初，随着民族危机意识的空前高涨，同为"病夫"的奥斯曼帝国在国人心目中的认知史价值越来越高，引发了又一股关注的热潮，一批更高水平的研究成果先后问世。1897年，康有为的门生汤叡所译、上海大同译书局发行的《俄土战记》是较早的一部奥斯曼帝国历史译作。该书详细记录了俄国与奥斯曼帝国纷争、交战的过程，包括奥斯曼帝国发达史、奥斯曼人对境内其他民族的虐待、被压迫民族的反抗、西方列强的干涉及其被动应变等内容，向国人全方位展示了奥斯曼帝国在近代衰微的历程。书中亦有关于1876年奥斯曼帝国启动宪政革新的叙述，作者既注意到变政之始，"炮声隆隆，震惊天地，士民欢欣鼓舞"的簇新局面，也揭示出"土未能切实施行，以故致后日之败也"的悲惨结局。[1]

1902年，赵必振翻译了日本人北村三郎的《土耳机史》，由上海广智书局发行，这是中国公开出版的第一部完整的奥斯曼帝国史著作。该书全面介绍了奥斯曼帝国的兴衰历程，同时展现了日本学者对于其史事的看法和感受。日本人小山正武在序言中认为，奥斯曼帝国衰落的主要原因在于子孙苟且偷安，残虐暴行，宫中腐败横行，兵制败坏，外交困顿，"上无英君，次无良相良帅其人乎哉？昔日兴隆之要素，皆减皆灭。呜呼！土耳机之末世，所以不振者，非偶然也。紫山此著，为东洋作焉，其寓意之深，亦可以想矣"。[2]柴四郎的序言也指出：

---

[1]　汤叡译《俄土战纪》卷2，大同译书局，1897。

[2]　〔日〕北村三郎编述《土耳机史》，赵必振译，广智书局，1902，小山正武序。

"土耳机帝国者，非亚细亚之屏藩耶。土国灭亡，与鸟折一翼，车折一轮，何以异也。嗟我同洲，苟有忧帝国之前途，抱远大之宏志者，则此欧亚管键之一帝国之大势，不可不详也。紫山北材君之此著，盖欲警醒于邦人而共振发志气也欤。"① 这些文字传达了日本人强烈的民族忧患意识，也对中国读者产生了一定的刺激作用。

该书正文前的首编介绍奥斯曼帝国总体形势，正文共分四编，一、二编讲述奥斯曼帝国的兴起和发达史，三、四编论述奥斯曼帝国自 16 世纪以后的衰颓史。每编除讲述奥斯曼帝国的政治、军事发展外，还专门设立章节介绍其法律、议会、美术、财政、贸易的演变史。该书指出奥斯曼帝国衰弱的根本原因在于其为君治而非民治的国家。早年的兴盛主要依靠君主的英明，君民一类，文武一途，国民有尚武的气象，精悍雄壮，疆域广大；后来不能继其武，君民暌离，文武衰弛，导致今日几不自存。面对俄国的野心，"土耳机之君主宰相，懵然不知，不求振兴之策，偷懦之政，依然不改。内廷之阉官，逞骄奢而弄威福，但知一己之私利，而不知国家之大忧。当局之宰相，其人物大都长袖纨绔，才器之猥琐庸劣，不问可知。而国民尚武之气象精神，亦萎靡而不振"。② 该书还注意到奥斯曼帝国的变革史，如马毛度第二世废除弊端无数的奇耶意斯沙厘兵，建立新兵制，招来法德将校训练。作者对此给予高度评价，认为"使四海再观天日。于是百年来土耳机国内蟠结之兵队的政治，一朝廓然"。他还指出，"马毛度更欲广求智识，

---

① 〔日〕北村三郎编述《土耳机史》，柴四郎序。
② 〔日〕北村三郎编述《土耳机史》，第 59 页。

为国家改进之图。易服色以除旧习，设学校以启民智，制法律以定从违，聘日耳曼之医士，以破回教运命之说，刊行法语新报，聚各国之书籍于府下，招人民而讲习之，于是国政益举，风俗日新，蒸蒸有向上之势矣"。[①] 这些内容对于近代中国加速现代化变革，拯救民族危亡，不乏一定的参考和启示意义。

　　1902 年，丽泽学会校印了吴前楣编辑的《土耳其志辑略》，介绍了奥斯曼帝国国统、国例、疆域、官制、文教、兵籍、兵轮、国计、国债、商务、铁路、钱币、属国的最新信息。沈林一还撰写了《土耳其属地纪略》。同年，张美翊述，吴宗濂、郭家骥译，薛福成鉴定的《土耳其国志》发行，主要翻译自法国人 Chetsen 和 Goosija 的著作。全书介绍了奥斯曼帝国的发展演变史，论述还是重复了帝国扩张史和衰落史，犹详于其领土的丧失过程描述。对于政治制度、军事、财政、地理、疆域、人口、土地的介绍，则多为负面的，如苏丹宠女众多，费用虚靡，岁入有常而宫中之用无限；官员均贪婪苛敛，无所不为，地方巴札据地自擅；民间百姓不知教女，婚嫁太早，后代多愚弱，居民多务游牧而少耕种，穷而且懒。即使开始讲求农牧制造之宜，材木矿冶贸易之政，但与作营运都赖西人。同时，该书也提及奥斯曼帝国现代改革的一面，"光绪二年始仿泰西，设上下议院，然苏丹为回教之主，其权仍在"。[②] 与民国时期同类型研究专著相比，该书多一般性介绍，研究深度尚不足，且偏重于政治、军事、外交层面的探讨，少有文化、社会层面的分析。

---

① 〔日〕北村三郎编述《土耳机史》，第 38 页。
② 张美翊述，吴宗濂、郭家骥译，薛福成鉴定《土耳其国志》，光绪二十八年（1902）石印本，第 6 页。

1907 年，学部编译图书局编纂了《土耳基志》和《土耳基新志》，体现了清政府对于奥斯曼帝国知识的重视。正是在这些志书的反复编修中，中国人对奥斯曼知识的把握越来越准确。根据书中提示，当时应该还编纂过一部《土耳基民族志》，只可惜笔者目前尚未得见。

《土耳基志》分为《土耳基国志》和《土耳基地志》两部分。《土耳基国志》主要概述奥斯曼帝国历史，以帝王对外战争为中心展开记述，王位的继承、领土的增缩、国内的动荡、历次俄土大战、列强的纷争等都有专门介绍，已经较为完整、准确地勾勒出其发展史。该志还专门介绍了首相勒歇德主持的维新事业。《土耳基地志》分欧洲、亚洲、非洲三部分，对于各省的面积、人口、地理、疆域均制定出详细的列表，还介绍了奥斯曼帝国的政治、经济、商贸、农务、财政、军事、政治、教育、铁路、电线、文字等诸方面情况。一些历史书写颇具新意，如"教育"一节就打破了过去人们想当然地以为帝国腐败，公家教育必不发达的看法，指出其国基督教徒极多，他们创立的学堂数量巨大。尽管奥斯曼伊斯兰教徒拘泥于古兰经，很少涉猎其他图书，但该国的基督教徒如希腊人、亚美尼亚人、西里亚人则涉猎较广，舆地、历史、医学皆为普通之学科。《土耳基新志》则主要补充了奥斯曼帝国地理、人种、宗教、教育、军事、交通、物产、商贸等的近况，提供了更多最新的数据和知识。

## 三　走向深入：民国时期的奥斯曼帝国记述

民国时期，中国人对奥斯曼帝国的关切热情非但没有减弱，反而随着帝国的崩溃以及新土耳其的再造，呈现持续升温的态势。20 世纪初，青年土耳其党人治理下的奥斯曼帝国依旧是近东问题的焦点，接二连三发生动乱，直到第一次世界大战后彻底土崩瓦解。20 世纪二三十年代，土耳其革命胜利及现代化改革的成功，又给国人强烈的刺激，主动考察、研究的知识人越来越多，研究水平也相应提高。1934 年，中国与土耳其共和国正式建立外交关系，两国间的政治、经济、文化交流日益增多，中国前去留学、考察、旅游的人员亦大为增加，对于土耳其的观察也更加客观、理性。1945 年以后，由于土耳其加入了以美国为首的资本主义阵营，而中国也迅速跌入国共内战的旋涡，土耳其的借鉴意义逐步消退，中国方面的有关记述主要集中于一般性的土耳其新闻报道。

　　民国时期的中国政府自始至终都在关注奥斯曼-土耳其局势，致力于推进相关外交政策研究。1918 年，第一次世界大战的战局走向已基本明晰，为了应对即将召开的巴黎和会，北京政府外交部专门成立议和筹备处，于每周一、周五召开定期会议，着手商讨外交对策及中国所需调查的问题。会上，中国外交家曾集中讨论"巴尔干诸国问题""回教国对待之方法""达旦等海峡"等问题，并召开过专题会议探讨奥斯曼帝国的历史、现状与未来。[①] 1932 年，南京国民政府成立专门负责学术文化书籍、教科书以及学术名词编辑翻译事务的国立编译馆。其成立之初就在社会科学领域聘请了留学土耳其的回族学者王曾善，专司土耳其历史研究。[②] 王曾善也成为当时国立编译馆中唯一一个以某一特定对象国为研究对象的专家，可见当

---

①　《民国外交档案文献汇览》第 5 册，第 2201—2202 页。

②　《国立编译馆成立》，《申报》1932 年 6 月 16 日，第 8 版。

时南京国民政府迫切需要编译、掌握土耳其的相关信息。

奥斯曼帝国崩溃之后，随着新土耳其走向复兴，中国知识分子的目光越来越汇聚到这个正发生沧桑巨变的国度。相关论著、译作大规模涌现，竟有 30 本之多，其中不乏柳克述、程中行、邢墨卿、王善赏、王世颖、赵镜元、戴望舒等国际政治、世界文学领域知名学人的力作。从著述内容来看，既有《土耳其革命史》《新土耳其》《土耳其建国史》一类的通史著作，全面反映从奥斯曼帝国到新土耳其的演变历程，也有《土耳其寓言》《土耳其经济现状》《土耳其的外交政策》等针对某一具体领域的专业著述，分别展现了奥斯曼-土耳其文学、经济、外交的风貌，还有《凯末尔传》等围绕新土耳其领袖凯末尔的人物传记。

与晚清时期相比，民国时期的奥斯曼-土耳其记述内容更为丰富，几乎涉及社会生活的方方面面。除了人们所熟知的革命、建国的宏大叙事，其他侧面也在国人笔下有所论及，准确度和时效性均有提高。

柳克述的《新土耳其》是中国第一本带有现代学术意味的奥斯曼-土耳其史专著，该书初版于 1926 年 12 月，1929 年 3 月再版。柳克述（1904—1987），字剑霞，湖南长沙人，先后就读于唐山交通大学土木系、北京大学政治系，后赴英国伦敦政治金融学院求学。曾担任黄埔军校政治教官、湖北省政府委员兼秘书长、国民党第六届中央执行委员、中央执行委员会常务委员、制宪国大代表、国防最高委员会委员。著有《不平等条约概论》《土耳其复兴史》《近百年世界外交史》《英国地方政府》等。

《新土耳其》的问世是"兴起—衰落—复兴"三段论历史

叙事成熟的标志。作者在自序中表达了将三个阶段贯穿起来、一体考察的自觉意识："以三年前的原定计划论，我的研究范围本以土耳其的复兴史或革命史部分为限；但以年来所见，则计划又已略有变更，决由部分的变为全部的。这是为什么呢？因为：（一）新土耳其部分，为复兴史实，固然值得我们研究；但旧土耳其部分，包括更广，其中如发达史实，被侵略的史实，又何尝不值得我们研究？（二）谈新土耳其的时候，固然也有时涉及旧的部分，但常常是略而不详，未免使人有茫无头绪之憾，而尤其是谈到近东问题上面，其间渊源甚早，国内又无专书，更非从头说说不可；所以为明了原委，使对土耳其有一番整个的认识起见，也须兼筹并顾才是。因此，本书编制，就将土耳其发达，衰落，复兴三部史实，一并包括在内，以完成事实上的要求。"[①] 全书的框架设计也如作者所言，分发达史、衰落史、复兴史三篇依次展开。

在发达史部分，柳克述不仅描述了奥斯曼帝国数代君主开疆拓土的武功，还注意介绍帝国时代的政治、文化建树，这是此前学人较少涉及的。如奥斯曼帝国在苏力曼大帝时代进入全盛时期，各项文明蒸蒸日上，"改订法典，严明赏罚，提高农民生活，改善封建制度，奖励工商各业，整理国库收入，提倡科学文艺，建立大学医院，敷设桥梁沟渠各项工程等等，成绩都很不错。回想土耳其在十三世纪中叶举室西迁的时候，原不过一群无目的，无组织，无定止的游牧民族；今则由飘流而建国，由散漫而团结，由军事胜利而政治学术方面亦有相当之建

---

① 柳克述：《新土耳其》，商务印书馆，1929，自序，第3页。

设，着着进化，亦诚可佩"。①

在衰落史部分，柳克述不仅详尽描述了奥斯曼帝国的衰落过程，还具体分析了其衰落的五大原因。一是人种宗教复杂，"以言人种，则合欧亚非三洲计之，不下二十种；以言宗教，则可大别为回教，基督教，犹太教；而回教与基督教的内容，又各自流派纷纭，互相歧视"。二是太后和宦官乱政，苏力曼大帝之后，几任君主柔懦无能，后宫日渐干政，宦官佞幸之徒推波助澜，"宫闱之权大盛，把持朝政，勾结外援，卖官鬻爵，公行贿赂。君王唯唯听命，极少例外"。三是特种步兵队跋扈，其骄气日盛，干涉朝政，以至革职大臣，废黜君主。四是贿赂政治盛行，"贿赂敲剥，风行全国，政治军事，败坏到不可收拾。此时国内官吏，无论大小，悉凭贿得，即最高行政官吏，如首相，其他国务大臣，省长，以及将军提督，亦复如是"。五是苏丹气质劣化。苏力曼大帝之后的苏丹，"不能治军，不能理政，或者竟至除好财，好色，好酒，好玩以外，再不知道世事。而且享国的年数，也非常短促"。②

在复兴史部分，柳克述不仅回溯了凯末尔领导土耳其人民运用武力及外交手段，赶走希腊军，签订《洛桑条约》，取得了国家独立自由平等的历程，还最早以"现代化"视角来解读凯末尔改革，称"土耳其国民党执政以后，他们的眼光是比较深远的，他们的思想史比较新颖的；所以就能够一反向日所为，相与励精图治，从各方面去实行现代化，西方化，以期

---

① 柳克述：《新土耳其》，第 401 页。
② 柳克述：《新土耳其》，第 44—48 页。

与世界各文明国立于同一标准线上"。①

　　1935年，赵镜元编著的《土耳其史》也将土耳其的发展历程概括为"波浪形"："一部土耳其的历史，由极盛而衰落，再由衰落而复兴，恰成一个波浪形。欧洲大战以前的土耳其，一向被欧洲人称为近东病夫的，在欧战以后，经凯末尔的努力与奋斗，终于造成一个簇新的土耳其，为现代历史放一异彩！"② 该书同样用较大篇幅阐述了奥斯曼帝国"极盛时代的文明"，一改过去奥斯曼人野蛮、徒恃武力的负面形象。政制方面如"苏力曼大帝是竭力促其进步，要是封建的首领偶有殃民违法的事故发生，立即加以撤职查办的处分。在土耳其这些君主当中，像穆罕默德第二、栖林第一等，对于政制改良以及行政整理，都是很努力的"。③ 法制方面如"土耳其本是一种游牧民族，行为放浪，先前是没有什么法律的，及至穆罕默德第二时，土耳其民族拓土既广，人口日多，不能不有法律以为管束，其时虽没有正式条文，而穆罕默德第二已很能保护人民的生命财产，可说是土耳其法制的滥觞。及至苏力曼大帝统治土耳其，乃改订法典，尊重人民在法律上的地位，于是土耳其便由一个游牧生活的部落渐渐进而为法治国"。④ 军制方面如"当奥罕时，土耳其的军队，就注重严密的组织与训练，土耳其日后最有名的特种步兵队，在那时已开其端。所谓特种步兵队，是从青年俘虏中选择出来，经过严格训练的，人数虽不多，但都是精练的步兵。及穆罕默德第二当位，更能改革军

---

① 柳克述：《新土耳其》，第337页。
② 赵镜元：《土耳其史》，中华书局，1935，第1页。
③ 赵镜元：《土耳其史》，第16页。
④ 赵镜元：《土耳其史》，第16—17页。

制，刷新军队，扩张军备，并开始创办海军，迄于栖林第一及苏力曼大帝时，土耳其的海军是扩张得可观的了。苏力曼大帝对于海陆军制的组织与管理，尤有显著的成绩"。[①] 文艺科学方面如"当穆罕默德第二时，有感于科学教育的重要，设立各级学校，已开土耳其文艺科学发皇的先河。及苏力曼大帝即位时，建设大学，提倡文学，其在土耳其极盛时代所造成文化方面的功绩，尤为前此诸王所不及，苏力曼大帝的作品，在土耳其文坛上是很负盛名的"。[②]

其他学者的论述也各有侧重。具体而言，在经济方面，对奥斯曼-土耳其信息的记载已相当全面和具体。如 20 世纪 30 年代，著名外交官、德国慕尼黑大学的政治经济学博士何凤山应中国驻土公使贺耀组之邀赴土考察，并撰写了《土耳其农村经济的发展》一书。全书分上、下两篇，上篇为"土耳其农村经济的外部机构"，主要论述土国农村经济与外界接触后发生的变化，包括农村经济的专门化、土国农村经济与国际；下篇为"土耳其农村经济的内部机构"，主要讲述农村经济的内部组成因素，包括农村与人口、农村与地主、农村与劳动、农村与技术、农村与金融。该书具有相当的学术贡献，按照作者的说法，即使土耳其国内，有关其农村经济的研究也很少见，且很不全面，"或系依地理的形势为讨论的根据，或仅旁及于技术方面"。[③] 而何氏的突破点主要表现为"于土耳其农村中找到其有系统的经济制度"，即"此种制度的内外机构与经济方式，虽亦因时因地的环境不同，而有差异，然此正为认

---

① 赵镜元：《土耳其史》，第 17—18 页。
② 赵镜元：《土耳其史》，第 18 页。
③ 何凤山：《土耳其农村经济的发展》，商务印书馆，1937，第 1 页。

识土国农村经济发展之真谛，亦即观察土政府对农业经济政策之如何着眼，以及如何影响整个的国民经济政策之凭借"。[①]他最为关注的是如何处理好农业和工业发展之关系。在这方面，土耳其政府既积极推进工业计划，也时刻注视着农业的健全问题，力图使二者建立密切的联系，"除将工业不集中于一地外，更将工业分别性质，使其工作与农时互相衔接。换言之，农民于某一短期内在工厂劳动，俟农时已近，复返为农事上的操作。由是工厂劳动者固得为农民，而农民又兼为工厂劳动者。今土国工业既不集中化，而农工又能互相补充，是在国民经济方面与社会政策上，均有莫大之意义"。[②]这一点，对于当时中国知识界的工业立国与农业立国之争，亦不乏参考价值。

在社会风俗方面，有关奥斯曼－土耳其的报道更为丰富。奥斯曼帝国是一个爱犬的国度，城市之中多犬是世界闻名的，这也给城市生活秩序带来了极大混乱，屡为西方国家诟病。1914年《地学杂志》发表的《土耳其之犬》一文就描述了首都君士坦丁堡的多犬现象："城中往往一陋巷内，犬多至五六十头。居民每夜倾残羹剩饭于道。犬争食之，喧然哄门。常不获一饱，以故其形状皆疲羸污秽，见之欲呕。犬群宴然纵横眠于市街之上。至妨人行或犯之，则猖猖之声四起。妇女小儿，每为其所窘，或痛击之，犬负痛狂吠。"[③]可见在当时的国人眼中，多犬是奥斯曼帝国的一个陋俗，此文意在戏谑其愚昧和落后。1915年，《民权素》杂志"瀛闻"栏目还提及奥斯曼

---

① 何凤山：《土耳其农村经济的发展》，第1—2页。
② 何凤山：《土耳其农村经济的发展》，第16页。
③ 《土耳其之犬（节录）》，《地学杂志》1914年第2期。

帝国糟糕的市容市貌："土耳其国，道路污秽，野犬猖猖噬人，故欧西旅行者视为畏途。"①

随着世界范围内妇女解放运动的蓬勃兴起，奥斯曼妇女也受到国人的极大关注。1917年，程虞佩芬撰文介绍了奥斯曼妇女的现状，如妇女不得随意和男子见面："妇女出门，多以白布一方，覆其首，下垂至额。又用较大之布一方，掩其口鼻，结于颈后，下垂于背。除两目外，其余皆不为人所见。又有极长之大衣，以罩全身，盖用大方布为之下垂。"而农村妇女较京城妇女，尤为拘谨，几乎全身皆蔽。作者也讲述了奥斯曼妇女吃苦耐劳的一面："凡种种激烈之劳动，污秽之工作，土耳其妇女皆能为之，其劳力、其耐心，皆有不可及处。"②20世纪30年代，土耳其妇女解放则成为国人笔下最热闹的话题之一。1932年，胡星伯的《革命过渡时期的土耳其妇女》一文介绍，土耳其妇女特别是都市妇女，已经改变过去受压迫的地位，完全被解放了，可以和男子享受平等教育，从事各项事业，还能够自由出入茶馆酒店。但是在乡村想返回旧制度、旧习俗的人也为数不少，教育普及也没有真正展开。③

在教育方面，中国人的观察也是多角度的。有学者注意到该国注重培育儿童爱国主义思想，学校的儿童每星期必唱歌两次，歌词唱道"我们是土耳其人"。每逢周一和周六，学校还要举办升旗，教授犹太、阿来尼亚、希腊等外国或少数民族儿童的学校，也要举行这个仪式。仪式场景如下：

---

① 逸梅：《据我所闻》，《民权素》1915年第4集。
② 程虞佩芬：《土耳其之人》，《妇女时报》1917年第21期。
③ 胡星伯：《革命过渡时期的土耳其妇女》，《妇女共鸣》第1卷第2期，1932年。

行礼的当儿，全校学生都站在操场上旗杆的四周，一见土耳其国旗升上，各学生都高唱土耳其独立国歌，国歌唱罢，便唱宣誓歌，那歌词的意义是"我们应该保护比我们弱的人，我们应该尊重老年人。我们应该爱我们的故乡跟我们的国家，要胜过爱我们的自身。进步能提高国家的智识程度，我们应该把这事为我们的目的。我们的存在，靠着土耳其民族的存在，我们应该为土耳其民族牺牲一切，倘若有需要时，还应该牺牲我们的生命。"唱毕了后，齐向国旗行敬礼，于是各人便挟着书包回家。①

还有的学者关注土耳其的国民普及教育。《申报》的一篇文章介绍了土耳其遍设各大城小镇以及乡村的民众会所，"只要有民众就有这种会所的设立。会所的组织中有各种的活动，诸如体育，运动，改良农村研究，美术探讨及展览，戏剧艺术研究，音乐会，跳舞会，阅书室，家政讨论，博物馆及各种知识研究，等等"。此种安排使得那些未进过学校的男女，也在不知不觉中读书识字，学到了各种知识。②

在文学方面，中国文学家翻译了不少土耳其优秀文学作品，为中国人触摸土耳其文化提供了机会。1927年，现代文学史上第一个以刊登散文为主的文学杂志《语丝》第141、142期连载了刘复翻译的10首土耳其民歌，多为爱情歌谣，从一个侧面展现了土耳其人的爱恨情仇。20世纪20年代末，

---

① 特：《土耳其学童的爱国思想》，《申报》1937年3月21日，第18版。
② 《土耳其概述（二）》，《申报》1942年5月29日，第3版。

执教于复旦大学的王世颖翻译了 46 则土耳其寓言，分批刊发在《民国日报·黎明》上，并于 1931 年由开明书店结集出版。据译者介绍，这些作品大多是比较近代的，能够反映土耳其的某些社会特点。如《农人和他底猎犬》可以看出其时土耳其君主的暴政；《烛》反映了土耳其人对待一切事物无情的性格弱点；《鲨鱼》和《先从军后经商的农夫》则昭示土耳其人缺少进取的精神。①

报刊也不时登载土耳其歌曲和小说的译作。1934 年，留学土耳其的回民马宏道翻译了土耳其民歌《我梦见》，该歌曲讲述了土耳其人面对外敌入侵，不顾一切奋勇杀敌，最终取得胜利的故事。② 1943 年，桂林《青年文艺》第 1 卷第 5 期登载了汝龙翻译的近代土耳其短篇小说之父塞菲定的现代小说《贿赂》、土耳其新生代作家阿里的《磨坊》。这些小说、歌曲从不同方面反映了土耳其的社会现实和艺术成就，是中国人走近土耳其的绝好素材。

民国时期，随着中外交流渠道的不断拓展，能够亲赴奥斯曼-土耳其考察的中国人越来越多。这些游历者有着切实的体验和感受，也留下了与一般学术著作有别的细腻、真实的印象笔记。这些游记、报告既有风土人情的生动描写，也有建设实况的准确记录，还有论者踏入该国的所思所想，内容丰富，价值颇高。

1919 年，一位旅居奥斯曼帝国者根据自己的见闻，在《地

---

① 王世颖译《土耳其寓言》，开明书店，1931，序。

② 日辉作，马宏道译《我梦见（土耳其民歌）》，《边铎》1934 年第 1 卷（创刊号），徐丽华、李德龙主编《中国少数民族旧期刊集成》第 47 册，中华书局，2006，第 690 页。

学杂志》上发表了《君士坦丁之近状》一文，向国人披露了帝国首都的"变与不变"。自 1908 年革命以后，这座城市已经在现代化的道路上奔驰，"进步之速，为近世纪所未有。金角港上，机声轧轧，皇后道中，汽车驰骋，电灯电话之线，遍处敷设。物质文明，固日趋繁华"。但真正深入当地社区进行调研，就会发现上述变化只是表象，这座古城最明显的特征依旧是"故步自封"。作者笔下的君士坦丁堡人口虽多，但奥斯曼人、希腊人、犹太人等杂处，风俗语言，各不相同，不如纽约之全球杂居，而无处不闻英语。道路无标识，户不编号，访问须借邻居之助，十分不便。本国妇女笃信伊斯兰教，不受雇于基督教之宅，西人只好雇用希腊人或亚美尼亚人。商业几乎完全为外人掌握。全城无一戏园，音乐会亦无。公共图书馆虽有二处，但藏书不富，多伊斯兰教土文图书，无他种新著述，甚至很难找到一本完全之百科全书。作者感慨："莫怪乎上土民之萎靡不振，无进取之观念矣。"[1]

1928 年，离开政坛的国民党西山会议派邹鲁开始了周游世界的旅程，其中一站便是土耳其。他在《二十九国游记》中记录了此次观光的见闻，土耳其的自然风光、人文景观、市政建设、国民教育都给邹鲁留下了深刻印象。这种体验从邹鲁步入土耳其国境便开始了。在海关，他受到了严格的烟草检查，感受到土耳其入关检验之严苛。他由此意识到"从前土耳其之海关皆外人，今海关收回，悉为土耳其人矣"。[2] 在土耳其逗留的数天里，邹鲁进行了多方面的考察。过去国人的印象

---

① 　九如：《君士坦丁之近状》，《地学杂志》1919 年第 2 期。

② 　邹鲁：《二十九国游记》，商务印书馆，1947，第 225 页。

里，马尔马拉海峡和君士坦丁堡都以雄伟壮丽的自然形势、沟通中西的地理位置而著称。亲临其境后，邹鲁看到的却是另一番场景，马尔马拉海峡形势虽佳，可是"毫无种植，斯可憾耳"；① 君士坦丁堡远远望去，依山建屋，一望如屏，甚为美丽，但步入城区，"街道不平洁，人家多破碎，园林树木复少，穷人乞丐至多，殆可远观，而不可亵玩焉"。② 这些记述道出了土耳其在绿化建设、市政工程方面的不足。

邹鲁还对君士坦丁堡久负盛名的历史文化遗存进行了探访。君士坦丁堡宫殿的地下建有大型蓄水池，邹鲁对此有细致入微的描绘："游一大屋，历阶而下，深入于地，则为水池，闻罗马初据此，惧人围攻绝水，乃筑此等池以蓄水，计全城有二十二池，池甚广，中间由池撑屋之柱，亦一千余根，池有泉，故长清而不竭。其覆池之屋顶，皆土夹砖所成。"在著名的阿明夷旦场，邹鲁看到了铜柱，"场系长方形，长三百米突，宽七十余米突。场有小公园，园前有一螺旋蛇形之铜柱，立于纪元前五百年，后改为君士坦丁纪功柱，柱上一蛇三身三头，螺旋而上，以达其巅；其三头雄视三方，今折其半，其蛇头一藏于君士坦丁博物院，一藏伦敦博物院，其一不知去向矣。铜柱之前有一埃及尖塔，此塔之古有三千五百余年，初在埃及，四世纪时迁立于此，塔高三十米突，四面之雕刻物，仍甚清晰，铜柱之后，尚有一砖柱焉"。③ 在知名的苏丹亚默回教庙，邹鲁领略了伊斯兰建筑风格："至门，一望有高尖柱三对，分竖于其堂之前中后，全堂无数圆顶，中有一大圆顶，则

---

① 邹鲁：《二十九国游记》，第 225 页。
② 邹鲁：《二十九国游记》，第 226 页。
③ 邹鲁：《二十九国游记》，第 226—227 页。

堂之中央也。天井有喷水台。入堂一望，其广无比，中多石柱，其中有二大石柱，以十二人围之，方能合围，见柱之大，当以此为最。堂中挂玻璃灯甚多，昔用油，今改用电。全堂下半皆素石，上半则用颜色绘成花纹。地毯地毡，贵者闻值数万金，并无何等宗教之像及画。此堂为土皇亚默第一所建，每星期皇自至与个人共筑，以促其成者云。"① 在君士坦丁堡的博物院，邹鲁不仅看到了亚历山大王石棺，"其棺甚大，四周所刻之亚历山大王历史，神情毕肖，奕奕如生。此外同时挖得石棺五，意为当时之殉葬者，其刻画亦如亚历山大王之棺，真神品也"，还见到了馆藏的中国瓷器、玉器，"其磁器各国均有，吾国之良磁，复不少，所奇者吾国甚多玉器在焉"。② 由此可知，早在 20 世纪 20 年代，中国人就已经获悉古代中国与奥斯曼帝国有着器物文明的沟通。

邹鲁还参观了君士坦丁堡的大学，通过与学校教员的交谈，了解到这所学校创设于 1901 年，"内分五科：（一）法科；（二）文科；（三）理科；（四）医科；（五）宗教科。法科文科宗教科同在一起，系前之陆军部改建者，医科理科各别设立，是午参观其文法宗教各科，室甚堂皇雅洁，惟职员似杂乱无章。学生共约三千，女生约有三百云"。他还看到了该国以教育立国的努力，指出此前奥斯曼帝国的教育完全隶于伊斯兰教，至 1924 年，始脱离教会而独立，学生得以信教自由，而教会学校复须受治于国家机关。此外，邹鲁还了解到土耳其已经开始实行强迫教育制，大幅提高教育经费，并在学校大力

① 邹鲁：《二十九国游记》，第 227 页。
② 邹鲁：《二十九国游记》，第 228 页。

普及土耳其文。[1]

每一个到新土耳其游历的中国人，都会感慨土耳其的复兴，进而联想到中国的现状。邹鲁也不例外，他在游记中回溯了奥斯曼－土耳其从兴起、强盛到衰落乃至复兴的历程，感慨道："世界上向称土耳其为近东病夫，称吾国为远东病夫，今近东病夫，霍然起矣，远东病夫，则如何者？"[2]

20世纪30年代，曾执教于中央大学、大夏大学，后任内政部礼俗司司长的卢锡荣游历了土耳其。他在游记中所记载的多为该国的古物和民俗。在帝国博物院，卢锡荣记下的是："院左多雕像，内 Sidon 王之木乃伊，尤易引起历史学家之注意。右列木枢一，外铁皮内木，罗马人遗物也，石枢一，长九尺余，宽四尺余，枢左右刻波斯与希腊战图；相传为亚历山大遗枢。碎石精嵌画一，绘打猎状，有虎，有鹿，有树。"[3] 他还有幸观看了土耳其人表演的民族舞蹈 Darbish 舞，"初土人二十余席地环坐，口喃喃或祝或诵不可知；继起立环舞，一人披发摇头立环中舞，一人立环中唱，一老人（或即牧师）时立环中随众舞手，时一人伏地，老人立其臂或腹上跳数次；伏者起，一人复伏，老人复跳如前；时老人立一木柱前，披发者因以首触柱，如是者二次，各人复舞如前，舞已，老人前立，余十余人后数武鱼贯立，老人口祝数语，声小不能辨，祝已前跪，余人后跪；约数分钟，老人起，余众均起，如是者数次，舞始毕"。[4] 这些描述可能没有深刻的含义，但的的确确是中

---

① 邹鲁：《二十九国游记》，第228页。
② 邹鲁：《二十九国游记》，第226页。
③ 卢锡荣：《欧美十五国游记》，国光书店，1941，第159页。
④ 卢锡荣：《欧美十五国游记》，第161—162页。

国人奥斯曼-土耳其认知不可缺少的组成部分。

## 第二节　奥斯曼帝国知识的传播媒介

奥斯曼帝国形象在近代中国的形成和确立还要通过各种社会化途径去实现。各类知识的播扬主要得益于近代出版、教育、新闻、信息技术等事业的飞速发展，它们用不同方式增进了中国社会各阶层对奥斯曼帝国的了解。

### 一　出版事业

近代出版事业的兴盛带来了信息传播方式的深刻变革，改变了过去社会信息传递慢、容量小、不及时的落后状态，中国乃至全球任何一个地方的动态，在晚清民国都能够通过批量印刷的报纸、图书递送到千家万户，甚至是一些信息闭塞、交通不畅的边远省区。从另一个角度看，近代中国各政党、各团体、各派别，要想发表、宣传自己的主张，进行社会政治动员，也必然要依托出书、办报等手段，抢占舆论高地，扩大社会影响力。因此，近代出版业既是国人获取奥斯曼帝国信息的主要途径，也是信息传播的主要渠道。

晚清民国时期，发行量大、影响力广的各家报刊，如《申报》《大公报》《益世报》《教会新报》《万国公报》《知新报》《东方杂志》《国闻周报》等，都经常登载奥斯曼-土耳其的政治、军事、外交、社会消息，它们的读者遍布全国各地，这无疑会极大地促进相关信息在中国社会的广泛传播。也正是在这一过程中，奥斯曼帝国这个原本陌生的国度逐步走进更多国人的视线。

新闻报刊的一个特点是报道具有时效性和连续性。奥斯曼帝国发生的重大事件，报刊总是能够以最快的速度反馈给国人，并在后续卷期给予追踪式的连续报道。读者通过阅读报刊，获得较为完整、全面的资讯。如《申报》几乎对奥斯曼帝国发生的所有重大政治事件，都进行过跟踪式报道，如 1876 年宫廷政变引发的政局动荡、1877 年的俄土战争、1880—1890 年附属国的相继叛乱、1911—1912 年意土战争、1906 年国王病危、1913 年土耳其自由党的活动等，或援引西方媒体的报道，或发表评论，或更新订误，这些无疑都会推动信息的流播。另外，多家报纸争鸣的局面，会使同一个新闻为若干媒体转载，无形中拓宽了信息传播的广度。比如 1903 年，传教士李佳白所作的《埃及土耳其政治异同考》《希利尼土耳其政治异同考》两篇文章，本来只是他在教会学堂里的两次演讲稿，但先后被《申报》《选报》全文转载，这显然扩大了讲稿的社会影响力，也为我们今天所从事的研究提供了宝贵素材。

在清末民国时期，奥斯曼帝国曾经出现一位百岁老寿星，这在当时是非常罕见的，引起了各国媒体的普遍关注，中国各大报刊也不例外。从 1908 年到 1934 年，这位世纪老人始终是媒体的宠儿。早在 1908 年 4 月 3 日，清廷官员孙宝瑄就在日记里提及："晚归，观报。土耳其国有一百三十余岁之老人，耳目聪明，筋力壮健。"① 这是目前所见国内对这位奥斯曼传奇老人的最早记述。按照孙宝瑄的记录，此时老人已经 130 多岁，身体状况良好。孙宝瑄获取信息的途径恰恰是"观报"，从而证明报纸是传播奥斯曼帝国信息的有效方式，上面刊载的

---

① 孙宝瑄：《忘山庐日记》（下），上海古籍出版社，1983，第 1176 页。

奥斯曼奇闻逸事，往往会引起读者的阅读兴趣。

到1927年，《真光》杂志简略介绍了这位老人的情况："柴录亚哈者，土耳其老人也。身躯伟大，康健逾常，喜述古事，津津有味。几百余年前之神话，每能作有统系之谈资。闻现年百五十三岁，曾葬妻十，子女二十七人。时值第十一次再娶婚期。"[①] 差不多同时，《国闻周报》亦对老人给予了介绍，内容和《真光》杂志几乎一模一样，[②] 体现了新闻报章的传播力，也反映了奥斯曼老人的影响力。

到1929年，《申报》又对老人进行了专题报道："土耳其首都君士旦丁 Constanttlnople 自治局中，有一个司阁的老者，名柴洛亚加 Zaro Agba，年已一百四十岁，精神还是矍铄得很。近来虽曾被车子撞伤，但是不久仍到局中服务了。据说他决意要活到二百岁，方始满意。他在局中并没有多大的事，先前有一位局长因尊重他的年老家贫，所以收用在那里。听说曾有人请他去游美国，他老人家因不好意思请长假，所以没有成行。他的富于责任心，也可以概见了。"[③] 按照前引孙宝瑄的叙述，1908年的时候老人就已经130多岁，到1929年的时候，《申报》说其才140岁，显然有矛盾之处，这说明新闻报道有道听途说、不甚准确的一面。不过，老人的真实年龄在当时确是一个谜团，出现前后不符之处在所难免。综观此则报道，可以看出此时国人已经掌握了老人的工作、生活、个性等更多细节，并有简单点评，相信此短讯会激起更多人的兴趣。同年，《时兆月报》也有相关报道，说柴罗阿哈老人已经155岁。昔日阿

---

① 《记土耳其一老人》，《真光》第26卷第6号，1927年。
② 程与青：《记土耳其一人》，《国闻周报》第4卷第19期，1927年。
③ 《一百四十岁的土耳其老人》，《申报》1929年12月18日，第17版。

富汗王阿美纽拉游历君士坦丁堡时，见到此翁，惊叹其年纪，奖以现金一千元。不料，老人将此奖金作为其第十一次续弦离婚之费用。该报道还谈及老人日常生活，"平生不饮酒，不吸烟，不食过量之肉，日食多量之牛乳，去年曾与人言，生平未雇医生，体质常呈健康之象"。①

两年以后，《申报》又刊发《世界之长寿翁》一文，不厌其烦地向世人推介这位传奇人物。这一次报道的侧重点在于其"养生"秘诀，老人的年龄被提高到 156 岁："肤暗发秃，而矍铄如四十许人。每晨五时半必起身，以弹簧机械练习体操后，进麦片粥等为早餐。彼自云五十载来，未尝肉味，午餐仅面包牛乳豆品蔬菜而已。壮年时曾服务军役，充骑兵职，与拿破仑东侵军一度血战，时一八一〇年也。自幼迄今，亲睹祖国十二易其主，近东诸国一百五十年来之历史，尽收胸中。先后续娶凡十有一次，生子二十九，女七，九十一岁时，犹生一儿。即瑞罗海氏之父母子息均长寿，长子一百零一岁而逝。近据生理学家研究所得，谓其先天遗传超越寻常，加以生活调节有度，食物富于滋养，其克享遐龄，亦为可能之事云。"② 在中国这样一个讲求养生、注重保健的国度，国人对此则新闻一定印象深刻。1931 年，《时兆月报》还登出了百岁老人的照片，让国人一睹寿翁的风采（见图 2-5）。1934 年 6 月 12 日，有西方医学家替老人测试年龄，中国记者也摘录之："世界最老老人柴罗河格里氏，自称已有一百六十岁。今日有医学专家多人对氏加以检验，据称用 X 光摄得之骨格研究之，其年龄

---

① 《土耳其之一百五十五岁老人》，《时兆月报》第 24 卷第 2 期，1929 年。
② 明斋：《世界之长寿翁》，《申报》1931 年 3 月 13 日，第 13 版。

当在一百二十岁左右。然柴氏坚称，于特拉发尔加大战之前三十年诞生，又有巴黎返老还童专家服罗脑氏欲用猴腺使之返童，为老人所不惜为。"① 可惜仅仅半个月之后，这位老人就去世，《申报》给予了最后的记录："自称一百六十岁之老人柴洛阿加，卧病两星期，今日逝世。老人有子二十五人，女三十二人，孙辈三四百人，大半皆赴医院送终。老人之年龄问题向为人所怀疑，死后专家加以检查，希望由其骨骼以确定其年龄之大概。惟老人之年已逾百岁，当无疑义，因其子女皆已八九十岁古稀之人矣。年前老人曾周游各国，颇哄动一时，其第十二次结婚之夫人，则于去年逝世。"② 另一个影响力大的报

土耳其之百岁老人

**图 2-5　土耳其百岁老人照片**

资料来源：《时兆月报》第 26 卷第 2 期，1931 年。

① 《世界最老人——土耳其人年百六十岁》，《申报》1934 年 6 月 12 日，第 6 版。

② 《土耳其寿翁逝世——生前结婚十二次子孙满堂》，《申报》1934 年 6 月 30 日，第 8 版。

刊《国闻周报》也在老人逝世后发文介绍，老人竭诚拥护英雄凯末尔，但是对于妇女解放一事，则以为不可，"盖老人为一守旧派，以为妇女理宜深居闺闱，不应抛头露面。老人对短裙断发之摩登装束，畏之殆如蛇蝎也"。① 这部分内容的增添，使得人物性格更加丰满。

虽然这些报道背后并没有什么深刻的含义，也没有民族国家建构、社会政治动员等宏大的主题，只是一种娱乐、花边新闻，但它们在中国得到的传播并不少，也将作为中国人的世界知识流传和保存下来。这位老人的奥斯曼人身份，也随之成为国人的一个深刻印记。当时的阅报者，一定会记得在遥远的西方，有一个国家叫奥斯曼帝国，那里曾有一位超过百岁的老寿星。

新闻报刊的传播还带有知识普及的性质，往往会采用一些清新、活泼、浅显的语言来讲述奥斯曼帝国的各类故事，从而吸引更多的读者，也有利于知识的传播。1914 年，文学翻译家周瘦鹃在《礼拜六》杂志第 10 期发表译作《恐怖》，小说讲述了奥斯曼帝国最后一位苏丹在国内推行恐怖统治的情况，文笔生动，扣人心弦，读来令人有身临其境之感，定会使国人对这个遥远国度的专制集权统治有更加深刻的体认。1942 年，《申报》一篇题为《土耳其概述》的短文，以说故事的口吻，用诙谐幽默的语言，将奥斯曼帝国的发展史娓娓道来，当讲到帝国达到辉煌顶点时，作者说："要晓得这么大的一块版图，最初着手的本钱，仅仅只有小小的五百户口哩。"而谈到土耳其衰败史时，用语更加生动："也就在这十六世纪后中钻进了

---

① 《土耳其老人逝世》，《国闻周报》第 11 卷第 27 期，1934 年。

一部倒霉运气……英法俄奥意，天天都在君士坦丁堡跟这位老大帝国'吃讲茶'，'讲斤头'，其势汹汹，简直就要把她拿去豆剖瓜分起来。这时候，当然没得说，那'病夫'二字的雅号，轻轻就套在土尔其头上了。"① 如此轻松诙谐的叙述，无疑会引起阅报者的兴趣，强化人们对奥斯曼帝国发展史的记忆。

此外，新闻报刊还不时刊登奥斯曼普通百姓的生活图片，用更加直观的方式向民众呈现奥斯曼形象。1914年《进步》杂志第6卷第1期就连续刊登出一组奥斯曼农民生活、劳作的场景图片。

近代图书的出版和阅读，也使奥斯曼帝国知识得以传承和发展。前辈学人的阐述，为后人的研究奠定了良好基石。他们经常要研读、利用这些作品，将其内化为自身学术知识库的一部分。书本上的奥斯曼帝国信息就在这一知识传承过程中，获得了新的生命力。前文已经指出，史地学家徐继畬在《瀛寰志略》中对奥斯曼帝国问题有过认真考订。他的论述究竟有无传播和影响？我们从李慈铭的《越缦堂读书记》中可以找到答案。这部读书笔记记载了李慈铭的阅读体验和感受，其中就有奥斯曼帝国的知识。据1856年1月28日的记载："土耳其，为欧土大国，古时皆罗马东境，即大秦国。元成宗五年，有回种据其地为回部，初甚强大，近为俄罗斯所困。其王残暴淫乱，较诸回种为尤甚。"② 短短60余字透露了两层信息。一是说明徐继畬学术著作的影响力之大，为众多知识分子了解和

---

① 《土耳其概述（一）》，《申报》1942年5月28日，第3版。

② 李慈铭：《越缦堂读书记》（中），中华书局，2006，第478页。

接受，这是奥斯曼帝国信息传播的一个途径；二是说明当时奥斯曼帝国在国人心目中的形象可以概述为三个关键词，即占据大秦国地盘、伊斯兰教国、残暴之国。

晚清驻外公使的有关记述在国内知识界亦广为传播。他们是当时率先走出国门、最先了解奥斯曼帝国的一群知识人，其记录和评论最值得关注。前引陈昌绅的《分类时务通纂》有关"交结土耳其"部分的记载如下：

> 西兵惟土国皆以奉回教者入籍，奋勇能战，甚属可用。只以官员经理不善，遂致衰弱，即如俄土之战，土兵胜多而收少，但迫于英法之劝和，不能不受亏损，然所立自主之四国，向来回人无多，土国不选为兵。今土耳其通国尚有胜兵六十万人，不稍减于旧额也。又云土耳其与中国形势相似，将来必有谋害我两国者，颇有同病相怜之意，如两国能订和约，结为友邦，实系两有裨益。盖隐惧俄罗斯也。马清臣亦云土耳其与中国独无条约，以向来无商务往来也。俄之水师如出黑海，必过土之君士但丁峡，始能入地中海，土与英法等国皆有和约，如俄之水师过境，将与其友邦为难。土可援照公法，守局外之例，不许俄船过其海峡，若俄所攻非土之友邦，则不能矣。故中国当与土立和约，但结为友邦，不必立详细条约，以向无商务，又无交涉故也。此言亦甚有理。①

虽然作者并未注明此段出处，但只要阅读过外交公使薛福

---

① 　陈昌绅：《分类时务通纂》第 6 册，北京图书馆出版社，2005，第 482 页。

成出使日记的读者都会发现，此段文字直接援引自薛福成日记。这表明薛福成日记的刊刻和流传，是陈昌绅奥斯曼帝国知识的直接来源，他能够将薛福成的观点有机融合到自己的学术著作中去。同时，他的作品又会将这些记录传导给下一位阅读者，就在这样一种文化的接力运动中，奥斯曼帝国知识为越来越多的中国人所了解和接受。

前文已经提及，清末出版了一批具有一定学术价值的奥斯曼帝国研究专著，那么，这些作品在知识阶层是否有一定的受众，它们的传播状况又如何？我们依旧可以从当时知识分子的日记中找到答案。据孙宝瑄《忘山庐日记》1903 年 4 月 6 日记载："过厂肆，购得《政教进化论》及《土耳其史》。"[1] 目前，笔者尚未发现当时有一本名为《土耳其史》的论著出版，倒是 1902 年上海广智书局刊出了日本人北村三郎编著、赵必振翻译的《土耳机史》，故笔者揣测孙宝瑄所购买的很可能就是这本《土耳机史》。这则日记反映了这些论著在中国上层社会得到一定程度的传播。另一位清廷官员、曾任国史馆总纂的恽毓鼎也在日记中记下："廿九日　晴……饭后至编书处，阒其无人，卧看《土耳基志》一卷。"[2] 当时学部正在组织编修《土耳基志》，作为编修官的恽毓鼎应该是在编修处见到了文稿。他的日记还说："二十三日　阴……饭后诣编书处，发缮土耳基、比利时、葡萄牙各史。各国历史一律告竣矣。（以次编辑历史，欧介持〔家唐〕《英史》，郭筱麓〔则沄〕、顾伯寅〔承曾〕合编《俄史》最佳，以其有条理，有剪裁也。蓝

---

[1]　孙宝瑄：《忘山庐日记》（上），第 673 页。

[2]　《恽毓鼎澄斋日记》，浙江古籍出版社，2004，第 378 页。

式如〔钰〕《德史》，李星乔〔哲明〕《荷兰史》，李新吾〔经畚〕《日本史》，毕口口（太昌）《土耳基史》次之。此外，或鄙俚冗漫或草率排比，不足言矣。）"① 这说明，恽毓鼎作为编修机构的主要负责人之一，非常关心《土耳基史》编纂的进程。根据他的叙述，这部由学部主持、编修毕太昌具体负责的《土耳基史》质量尚可。在阅读过程中，恽毓鼎自然也接触和了解到不少相关知识。奥斯曼知识的社会化传播，甚至可以从一些县级图书馆的馆藏略窥一二。根据地方志的记载，民国时期江苏省泰州市兴化县的公立图书馆，就藏有《土耳基史》一册。② 不难想见，这本书的读者会是当地的学者、学生，他们将从中获得有关奥斯曼帝国的知识。

20世纪20年代，王世颖编译的《土耳其寓言》出版，葛藤阅后非常喜欢，专门发表书评，指出寓言反映了奥斯曼苏丹的无道和国家的黑暗："虽然不是篇篇都多好的，但只在一篇里找一种恰当的寓言，一句警句，那是很容易的一回事。"③ 诸如此类的故事性图书的出版，颇能引起广大读者的兴味和关注，拓宽了知识的传播面。

一些报刊还经常向读者推荐奥斯曼-土耳其论著，扩大其影响力，这自然也会促进知识的传播。1935年，赵镜元的《土耳其史》由中华书局出版，《图书展望》杂志登载出版消息，介绍了全书的主要内容，指出该书尤致意于凯末尔复兴土耳其的史实，以及复兴以后的种种举措，称"在目前所已出

---

① 《恽毓鼎澄斋日记》，第423页。
② 《民国续修兴化县志》卷5，江苏古籍出版社，1991，第525页。
③ 葛藤：《读过〈土耳其寓言〉以后》，《开明》1931年第34期。

之关于土国各书中，此书其最堪诵矣"。① 通过这番介绍，读者自会领会全书的内容，引发进一步的阅读兴趣。

最后，还应提及民国时期该领域研究者的治学精神和问学态度。他们在资料匮乏、社会动荡的艰难环境之下，写成了一本又一本奥斯曼-土耳其专著，奉献给读者，向大众传播相关历史知识，希冀唤醒民众，这种精神值得钦佩。土耳其研究先驱柳克述在《新土耳其》一书的自序中说："这一年来，为着研究土耳其问题，颇费去我不少的时光和心血；最近半年，更以全力相注，无星期，无例外，每日工作常在十四小时左右。挚友数辈，有以积劳致疾频相警告者，至情关切，固然可感；但是，当此变态时期，何能十分自惜？试以个人与社会较，则其轻重之相去可知。但使现在把土耳其复兴的真相，就我个人浅陋的见闻所及发表一些出去，能够因此引起读者的同情，促进国人的联合，增长作战的见识，扩大觉醒的范围，俾中国的独立自由平等，可以早一天实现，那就是我个人无上的安慰了！劳苦，又算什么？"② 每每读来，令人动容。所幸的是，他的辛劳没有白费，该书出版后不久，即销售一空，一版再版，真正起到了启迪民智的功效。

## 二　学校教育

近代中国人奥斯曼知识的获得，还有赖于各级各类的学校教育。这一方式更加直接和有效，特别对于青年学子的奥斯曼印记，有较强的塑造和巩固作用。

---

① 《土耳其史》，《图书展望》1935年第2期。
② 柳克述：《新土耳其》，自序，第4页。

20 世纪初年，西方传教士主导的学堂教育在中国社会影响深远。他们所举办的课堂讲授、课程考试、学术讲座，无不向国人传播着奥斯曼帝国知识。美国传教士李佳白就经常在上海的教会学堂讲授有关奥斯曼帝国的知识。1903 年 5 月 8 日、21 日、26 日，他连续三次讲述了奥斯曼帝国与埃及、中国、希腊的对比研究，旨在揭示奥斯曼帝国与三国的共性和差异。在比较奥斯曼与埃及的时候，李佳白分别从人地、国主、自由权、京外官员、军务的角度一一剖析，对奥斯曼人民的勇猛善战及自主权的相对握有给予充分肯定，同时亦指出该国的诸多缺陷，如腐败盛行，人民没有自由之权，伊斯兰教固执己见、拒不接受西学。[①] 在与希腊的对比中，李佳白指出了奥斯曼帝国在文教制度上的保守落后，如希腊官制进步，有议院，奥斯曼则唯有武力一条较强。[②] 这些演说的影响力可以从当时《申报》的报道中得到检验。1903 年 5 月 21 日，《申报》的一则演讲预告说："尚贤堂总办李佳白先生屡在六马路格致书院讲论列国政治，中外人士钦佩同深。本月二十五日，即礼拜四之晚八点钟时，先生仍在院中讲论中国与土耳其两国政治之异同。"[③] 这说明李佳白的演说得到新闻媒体的关注，且听众甚多，遍及中外。

1904 年，上海广学会校刊、商务印书馆代印的《邦交提要》正式发行。该书系传教士丁韪良等在湖北仕学院的公法讲义集，其中有两个章节专讲奥斯曼帝国，依次论述其发达、衰落之经过，展望未来走向。书中谈到奥斯曼帝国一味依靠列

---

① 《美儒李佳白先生讲义》，《申报》1903 年 5 月 18 日，第 1 版。

② 《美儒李佳白先生讲义》，《申报》1903 年 6 月 1 日，第 1 版。

③ 《快聆清论》，《申报》1903 年 5 月 21 日，第 3 版。

强均势政策而生存，非长久之计："各国之交一合，则土国之地必立分。不知自强，一味仰息于人，犹掩耳粉饰曰长治久安，万万不能。况土之内政，依然办理不善，又时授强邻以干预机会乎。"① 该书还批评了奥斯曼帝国"分别民教"的错误政策："编查保甲，辨其何为基督教民，何为回回教民，分别清楚，泥于屠戮异教之说，以便作我威福。呜呼！是其国尚未瓜分，而先自瓜分其民也。"② 这些观点都会对学堂的中国学生产生一定影响。湖广总督端方也十分重视该书，亲自为之作序，可以推测，奥斯曼知识也会随之进入端方的脑海。此外，根据 1897 年的《万木草堂讲义》，康有为在关于孔子之学源流的讲义中，曾有一讲题为"波罗斯、土耳其皆孔子之教"。③ 虽然我们未能看到更加具体的讲义内容，但这至少说明在康有为的教案里，奥斯曼帝国占有一席之地。

　　1907 年，清廷官员唐景崇、宝熙等给光绪皇帝进讲"各国政略"，传播了奥斯曼知识。根据留存的讲稿，在讲述新航路开辟之时，讲者认为奥斯曼"建国，扼黑海、地中海之冲，而通者忽塞"，这才导致欧人奋发经营，不畏艰险，开辟新路。④ 还有多讲涉及俄土之战，讲者意在告诉光绪帝，英法之所以援助奥斯曼帝国，并非爱护它，而是有着各自的利益考

① 〔美〕丁韪良:《邦交提要》上卷，广学会校刊，商务印书馆代印，1904，第 61 页。

② 〔美〕丁韪良:《邦交提要》上卷，第 61—62 页。

③ 《万木草堂讲义》，姜义华、张荣华编校《康有为全集》第 2 集，中国人民大学出版社，2007，第 281 页。

④ 张毅君供稿《为光绪帝进讲"各国政略"稿》，中国社会科学院近代史研究所近代史资料编辑部编《近代史资料》总 104 号，中国社会科学出版社，2002，第 5 页。

量，"然则近世之外交，固当纵横捭阖，以维持世界之平和，巩固己国之权势，而不可专作壁上观"。① 对于1876—1877年的俄土之战，也有上、中、下三篇的详细讲述，认为"俄之处心积虑以谋土非一日也，卒以土国地当冲要，与西欧列邦形势相牵引，利害相倚伏，而不获肆其狡焉思逞之谋，故俄之国权迄不能直达于地中海者，土实蔽之。土之存，列强之力居多焉，然土终不能力图自强，乃专恃敌国之互相牵掣以为苟安目前计，岂非发愤有为之主所引为深耻者欤"。② 这些讲义不但向光绪帝讲授，也缮写呈送慈禧太后御览。可见，当时清廷最高统治者对于奥斯曼帝国的历史地位、地理环境、国际关系都有较为清楚的认识。

除了课堂讲授外，晚清新式学堂也将奥斯曼知识作为一个考点，表明无论是教学还是考核环节，奥斯曼帝国的影响因子都存在。1908年，上海格致书院的一道考题为："土耳其国皇誓行宪政，闻有他国隐助，惟国内一种民党反对，其于宪政前途有无关碍，试言之。"③ 适值奥斯曼帝国刚刚爆发立宪革命，书院即将其列入试卷。不难看出，土耳其立宪革命在中国影响之大，已经迅速成为中国学生应当掌握的一个时事热点。不独学生如此，就连州县一级的官员也需要具备一点奥斯曼知识，以便应对清廷举行的官员考核。1896年，湖北省州县官员的课吏考试就有这样一道试题："问中东已和，土耳其现为俄国

---

① 张毅君供稿《为光绪帝进讲"各国政略"稿》，《近代史资料》总104号，第40页。

② 张毅君供稿《为光绪帝进讲"各国政略"稿》，《近代史资料》总104号，第40页。

③ 《九月份格致书院课题》，《申报》1908年9月25日，第3张第3版。

保护，其意若何，详言之。"① 透过此则试题，我们可以洞悉当时国人对于奥斯曼帝国的关切点，也能够看到奥斯曼信息在中国社会的传播状况。

延至民国，关于奥斯曼-土耳其历史的讲授依然是历史教师授课的重要内容。土耳其的复兴经历是爱国主义教育的生动教材。河南大学王善赏教授就经常在自己的课堂上，向学生大讲特讲土耳其的革命精神，以此来刺激学生的拳拳爱国之心。他告诉台下的莘莘学子："欧战之后土耳其的国都，同最重要的商埠，曾被敌人占领；然土耳其国民能继续努力，举国奋斗，不出三四年，果然收回失地，湔雪国耻！"他进而鼓舞学生在九一八国难两周年之际，不要忘却，不要灰心，"我们只要努力奋斗，始终不懈，二年不能收复，继之以三年四年，终有收复的一天。总之，吾人一息尚存，即应奋斗到底！"② 如此富有感情色彩的演说，定能激起学生的爱国热情，土耳其的激励作用也就起到了预期的效果。

在晚清民国，各类史学普及读物和通史教材中，奥斯曼-土耳其历史是不可或缺的一个章节，它们用文字和图片将各种信息传递给学生、读者，实现了奥斯曼形象的社会化传播。1903年初版，到1914年已经发行第14版的《重订瀛寰全志》，是当时影响很大的一部中学地理教材。该书即有对奥斯曼帝国的描述，采取传统的二分法，将其分为亚洲、欧洲两部分介绍，主要涉及风俗、地理、物产、时政，特别突出了奥斯曼帝

---

① 《鹦鹉洲踏青》，《申报》1896年4月12日，第2版。
② 王善赏：《土耳其民国十周国庆纪念之感想》，第20—21页。

国的虐政、怠惰和衰颓。① 1914 年商务印书馆出版的《东西洋史讲义》讲述世界中古史时，将"土耳其灭东罗马"当成授课要点，特别从宗教关系角度加以阐发："自罗马皇帝君士坦丁奠都以来，凡千一百二十余年，遂落于异教徒之手。易都城之名曰伊斯坦堡，仆圣索斐亚堂之十字架，而代以弦乐之旗。欧洲为之震动。意大利唱再兴十字军之说，未闻列国起应之者，知其宗教之热心已衰矣。"② 这些都说明奥斯曼帝国悠久的历史和宗教影响力，成为当时历史教育难以绕开的一课。

这样的课程安排还得到官方的认可和鼓励。1933 年，南京国民政府教育部颁布"高级中学课程标准"，这是一份对于中学历史教学富有指导意义的文件。其中"现代史"部分共十四项，第九项即为"土耳其之复兴"。在这套标准中，单个国家的历史被列为一项的，只有苏俄、德奥和土耳其。③ 可见土耳其在中国教育部门心目中之地位。这一准则在中学教育实践中得到了很好的推行，1937 年余俊生撰写的经教育部审定的初级中学教科书《外国地理》，就用一定篇幅介绍了新土耳其的革新："小亚细亚，原是土耳其帝国的一部，世界大战——一九一四——一九一八年——以后，这个老大帝国，因而土崩瓦解；而继承这个帝国的土耳其共和国，也只得局促在小亚细亚的一隅。幸而凯末尔将军在一九二二年打败希腊，收回了已失疆土之一部，因此新土耳其共和国，除了小亚细亚以外，尚有巴尔干半岛东南端的一部。近年以内政颇能革新，所以国势

---

① 谢洪赉编纂，赵玉森重订《重订瀛寰全志》，商务印书馆，1914，第 1 编，第 28 页；第 2 编，第 201—203 页；第 3 编，第 38—42 页。

② 傅运森：《东西洋史讲义》，商务印书馆，1914，第 74—75 页。

③ 《高级中学课程标准（七）》，《申报》1933 年 1 月 13 日，第 12 版。

大有蒸蒸日上的趋势。"① 可以推断，奥斯曼－土耳其历史会为
一代代青年学子熟知和接受。

此外，一些初级教科书和通俗读物，还用生动的笔调、轻
松的口吻，向小读者们传递奥斯曼－土耳其的信息。1926年，
著名的少年史地丛书推出了英国人密林根的《土耳其一瞥》
（商务印书馆），以讲故事的方式，将土耳其的历史地理、风
土人情娓娓道来。这本小读物在当时中国少年儿童中颇受欢
迎，是他们土耳其知识的重要来源。1932年，马雪瑞的《各
国革命史》一书出版发行，成为各小学使用的社会科学补充
读物。作者开篇即点名了教材的主旨："诸位小朋友，年纪还
轻，学力还未曾充实，对于这门科学，谈不上什么高深的研
究，所以本书的任务，也只是描画出各国革命运动的一个大
概，以及革命浪潮的起源与其趋势。这或者可以使得诸位对于
革命有一些真确的认识，鼓励起一些对于革命的热情，以为将
来献身的准备，那就叫著者'喜出望外'了。"② 全书除绪论、
结论外，共七章，英国、美国、法国、俄国、德国占了五章，
朝鲜、印度、爱尔兰等弱小民族占了一章，土耳其独占一章，
其重要性不言而喻。作者强调了土耳其革命的历史意义："土
耳其……在未革命以前，政治腐败，国势衰弱，和我国的现状
仿佛。世界各国对我国称为远东病夫，对土耳其则给他一个近
东病夫的称号。大战以后，土国遭受列强宰割，几不复成为国
家。终赖土耳其国民党奋然崛起；经三年之苦斗，对外完成民
族革命，取消不平等条约；对内完成政治革命，推倒腐败卖国

① 　余俊生：《外国地理》上册，商务印书馆，1937，第106—108页。
② 　马雪瑞：《各国革命史》，新中国书局，1932，第7页。

的专制政府。现在国家独立基础确定，取得了国际上平等的地位，成为一个有力的国家，近东病夫国的耻辱，已一洗而空。反观我国现在的状况，比较起来，相差实有天壤之别，远东病夫呀！你几时才得起来洗尽这个耻辱的称呼呢？"① 可见，对于土耳其革命精神的宣扬和鼓励，是小学教育、爱国主义教育的主要意旨所在。也恰恰因为该书侧重于政治意义的教育和动员，因此没有如实地指出土耳其的种种缺失，一些论证太过绝对，不太符合事实。比如说洛桑会议的结果，把战后的屈辱一齐摆脱，"领事裁判权、关税协定制、客邮等统统取消了。被侵占的疆土，也一举收回，列强在各地的驻兵，也一概撤回，土耳其的民族革命运动，就此大告成功"。② 相对而言，高级中学教材的编写就更为客观准确。郑昶的《新中华外国地理》在肯定新土耳其建设成就的同时，也向高年级中学生们揭示了土耳其发展所面临的问题："现在的土耳其，在国际政治生活上，固然可以满意；但谋国内生产事业的发展，非先输出重大息金于外国，即不能着手。这个问题，现已成为土耳其预算上极严重的问题了。"③ 深度上较之小学教材有所提高。

1935 年，《申报》的一篇文章还拿土耳其小朋友的生活实况，来教育中国的孩子们珍惜今天的美好时光和幸福生活，养成独立精神：

> 小朋友们！你们都是幸福者，你们都有慈祥的爸爸妈妈抚养着，保护着，决不会使你们受到细微的痛苦。可

---

① 马雪瑞：《各国革命史》，第 71—72 页。
② 马雪瑞：《各国革命史》，第 78—79 页。
③ 郑昶：《新中华外国地理》，新国民图书社，1932，第 145 页。

是，土耳其的小朋友就不对啦！他们很小的时候，便要离开了爸爸妈妈到外乡去自谋生存了。

土耳其的大部分地方，是在大陆性气候圈内，所以时常要有旱灾发生。因此，在土耳其的地方，常常有逃荒的小孩子来住着；他们因为乡下的收成不好，粮食太贵，便把日常应用的器具，分给家里的小孩子们，各用一匹小驴子驮着，到不荒的地方去谋食，等到度过了荒年，便再回到家乡来团聚。所以我们每每可以看到才八九岁的小孩子，独领着一匹小驴，一副家具，在外乡自行谋食的，小朋友们，你们想他们的生活苦不苦呀！可是，他们并不以为痛苦，倒反说从小的时候，养成了独立的精神，将来长大了时，自然不会有倚赖的劣根性了！

小朋友们！快快养成你们的独立精神吧！爸爸妈妈决不能抚养你们一世的！①

这则材料说明，当时中国人记忆中的土耳其民众，是在艰苦环境下成长起来的，有独立的精神和吃苦耐劳的品格。同时，由于它被巧妙地用于教育中国的孩子们，一定会成为中国小朋友童年的共同回忆。

## 三　文体活动

近代中国各类丰富多彩的文体活动也是奥斯曼资讯传播的有效途径。受到西方文明的熏染，现代式的音乐、舞蹈、戏剧、博览会、体育竞赛、讲演纷纷走进中国，其中不少内容中

---

① 陈坤：《耐苦的土耳其小朋友》，《申报》1935 年 8 月 25 日，第 18 版。

都有奥斯曼元素。中国人在享受这些新式生活的同时，也会自然而然地触摸到奥斯曼帝国，颇似一种"润物细无声"的功效。

观赏戏剧一直是中国人所热衷的休闲方式。晚清的戏剧剧本里面就不乏奥斯曼帝国的故事。美国学者卡尔·瑞贝卡的《世界大舞台：十九、二十世纪之交中国的民族主义》一书中指出，20世纪初，中国戏剧家柳亚子等人设计、演出的一部戏剧，就以奥斯曼土耳其史事为原型，尽管故事充满了想象和建构，在观众中的传播力却不低。① 实际上，国人通过戏剧形式接触奥斯曼帝国并不始于20世纪初。早在19世纪70年代，较早走出国门的外交人员，在异国他乡就观赏到以奥斯曼历史为主题的现代戏剧演出。1876年，受海关总税务司赫德委派，参加美国建国100周年博览会的李圭记录了一场戏剧演出的盛况："戏馆屋大台宽，煤气灯可千盏，男女优二百馀人，演土耳基国故事。花面假须，刀矛对刺，衣亦五彩绣金。台前作乐者六七十人。一出毕则台幔放下。俄顷幔卷，则又一出。或文或武，或歌或泣，或妖怪百出，或美女七八十人衣轻绡携手跳舞。种种奇幻，不可思议。"② 可见，这出戏讲的是奥斯曼故事，可以视为李圭与奥斯曼帝国的一次亲密接触。时隔一年，出使欧洲的使臣张德彝也欣赏到了以奥斯曼帝国为背景的剧目。该戏名为《白猫》，讲述的是19世纪70年代的俄土战争，当时俄国一心要吞并奥斯曼帝国，获取出海口，苏丹正竭力防护。演出的最后出现一队英兵，齐云"同心助土"，赢得观众

---

① 〔美〕卡尔·瑞贝卡：《世界大舞台：十九、二十世纪之交中国的民族主义》，第35—39页。

② 李圭：《环游地球新录》，钟叔河主编《走向世界丛书》第6册，岳麓书社，2008，第277页。

的阵阵掌声。① 戏剧将各国的地位、姿态、强弱淋漓尽致地展现出来，使奥斯曼知识得到了传播，也进一步激发了中国人对于俄土战争的关心。

另一种接触奥斯曼帝国的方式是参观博物馆和博览会。当时，中国有不少游历者在外国参加博览会时，有机会一睹奥斯曼展台的陈列，进而生成他们心目中的帝国印象。1915 年，赴美留学的屠坤华参加了在旧金山举行的首届巴拿马太平洋万国博览会，他的游记中对土耳其馆的记录是："土耳基馆系仿土皇夏宫建筑，颇具回风，色为淡黄淡红，东侧为回教寺，再东为锥峰之灯塔，此殆半亚半欧之邦，馆内茶座餐桌，其式不一。陈设之物，地毡为多，织刺次之，贵若珠玉，贱若烟糖，杂陈待沽，居然成市。"② 短短数言，已将普通中国人对奥斯曼帝国的印象勾勒出来，即伊斯兰教国家、半亚半欧之风、盛产地毯。

在近代，中国与奥斯曼帝国之间还存在直接的文体交流活动。有史料可考的中国人第一次到奥斯曼帝国游历的确切时间为 1845 年，主人公是马德新。马德新（1794—1874）系清代回族知名学者，字复初，云南太和（今大理白族自治州）人，所著的《朝觐途记》是其阿拉伯世界的游记。据记载，马德新于 1845 年正月初三日抵达奥斯曼帝国首都君士坦丁堡。他大致记录了易司篆补（即君士坦丁堡）、玄海（即黑海）、卖喇买海（即马尔马拉海）等城市、海域的方位以及当时帝国执政者尔补买支底（即阿布杜勒·麦吉德）每周赴清真寺主

---

① 张德彝：《随使英俄记》，钟叔河主编《走向世界丛书》第 7 册，第 522 页。

② 屠坤华：《万国博览会游记》，商务印书馆，1916，第 163 页。

持礼拜的情景。他还记述了苏丹下嫁其妹时的广场典礼场景。奥斯曼帝国的奇珍古玩、腾空之飞船也给马德新留下了深刻印象。他说自己获得了苏丹特赐的外宾参观凭证，参观了著名的篆补哈乃（即托普卡比皇宫博物馆），所见奇珍异宝，不可计数。需要补充的是，马德新在游记中记述了自己和一位奥斯曼大臣阿尔勒甫拜凯的对话，对方告知他中国有水灾，他以为是黄河水灾，这位大臣解释道："非也，此阴更里之传说，伊等尝在广东，每闻一信，即付印，传于彼教所在之邦。"[1] 由此可见，奥斯曼人也能够通过英国等中介获得中国的信息。1936年，天津市第一公园游泳池举行揭幕仪式，市政府特地邀请到土耳其男女游泳队进行演出。[2] 这些面对面的直接交流，亦会使国人对于土耳其文化有切实的体认。

晚清民国时期有很多公开的演说活动，其中有不少涉及奥斯曼帝国。1908 年游历过奥斯曼帝国的康有为，在后来的著述和公开演讲中，一再向公众讲述此次见闻。可见这段特殊的旅行经历给康有为留下了难以磨灭的记忆，也成为其知识库中随时可以调用的资源。1910 年，康有为在讨论都会城邑自治问题时，引用了自己当年奥斯曼之行的体验："吾游于君士但丁那部矣，其衢道之污秽便溺，恶犬卧道，与我燕京同；其屋之尘旧朽败，与我燕京同；其道上之茶烟席卧歌舞，与我燕京同；其人民之泥污衣垢嚣哗，与我国人同；其道黑无灯，盗贼不治，巡警不修，监狱不洁，工商不兴，无一不与我国人同。夫突人变法数十年，无事不法欧人，而都邑自治不知法

---

[1] 马德新著，马安礼译，纳国昌注释《朝觐途记》，宁夏人民出版社，1988，第 38 页。"阴更里"即英国。

[2] 《津市第一公园游泳池揭幕》，《申报》1936 年 8 月 13 日，第 16 版。

欧人而亟行之，夫是以一切新政不举也。"① 1923 年 11 月，康有为在陕西省西安市万国道德分会讲演世界各宗教时，提到伊斯兰教使人时时生敬畏之心："观其人民眉皆长锁，绝无欢容，又全京无行乐地位，戏亦无之。张而不弛，未免苦而不乐耳。"②

　　1925 年，知名学者陈翰笙在适存中学讲演"土耳其的革命"，用充满激情的语言将土耳其革命的历程娓娓道来，鼓励青年人努力奋斗，使中国摆脱不平等地位，争取世界的和平。③ 1936 年，驻土公使贺耀组利用中央广播电台，向民众讲述土耳其复兴的基本要素。④ 同年，童裕恩在浙江省立严州初级中学的一次总理纪念周上主讲"土耳其的复兴"，通过比较一战前后土耳其的衰弱与复兴，替听众找到值得借镜的内容，指出土耳其的复兴与孙中山的革命意志相符合，这是对孙中山革命精神的最好纪念。在演讲的末尾，童裕恩直接向民众进行了动员："我们中国受国际帝国主义侵略有年，一切一切，均和土耳其有同病，现在土耳其人努力革命已能独立自由，返观我国，何以自处？'风雨如晦，鸡鸣不已'，当此国难严重时期，愿我国人共同勉励。"⑤ 这种演说既将土耳其知识介绍给听众，也将其知识之于中国的激励内涵准确地传递给大众，影响可谓深远。

---

① 《论都会城邑自治》，姜义华、张荣华编校《康有为全集》第 9 集，第 136 页。
② 《长安讲演录》，姜义华、张荣华编校《康有为全集》第 11 集，第 286 页。
③ 陈翰笙讲演，王寅生记《土耳其的革命》，《京报副刊》1925 年第 365 号。
④ 贺耀组：《土耳其不屈精神》，《晨熹》第 2 卷第 11 期，1936 年。
⑤ 童裕恩：《土耳其的复兴》，《严中校刊》1936 年第 39 期。

## 第三节　奥斯曼帝国在中国的民间记忆

近代以来，奥斯曼帝国的重要人物、重大事件或是精美物品，都有可能给中国人留下深刻的印象，这些本身就是其知识的一部分。有的时候，那些与寻常百姓生活密切相关的东西，可能在大众传播层面更加流行。就像今天，如果我们随机采访几位友人他们对于奥斯曼－土耳其的印象如何，最多的回答可能是气势磅礴的欧亚大陆桥——博斯普鲁斯海峡，土耳其革命之父凯末尔，还有那充满异域风情的土耳其浴、土耳其地毯、土耳其帽。民间百姓的记忆，有时候与知识精英的建构并不完全一致。在民国时期，土耳其帽完全有可能是一般都市居民最为熟悉的土耳其物件。20 世纪 30 年代，邢墨卿指出红毡做的、缀着流苏、有点像一个覆置的平底汤锅似的土耳其帽在中国大都会十分显眼："在我国的大都市里，如上海、天津、广州等等的街道上，前几年还间或可以看到这种'赤帽'浮动在各色各样的帽子中间，令人一见便知道那是一位从小亚细亚来的远客。"[1] 在一般人眼中，土耳其帽便是奥斯曼－土耳其最显眼的标志。

### 一　土耳其浴

土耳其浴是中东地区极为流行的一种传统洗浴方式。它让洗浴者置身于高温的浴室内，经过一段时间的蒸腾，浑身出汗，排出体内污垢，随后洗浴者转入另一房间，用温水或冷水

---

① 邢墨卿：《凯末尔》，新生命书局，1934，第 2—3 页。

灌洒全身，这样不仅可以清洁身体，还能够活动筋骨，缓解疲劳，有护肤、减肥、助眠、医疗的多重功效。信仰伊斯兰教的奥斯曼人在做礼拜之前要清洗身体，洗浴便是他们每天的一项例行任务。于是，在全国各大城市，采行土耳其浴的浴室多如牛毛。它在近代中国社会也相当流行，很多中国人有机会切身体验这种沐浴方式，留下了不少文字记录。

有文字可考的近代中国第一个亲自享受土耳其浴的人应是王韬。1868年，王韬游历苏格兰首府爱丁堡，有过一次土耳其浴的体验，他在游记中记录如下：

> 余尝至一浴室，而笑其设想奇绝。设此浴者，土耳其医生拉唎也，有名于时……其浴法迥不同于中国：男女异日而浴；先至一温室，热一百五六度，内一室热更甚，几至一百四十五度；汗流浃洽，垢腻尽浮。然后就湢室，第无浴盘承水，仍坐白水［木］榻上，以机引水灌洒遍体。有一人专司涤濯之事，爬搔洗刷，自顶至踵，无不周也。澡豆面药，其香沁鼻。既浴之后，通体皆泽。其水冷热咸备，自上注下，作醍醐灌顶势。男浴则以男司之，女浴则以女司之。第浴宜避人，今一切须人为之，正如吴妁之相女莹，纤毫毕现，未免难乎为情矣。①

通过这段记载，我们可以看出王韬对于土耳其浴的整体感受是"奇绝"。他注意到这种浴法与中国有很大不同，并将要点记录在案，如男女隔日开放洗浴、在高温的屋内进行蒸腾、

① 王韬：《漫游随录》，钟叔河主编《走向世界丛书》第6册，第128页。

专任涤濯等。作者对于这种赤身裸体式的服务方式显然还不太适应，觉得难为情。

光绪年间，驻外公使张德彝在国外也接触过土耳其浴，他在日记中记有"土耳其澡稍贵"一句。[①] 1908 年，游历土耳其的康有为在游记里也谈到土耳其浴："突之浴堂，乃为最胜者。文石喷泉，周浃堂户，式如明堂，五室九个，人择一焉。冷热水各有池，各有管，次第洗濯，皆有隶人供浴，且按摩焉。堂中有大石版，蒸卧出汗，则投大池中，或用小龛闭门卧而下蒸之。今欧美浴堂，有突厥浴式，即取法于是。盖突地颇热，故好浴而立此法。惟罗马古时，浴堂极丽，观邦啤沉城处可考，计必突人兼采罗马法而为之也。然摩诃末教尚洁，故浴风盛，而浴室亦精，凡国俗能创一事，为天下所效者，其文明必有自来，无无因而能骤致者也。今突人之穷乡小邑，浴堂亦大而精，盖民俗所传好，其民俗未有者，则虽极有用之要品，亦未遑及焉，盖识蔽于近，诚不能强也。"[②]

1909 年，景憨到奥斯曼帝国旅游，体验了一回正宗的土耳其浴。他在游记中记录如下：

> 土耳其之浴槽，为彼国之特产，各国亦多假其名以为业者。余入浴室观之，屋之构造，始于东罗马帝国时代。自外望之，宛如大兜形，圆屋顶上多圆玻璃窗。屋顶之周围，又有小屋顶，接续如兜缘状。入口处有监视台，监视者专司接客。另有执役者导客至楼上休息所。脱衣后，缠

---

① 张德彝：《六述奇》，岳麓书社，2016，第 252 页。
② 姜义华、张荣华编校《康有为全集》第 8 集，第 452 页。

巾于身，自楼上着木屐下，木屐前端，横一皮带，用以绊足。入楼下第一室，室中通蒸气，温度较高。片时后，入次室，温度更高，憩于室中平滑大理石上，汗下如流浆。石上有浴客数人，气习粗鄙，高声唱歌，觊不为怪，颇厌听闻。俄有裸体侍者，捧盥与余前，盥中满以石碱水，令予寝盥旁之板上，注水于全身，自头至足，为予摩擦之。初稍觉苦，后颇愉快。及以清水洗身时，体量为之乍轻。前后约二小时，再用干布裹全身，返楼上，饮浓厚咖啡，著衣径去，付浴资一元五角。问土人云，贵人入浴一次，有付资五元者，普通客仅五分或一角，与我中国情形相似，殆贫富之不同也。[1]

作者对洗浴过程描述得非常细致，对浴室的构造，洗浴的流程、方式、价格都有介绍，也注意到土耳其浴在各国的传播情况。从作者的感觉来说，土耳其浴还是非常舒适、愉悦的，丝毫不见王韬那种难为情之感，可见此时国人已对这种洗浴方式比较熟悉，不似以前那样陌生和新奇。

在晚清民国时期，中国的很多浴室也争相以"土耳其浴"为名招揽生意，"土耳其浴"一度风靡上海、北京等大都市。这些浴室尽管不一定很地道，但的的确确反映了土耳其浴在中国民间社会的影响力。

20世纪30年代，上海租界的靶子路和霞飞路一带，有很多"土耳其浴室"，成为租界一景（见图2-6）。

图2-6中的这家"三多浴室"，门口的广告牌以"土耳其

---

① 景憨：《环球周游记》，中华书局，1919，第225页。

**图 2-6　上海租界的土耳其浴室**

资料来源：《良友》1934 年第 89 期。

浴室"为号召，牌子上还有英文 Turkish Bath 字样，提供蒸
泡、沐浴、擦背、按摩四类服务，大减价后的价格为 1 元。这
说明土耳其浴在中国的大都市十分流行，也是中国民众乐于接
受的一种洗浴方式。走在上海租界的街道上，满目可见土耳其
浴的中英文广告，这必然会给来沪的国人留下深刻的印象。

　　此外，当时的一些报章杂志也发文介绍和讨论土耳其浴。
1919 年，在一篇介绍流行热症的科普文章中，医学博士周森
友谈到脑部流行热症而成为神经病者，难以医治挽救，"惟有
用土耳其浴，各种科学沐浴法或摩擦其身体，及使之得充分之

休息，或可渐愈"。① 这说明在近代中国医学界，土耳其浴被视为一种科学的、有效的治疗方法。1933 年，一位作者在《申报》上撰文介绍土耳其浴："土耳其式的沐浴，在上海是很时髦的，便在欧洲也有很悠久的历史。去年，英国伦敦博物院长惠勤博士，曾因掘土考古的工作，发现了一千七百余年前的罗马帝国所有的浴室，有很完备的热气管通到围墙里面，一切室中的布置和土耳其式的浴室浴具差不多；这可见土耳其式沐浴历史的悠久了。"② 这里，作者既追溯清楚土耳其浴的来源，也揭示出当时土耳其浴在摩登上海的流行情况。1934 年，还有一篇题为《土耳其浴室》的短文说："纽约，巴黎，柏林，伦敦，以及我国之上海，凡有名之大都会，无不有土耳其浴室，点缀于其间。好浴，是土耳其人之天性，其国中，上自总统，下至庶民，无贫富，无男女，无老幼，无论晴雨，无问寒暑，必须入浴，其浴室中招待职务，皆妙龄女子任之，不但一切设备，精巧绝伦，即与讲究沐浴驰名之日本相较，尤为过之，而且入浴之后，别有风味，有不可名言之妙，故土耳其浴室，虽鳞次栉比，而生涯鼎盛。"③ 该文主要介绍了土耳其浴在世界各地及其本国流行之盛况，反映了它的世界影响力，也证明土耳其浴是中国人对奥斯曼-土耳其的一个经典记忆。

## 二　土耳其鸦片

鸦片是近代中国人心灵深处最痛苦的记忆之一。近代以

---

① 周森友：《流行热症 Influenza（五）》，《申报》1919 年 12 月 11 日，第 14 版。

② 瞻庐：《阿答纳模特儿游街》，《申报》1933 年 2 月 11 日，第 17 版。

③ 纪一介：《土耳其浴室》，《申报》1936 年 4 月 29 日，第 14 版。

来，中国人吸食鸦片造成了白银外流、军备废弛、身心受损的恶果，鸦片成为近代中国社会的一颗毒瘤，中国人"东亚病夫"的形象也与吸收鸦片烟紧密相连。而奥斯曼帝国恰恰是闻名遐迩的鸦片出产国，它的鸦片被欧美列强争相输入中国，贻害至深。据学者研究，仅 1805—1835 年，土耳其鸦片输入中国的总量即达 12820 箱。将土耳其鸦片运到中国的固然以美国人为主，但其他国家的商人也从事这种毒品贸易（尽管数量不多）。所以，实际输入中国的土耳其鸦片一定超过 12820 箱。[①] 尽管这些产于奥斯曼帝国的鸦片不是土耳其人贩卖过来的，但是它们冠以土耳其之名，还是给晚清中国人留下了颇为深刻的印象。事实上，鸦片不独产于奥斯曼－土耳其，近代输入中国的鸦片，来自印度者当居首位，但是，国人并没有因此减少对土耳其鸦片的关注，其原因在于，土耳其不仅是鸦片产地，它还一度沦为鸦片的受害国。土耳其人不仅种植鸦片，还喜食鸦片，并同中国一样，饱受鸦片毒害。这一点在国人笔下亦有所反映，从不同角度丰富了中国人对于"土耳其鸦片"的历史记忆。

早在 1842 年，魏源在《海国图志》中就注意到当时英国人运往中国的鸦片来自印度，美国人运往中国的鸦片产自奥斯曼帝国："英夷所运者印度鸦片，弥夷所运者都鲁机鸦片。"[②]晚清时期，中国学者对土耳其鸦片加以研究的不在少数，人们普遍意识到土耳其鸦片质量上乘，如许庭铨根据鸦片所含化学物质"莫尔非尼"的高低，判定土耳其鸦片烟的质量高于印

---

① 龚缨晏：《1840 年前输入中国的鸦片数量》，《浙江大学学报》（人文社会科学版）1999 年第 4 期。

② 《海国图志》卷 2，《魏源全集》第 4 册，第 45 页。

度鸦片烟，"印度所尔非含莫尔非尼仅百分之五，土耳其所产中含莫尔非尼有多至百分之十四分有余者"。① 1895 年，李圭在《鸦片事略》一书中告之世人，土耳其所产的鸦片多白花白子，近年来土耳其因循不前，增产不多。② 马建忠则专注于整理鸦片案卷，考察运入中国的鸦片数量，他发现来自奥斯曼帝国的鸦片俗名"金花"，"土尔基金花运至者甚少。前由保赛出口，今概由苏合渚装载，于光绪元年曾由英京伦敦载至二十箱，盖仅见也"。③ 同治年间，蒋湘南认为贩卖鸦片方面，美国获利仅次于英国，"弥利坚所贩乃都鲁机之鸦片也"。④ 甚至到 1877 年，人们仍然对土耳其鸦片烟有深刻记忆，将它与印度、中国山西并列为鸦片种植的三个大户，并利用天人感应说论证鸦片种植之害："近者山西奇荒与印度各省旱灾及土耳其之兵患，说者皆谓山西喜种莺粟，印度向业公班，土耳其常造白皮。作此害人之物，历年以来，所害之人，实属不少。天道好还，故特降此凶饥，以昭炯戒，此报应之说也。"⑤

也有人意识到奥斯曼人自身也深受其害，邹弢的《风俗考》中提到奥斯曼人"嗜阿芙容，形容憔悴"。⑥ 1872 年，在一篇谈及鸦片烟的短论中，作者介绍说，除了中国外，"他处

---

① 许廷铨：《通商八策》，陈良倚辑《清朝经世文三编》卷 31，台北：文海出版社有限公司，1979，第 478 页。

② 李圭：《鸦片事略》卷上，《续修四库全书》第 445 册，第 309 页。

③ 马建忠：《适可斋纪言纪行》纪行卷 2，台北：文海出版社，1968，第 263—264 页。

④ 蒋湘南：《与黄树斋鸿胪论鸦片烟书》，《七经楼文钞》卷 4，《清代诗文集汇编》编纂委员会编《清代诗文集汇编》第 591 册，上海古籍出版社，2010，第 158 页。

⑤ 《论种鸦片烟之害》，《申报》1877 年 11 月 17 日，第 1 页。

⑥ 邹弢：《风俗考》，陈良倚辑《清朝经世文三编》卷 75，第 1107 页。

之吸者，亦复不少，如土耳其人，最喜食鸦片，以致肩缩面瘦，形貌猥衰，其寿罕有至四十岁外者，其国亦能自种鸦片"。①作者对于奥斯曼－土耳其人吸食鸦片的后果描述恐怕有些夸大，但至少说明中国人知道鸦片原产地的人民也深受其毒害，体质、寿命大受影响。

晚清时期，驻外使臣张德彝在游记中记录了奥斯曼帝国流传的"神豆汤"故事，反映的是奥斯曼人受毒品坑害的情况。1879 年 8 月，他在国外碰到奥斯曼游士蒋果云，蒋果云向其讲述了比鸦片危害更大的神豆汤的故事。按照蒋果云的叙述，神豆系一种小黑豆，原名冰豆，由犹太人从南极南冰洋获得，将其入药，效果甚好，但也伴有负面效果，"病者服之立愈，然服后成瘾，却之不得，逾服而身体逾弱"。后适逢奥斯曼帝国瘟疫流行，犹太人将冰豆运来，服者立愈，于是"神豆"大行其道，"当时男女老幼之饮神豆汤者，已有十分之一二。迨十数年后，虽无病者，亦饮此而甘之。街行者，必腰佩神豆一小罐，以为荣耀。各家必列神豆几瓶，豆汤几罐，及煮豆器一份，以示豪富。各饭堂酒肆，罔不罗列，以备客至。有不饮主人之汤，而专取自佩者饮之"。其结果是严重的，神豆价格节节攀升，导致奥斯曼人富贵者沦为贫贱，贫贱者至于流亡，"国既未富，民亦未强，盖饮汤久则形容枯槁，日就颓败矣。且饮者不惟平民男女，上至官僚，下至兵勇，亦无不嗜之。每至阅武之期，到者时刻不齐，队伍不整"。后来奥斯曼苏丹不得不采取严厉措施，禁止国人饮用神豆汤，包括广建戒豆院、禁止出售冰豆、层层上报饮汤人数、对调治后仍饮用者进行严

---

① 《英人不识烟膏》，《申报》1872 年 9 月 9 日，第 3 页。

厉的处罚等。这些举措得到严格执行，"彼时上中下三等官员、绅士、地保，因捏报或知名不报而罹死罪者二百二十九员名。出院后复行饮用者，官千零二十九员，兵民一百二十九名，妇女六十四名，皆按律治罪。人民乐服。一年后，通国男女之饮豆汤者无一人，而犹太人之贩豆者不待禁而自禁矣。人民因而渐富，身体亦觉日强。各院改为学校，教养孤贫。至四五年后，国泰民安，竟似二百三十年前天丰王之乐世焉"。[1]不过据学者考证，所谓"神豆汤"之事，系张德彝将鸦片祸害中国的由来及现状，结合他所希望和建议光绪帝能痛下决心真正禁绝鸦片的愿景，托之于当时国人并不熟悉的土耳其，编造出的一段讽喻故事。[2]

　　这个故事《申报》在 1890 年转载过，后来郑观应在《盛世危言》中亦全文引用，足见其在中国影响力之大。但我们要进一步追问的是，神豆汤的故事为何能够引起国人的广泛关注和兴趣，甚至不加考订地视为信史而一再转述。笔者以为，信息记载是有选择性的，神豆汤的故事一定是激起了国人的某些痛苦记忆，才会被论者如此看重。在阅读这个故事的时候，人们可以强烈地感受到奥斯曼帝国与中国所受毒品之害，存在极大的相似性。鸦片最早也是作为药材传入中国，后来泛滥成灾，造成了国弱民贫的惨痛结局，而中国政府也曾采取禁烟措施，只是效果不佳。一方面，中国的鸦片有不少系奥斯曼-土耳其传来，这一点中国人十分清楚，也痛恨至极；另一方面，

---

[1]　张德彝：《随使英俄记》，钟叔河主编《走向世界丛书》第 7 册，第 740—742 页。

[2]　参见张晓川《骂槐实指桑——张德彝〈航海述奇〉系列中的土耳其》，章清主编《新史学》第 11 卷，第 190 页。

土耳其也受过类似的坑害，但它能够毅然决然地禁止神豆汤，国人对此感到既敬佩又惭愧，觉得堂堂大国竟不如土耳其。这种复杂的情感，在郑观应那里有所表露："夫土耳其曾以鸦片害人，而在己先受害于神豆，犹幸其主能力图整顿，国中大患得以顷刻洗除。奈何我堂堂大一统之中华，而禁令难申，竟出土耳其之下哉！"① 郑观应详细记录此故事，目的自然在于唤醒国人，而以土耳其这样一个种植、吸食、贩卖过鸦片的国家为例，可能更具教育意义。不管怎么说，"土耳其鸦片"确已构成中国人奥斯曼印象的一个重要面相。至清末禁烟运动时，安东关税务司署还按总税务司要求，向华洋商民发布告示，指出现在禁烟已有成效，波斯、土耳其鸦片运入中国，系在无印花之列，故"凡波斯、土耳其之鸦片，一概禁止运入中国各口"。②

　　土耳其鸦片的记忆一直延续到民国时期。1933 年，王曾善撰文介绍土耳其禁绝烟毒政策时，回顾了土耳其出产鸦片的情况："土耳其向属出产雅片最富之地，质料亦属世界之冠，为土国出口货物之大宗，投机商人以此有利可图，乃即设厂炼制，按年向土政府缴纳税款。"王曾善肯定了土耳其鸦片的质量，也说明了鸦片是土耳其政府的富源。他还指出，土耳其鸦片是毒害中国人民的罪魁祸首之一。日本人在土耳其设立了规模最大的鸦片制造厂——东方化学用品制造公司，"此厂之出品，大宗为吗啡，海洛英，每月由日本轮船，专由土国旧京伊斯兰堡运来我国上海，青岛，大连一带行销，此为十余年来之

---

① 《盛世危言》，夏东元编《郑观应集》上册，上海人民出版社，1982，第403—404 页。

② 《安东关税务司署为通知禁止将波斯土耳其鸦片运入中国事的告示》（宣统三年六月二十二日），辽宁省档案馆藏，JC006-01-000104-000001。

事实。我国人民，久已饱受其害，惟日本人唯利是图，贪得无厌，在土国以贱价收买雅片，制造毒品，运销来华，费时费事，乃即异想天开，复在土国各大城邑密秘暗设黑窟，引诱土国人民，吸食毒品，以便从中渔利，土国青年男女，受此害者，日益加多"。[①] 这说明人们没有将鸦片毒害中国归罪于土耳其，而是看到了中土两国均深受其害，日本才是真正的罪魁祸首。

到1934年，《大众画报》在出专版讲述民族复兴之障碍、亡国灭种之根源——鸦片的时候，仍将土耳其鸦片烟置于非常重要的位置（见图2-7）。

**图2-7　《大众画报》上关于土耳其鸦片的介绍**

资料来源：《大众画报》1934年第13期。

图2-7将土耳其鸦片视为"远东病夫"的由来，用一幅幅图片再现了土耳其鸦片的种植、加工、制作与运销过程。可见，在近代中国人的记忆中，土耳其鸦片给中国带来了深重的灾难。

① 王曾善：《近东回教各国时事述闻》，《月华》第5卷第17期，1933年，徐丽华、李德龙主编《中国少数民族旧期刊集成》第18册，第322页。

### 三　土耳其地毯

土耳其地毯是蜚声世界的手工业制品，它既是奥斯曼劳动人民智慧和汗水的结晶，又是伊斯兰文化艺术成就的典型代表。土耳其地毯古朴而典雅，以鲜艳的色彩、精美的图案闻名于世，为中世纪欧洲各国皇室竞相追逐的艺术珍品。时至今日，土耳其地毯依然在世界地毯业中占据举足轻重的地位，远销全球各地。

对于国际上闻名遐迩的土耳其地毯，走向国际舞台的中国人在海外自然有所接触。驻外公使李凤苞在日记中记录了观看工艺会市的体验："各种织花之地毯桌罩，系仿土耳其、印度、波斯花式，五采陆离，多目所未见。"[1]　这说明李凤苞对于土耳其地毯的花式有一定了解。1876年，观摩美国博览会的李圭认为奥斯曼帝国地位低，物亦不甚出奇，故游记不打算给予专门记载，但在行文中，他还是忍不住专门提及奥斯曼帝国的奇物——地毯："土耳基绒毯，极厚软，颇著名泰西。"[2]　虽然只是聊聊数语，但确是李圭在博览会上对于奥斯曼帝国展品唯一的也是最深刻的印记了。到民国时期，国人笔下的奥斯曼特产，地毯仍排在第一位。1930年，南京国民政府外交部观察员程演生在报告赴土访问情况时说，土耳其"产品以地毯为第一，然属手工织者为多"。[3]

中国人关注土耳其地毯的另一个原因，在于中国自身也是一个手工业非常发达的国家，中国的地毯驰名中外，在国际市

---

[1]　李凤苞：《使德日记》，第35页。
[2]　李圭：《环游地球新录》，钟叔河主编《走向世界丛书》第6册，第209页。
[3]　程演生：《土耳其》，《外交部公报》第3卷第4号，1930年。

场上完全可以同土耳其地毯一较高下。像北京出产的地毯其实就与土耳其地毯形成了一定程度的竞争关系。

刘锦藻曾在《皇朝续文献通考》中对此有过论述："我国地毯之织造，颇与世界最著名之波斯毯、印度毯、土耳其毯相似……欧战时，土耳其毯输出减少，我国地毯销路益广，每年输出总额自十余万增至七十七万余两。最近三年平均总在三四百万两以上。"[①] 北京地毯早已走出国门，享誉海内外，但其主要的竞争对手恰恰是土耳其地毯。也正因为如此，关心北京地毯业兴衰的人们时时不忘关注土耳其地毯业的行情。1921年，在一份《北京地毯工业报告》中，还登载了土耳其地毯的图片（见图2-8）。

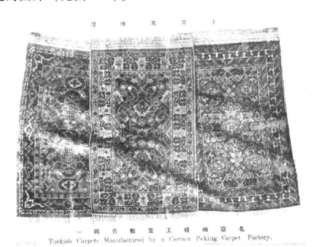

**图 2-8　《北京地毯工业报告》中所载土耳其地毯**

资料来源：《劝业丛报》第 1 卷第 3 期，1921 年。

---

① 　刘锦藻纂《皇朝续文献通考》卷 385，《续修四库全书》第 821 册，第 78 页。

1926 年，中国驻奥使馆向北京政府外交部提交了一份名为《土耳其毡业之衰落及其将来》的报告，表示"土耳其毡业之衰败已臻极点"，原因在于：来自希腊的毡业竞争日趋激烈；毡业中心士麦那受独立战争创伤巨大；苏俄封锁政策导致运输改为骆驼，以致货物迟滞损坏。不过使馆人员也指出，土耳其政府正设法摆脱困境，尽量增加输出，加上土耳其人民固有之特长，不难恢复旧观，伊斯坦布尔仍为世界毡业大市场。①

---

① 《土耳其毡业之衰落及其将来》，《外交公报》1926 年第 57 期。

# 第三章　奥斯曼帝国形象与中国人的自我认知

近代中国面临的内外局势是过去几千年所未有的，诚如晚清重臣李鸿章所言，系"数千年未有之变局"、逢"数千年未有之强敌"。西方殖民者的东来，不仅带来了领土的诉求和通商的渴望，还意味着一套全新的知识体系和思想观念的输入。中国人开始接触此前完全陌生的西方世界，并逐步调整自己的世界观，在一种新的知识框架下重新定位自我。也就是说，自我的认知往往是在与他者接触过程中，在认知他者与反观自我之中形成的，西方就是这样一个最具冲击力的"他者"。关于"他者"的研究视角，日本学者山室信一有过深刻阐述："他者认识这一视角和方法绝非单向的，而是充分意识到不同的观察角度。即作为他者在认识、理解对象时，在某种程度上意识到'看即被看'这种持续的相互关联性的同时，还具有'将他者视为自身一部分'的视点。"① 按照山室信一的理解，观察对方，亦是在认识自我，并且这一反复、互动的认知过程往往又不局限于单一类型的"他者"，还可以有更多的"他者"

---

① 〔日〕山室信一：《面向未来的回忆——他者认识和价值创建的视角》，中国社会科学研究会编《中国与日本的他者认识——中日学者的共同探讨》，社会科学文献出版社，2004，第15页。

参与进来。因此，近代中国人对于世界的认知，也包括奥斯曼帝国在内的弱小国家，它们也是"他者"的组成部分。本章即从此视角出发，探讨中国人对于他者、自我以及世界三者关系的建构与定位。

## 第一节　不只是"病夫"：奥斯曼帝国在晚清的形象

同为"病夫"的相似命运，是晚清国人把握近代两国关系的主要视角，时人多将奥斯曼帝国视为泥古守旧之国，哀叹和感伤其衰亡历程，以免中国重蹈覆辙。对此学界已有较为深入的研究成果，但仍留有进一步探讨的空间。在近代中西观念碰撞以及民族危机深重的时代背景下，中国知识界不仅对西人传导的奥斯曼帝国"病夫"形象做出更为灵活的解读，也对它先期推进的现代化改革有一定的关注，更为现实中来自奥斯曼帝国的军事压力深感担忧。

### 一　建构更为弱势的他者

随着列强入侵的逐步加深以及中西接触的日益广泛，近代中国人对自身在器物、制度、文化诸方面的落后，有了越来越清醒的认识，天朝上国的自尊和自信也在一点点动摇和坍塌。在这一渐进的思想转变中，多年积累的文化优越感和天朝上国心态不时处于某种抗拒场域，"中体西用"说和"西学中源"说便是中国知识精英面对西方挑战时做出的特殊回应。当中国与奥斯曼帝国被西人冠以"远东病夫"和"近东病夫"的蔑称时，国人普遍接受了奥斯曼"病夫"说，但在大国心态和民族主义的双重驱动下，又未机械复制西方制造的奥斯曼形象，而是努力对两国的国际处境、文教制度做出高下区分，从而建构出更为弱势的他者。

如果说两广总督叶名琛在1854年向咸丰帝奏报克里米亚之战时，称奥斯曼人为"土夷"，[①] 尚属传统华夷观念的习惯性表达，那么，至19世纪70年代，"夷"的蔑称逐渐被弃用，但相关思维意识并未完全消逝，而是以其他方式得以体现或延续。19世纪70年代末中俄围绕伊犁问题展开激烈交涉，清廷官员密切关注同时期俄土之战的动态，以为自身外交决策提供参考。他们不像鸦片战争后魏源、徐继畬等史地学家那样一般性地记述奥斯曼信息，而是联动考察两国局势，将其纳入对俄整体战略体系，[②] 但其对双边关系的建构仍表现出传统涉外观念的余绪。1879年，清流派领袖张之洞拟制的抵御俄国之法，几乎调动了能想到的一切域外力量，包括"东结混同江思归之义民"、"西收哈萨克、布鲁特反正之旧部"、"西委阿里以赐英吉利"、"东捐台湾山后以赐日本"、"啖日耳曼以重利"以及"激土耳其以宿憾，使仇俄"。[③] 这一颇具理想化色彩的计划对不同外部势力的研判虽有强弱之分，但依稀可见天朝上国"居中央而指挥四夷"的思维，对奥斯曼人的调用更缺乏现实操作性，透露出清流派好空言的习性。1880年，王之春亦认为，应抓住奥斯曼、阿富汗等国"环伺其后、待隙而动"

---

① 叶名琛：《奏报嘆咈与俄开战折》，中研院近代史研究所编《近代中国对西方及列强认识资料汇编》第1辑第1分册，台北：中研院近代史研究所，1972，第475页。

② 陈鹏：《近代中国人土耳其观的再认识》，《近代史研究》2018年第1期。

③ 《详筹边计折》，赵德馨主编《张之洞全集》第1册，武汉出版社，2008，第26页。

的有利局势，直言此乃"以夷制夷之法"。[①] 尽管他对俄国树敌颇多的情形把握准确，但仍习惯于以上国之姿态俯视奥斯曼-土耳其，故缺乏现代外交理念下切实可行的设计方案。同时期，著名报人王韬提出"遣使亲俄"的相反论调，其依据之一即中国与奥斯曼帝国虽同为西方大国的争夺焦点，国际地位却不可等量齐观，"以地势观之，关欧洲之全局则在土耳其，系地球之全局则在我中国"。[②] 可见，在地理上的"中国中心观"打破后，王韬在两国比照时仍有意抬高中国的国际地位，以论证西方大国皆欲结交中国的外交局面。

颇有意思的是，同时期走出国门的中国首批驻外公使对奥斯曼同行提出的建交之议，均未有积极回应。这看似与上述谋求利用的设想相悖，实际上仍是时人现代外交观念尚不成熟的体现。1877 年，奥斯曼外交官向刘锡鸿提出"援系中朝"的通好之请。[③] 1879 年，奥斯曼帝国驻欧公使不仅向曾纪泽明确表达与"天朝"结好之意，还对郭嵩焘表示"欲得天使俯临其邦，以为荣也"。[④] 其中"天朝""俯临"语词多半出于中国公使的想象，他们对对方的请求也仅以"必有此一日"之语搪塞，流露的乃是一丝天朝上国的传统观念。由此便不难理解为何前述种种调用奥斯曼人的设想显得空洞而不实。

晚清国人对于"中优于土"的关系定位并非单纯基于虚

---

① 王之春：《条陈俄事折》，中研院近代史研究所编《近代中国对西方及列强认识资料汇编》第 3 辑第 1 分册，台北：中研院近代史研究所，1986，第 467—468 页。

② 王韬：《遣使亲俄》，《弢园文录外编》，第 97 页。

③ 刘锡鸿：《英轺私记》，钟叔河主编《走向世界丛书》第 7 册，第 94 页。

④ 曾纪泽：《出使英法俄国日记》，钟叔河主编《走向世界丛书》第 5 册，第 170—171 页。

骄自大的心理，同样也是近代民族主义的产物。当面对西方文明的强势挤压，中国传统的大国优越感发生了某种创造性转化，成为表达民族自尊和自信的重要思想资源。

19世纪七八十年代，洋务运动的主导者初步构建出西方、中国、奥斯曼帝国的三级文明等级秩序。他们在承认西方国家先进性的同时，特意增设不知变革且落后于中国的奥斯曼帝国为参照系，既可适度保存中华文明的优越感，又能增强西化改革的必要性。1878年，马建忠以奥斯曼人知识未开、不知邦交，来映衬"四千年文物之邦"的中国，亟待像西方国家那样，培育外交人才。[1] 1886年，李鸿章阐述派遣赴罗马教廷专使的理由时，重要反例之一即是"仅土耳其小国有罗马小公使，仍由法使统率，最为各国所诋笑"。[2] 1889年，当修筑铁路遭遇顽固派阻挠时，醇亲王奕譞在上呈清帝的奏折中如此回应："欧罗巴、亚细亚两洲间之国，铁路较少者，惟土耳其与波斯耳。该两国皆力弱而势微，堂堂中国岂可与之比拟？"[3] 可见，奥斯曼-土耳其的事例不仅如过去学界认识到的，对推进中国洋务事业起到警示作用，它也成为中西文明碰撞时国人寻求自尊和自信的慰藉物。中国知识精英内心深处那份大国的自我认同和期许，实际上正部分地源自对奥斯曼-土耳其弱者形象的建构。

延至19世纪与20世纪之交，同为"病夫"的论调在中国

① 马建忠：《玛赛复友人书拟具培植出使人材方案》，《近代中国对西方及列强认识资料汇编》第3辑第2分册，第659页。
② 李鸿章：《致译署论罗马派使管教》，《近代中国对西方及列强认识资料汇编》第3辑第1分册，第120页。
③ 奕譞：《筹议津通铁路事宜折》，《近代中国对西方及列强认识资料汇编》第3辑第1分册，第24页。

社会真正流行开来，深深刺激了民族意识日益高涨的中国知识界。通过构建两国的差异性来强调中国优于奥斯曼帝国，成为知识精英更为普遍和自觉的行为。

一部分学者仍沿用 19 世纪 70 年代以来的文明等级论，进一步渲染"优于土耳其"的中国融入国际社会的紧迫感。1895 年，郑观应拿奥斯曼帝国派遣头等公使分驻各邦，告诫国人"中土堂堂大国，行走班次乃反居其后"。① 1897 年，有学者提议中国应从速废止治外法权，以免为西人轻薄，而与奥斯曼-土耳其等量齐观。② 1904 年，《申报》的一篇文章还强调，加入国际红十字会的"小邦"土耳其，"反凌驾我声明文物之中国"。③

更为重要的是，西方人种学知识输入并成为民族主义思潮传播的重要载体，为中国知识界建构中国与奥斯曼帝国关系提供了新的分析工具。维新派唐才常于 19 世纪 90 年代郑重反驳了西人将两国归于同类的做法，指出奥斯曼人政令烦苛、性情残忍、惨无天日，而立于亚东的中国人为"轩辕之贵种"，西人岂可"以衣冠之族、神明之胄致与匈奴别种相权"。④ 1900 年后，亡国灭种的危机促使国人奉守千年的"华夷大防"观念解体，形成了崇拜西洋的社会心理。⑤ 在被迫承认全面落后于西方、民族自信力跌至谷底的时代，塑造更为弱势的奥斯曼-土耳其恰恰成为时人维持民族自尊、寻求救亡之路的一种

---

① 《盛世危言》，夏东元编《郑观应集》上册，第 393 页。
② 《中西会订普通刑律议》，《申报》1897 年 3 月 8 日，第 1 版。
③ 《中国宜入红十字会说》，《申报》1904 年 3 月 5 日，第 1 版。
④ 《各国种类考》，王佩良校点《唐才常集》，岳麓书社，2011，第 189—190 页。
⑤ 张昭军等：《中国近代文化史》，中华书局，2012，第 136 页。

特殊方式。20世纪初年，立宪党人梁启超高度赞扬富有冒险独立精神的中国人，"能自殖于人种竞争最烈之世，所至各地，常为其地最有关系之人"。他告诫欧人，中国人种绝非土耳其人种可比拟，欲将待奥斯曼-土耳其之例加诸中国，绝非易事。[1] 1903年，革命派所办《大陆报》刊文批评西人动辄将野蛮、暗弱、固陋之土耳其人种比拟中国人种的错误做法，强调"中国人者，地球上不可思议之人种也"。[2] 这些论述不免带有抬高自我、贬低他者的自我中心主义倾向，但其主要目的在于论证中国不会像奥斯曼-土耳其那样为西方列强瓜分和吞噬，以唤醒国人的民族意识，反映了知识精英的良苦用心。更为激烈的言论还见于邹容饱含民族主义情感的名作《革命军》，他在书中反复称颂中国人具有"囊括宇内，震耀全球，抚视万国，凌轹五洲之资格"，若非清王朝腐朽无能，灭亡土耳其者"不在英俄诸国，而在我中国"。[3] 此处，邹容对中国的目标定位不仅是超越奥斯曼帝国，更要与西方列强并驾齐驱、争霸世界。由以上论述亦可知，尽管清末革命派与立宪派的政治主张分歧很大，就"中优于土"的关系认定而言，却基本达成共识。

值得注意的是，风靡清末的科幻小说《新纪元》基于黄种自觉意识，没有刻意贬低奥斯曼人，而是继承和发展了19世纪70年代联合奥斯曼人的主张，将中国塑造为引领黄种之

---

① 梁启超：《论中国人种之将来》，《饮冰室合集·文集之三》，中华书局，1989，第51页。

② 《中国之改造》，《大陆报》1903年第3期，《辛亥革命稀见文献汇编》第2册，国家图书馆出版社；香港、台北：香港中和出版有限公司、万卷楼图书公司，2011，第20页。

③ 《革命军》，张梅编注《邹容集》，人民文学出版社，2011，第29页。

奥斯曼人以对抗白人世界的领袖国。作者碧荷馆主人设想，到 1999 年，黄种国度匈牙利正遭受西人侵略，中国大皇帝命驻土公使敦促奥斯曼苏丹派兵舰扼守苏伊士运河，牵掣西人后路，以解匈牙利危局。① 前述种种调遣奥斯曼人的想法竟在这部充满民族主义意识的小说中率先实现。1903 年，学者金永森在《西被考略》中还提出指挥奥斯曼人直捣俄都圣彼得堡的制胜奇招。他认为积弱不振的奥斯曼人已不复当年之勇，亟须中国这样的大国主持其间，"假以羽翼，其锋未必不可用"。② 显然，两位作者不同程度地夸大了当时中国的军事实力和国际地位，但此种大国的身份认同和责任强化，却真实反映了中国知识精英在面对西方列强日益加剧的侵略时，团结同处弱势地位的国家以共同抗衡的迫切心理。这实际上也是"中优于土"关系建构的另一种表达。

## 二 作为变革者的奥斯曼帝国

无论晚清知识界对奥斯曼帝国"病夫"形象做出何种解读和建构，诚如学者高冰冰所言，奥斯曼帝国在 19 世纪末期"更多地是以一个妄自尊大、泥古守旧的典型被例举出的"。③ 这一判断，无疑是正确的。不过尚未引起学界足够重视的是，奥斯曼人出于地缘、民族、宗教等原因，先于中国碰触、接受乃至反思过西方文明，其作为变革者的正面形象，也曾得到晚

---

① 碧荷馆主人：《新纪元》，广西师范大学出版社，2008，第 20—21、28 页。

② 金永森：《西被考略》卷 2，《四库未收书辑刊》第 3 辑第 16 册，北京出版社，2000，第 679 页。

③ 高冰冰：《从鉴戒到榜样：近代中国人对土耳其复兴历程的关注及其所获得的启示》，硕士学位论文，浙江大学，2003，第 7 页。

清官员和知识精英的记述及瞩目。

早在 19 世纪 30 年代，西方来华传教士所办中文报刊《东西洋考每月统记传》就有奥斯曼帝国发展军事、整顿流俗、解放妇女的零星报道。① 只是因传播范围有限，加之当时中国尚不具备改革的条件和动力，并未引起广泛关注。直到 19 世纪 70 年代中后期，在国际国内多种因素的综合作用下，拥有相似国际处境和发展诉求的奥斯曼帝国才真正进入中国人的视野。② 1875 年，《申报》发表的一篇文章译介了奥斯曼帝国的最新发展动态，强调"有中国大可采择而以为操持之鉴也"。③ 这是目前所见较早主张吸收土耳其改革经验的报道。

在当时，奥斯曼人积极推进的现代化改革，最先引起中国首批驻外使臣的兴趣，并将相关信息传回国内。1877 年，身处英国的郭嵩焘通过阅读西方报刊，以及与奥斯曼同行交流，对该国近 40 年来的变革历程有了较为全面的了解。出于外交官的使命感和责任感，他向清帝郑重汇报了所见所闻。奥斯曼驻法公使多年前就奏请仿行西方电报，此为国家改革之嚆矢，人民从中受益后，机器、兵法、学馆、火车以及政教诸事业遂渐次展开，故迄今能与俄国相持力战。他据此建议清廷尽早采行电报和火车。④ 同年，张德彝在《随使英俄记》中记录了奥斯曼帝国"事事相因，固为自强"的改革经验，指出保守的奥斯曼人是在列强不平等条约压迫下被动开启对外贸易的。他

---

① 《土耳其国》，《东西洋考每月统记传》1837 年 5 月。
② 陈鹏：《近代中国人土耳其观的再认识》，《近代史研究》2018 年第 1 期。
③ 《论新报言土耳其国事》，《申报》1875 年 8 月 9 日。
④ 《英外相调处喀什噶尔情形折》，《郭嵩焘奏稿》，岳麓书社，1983，第 374 页。

们购入 20 余艘轮船后，很快因缺乏煤、铁等燃料而开采本土矿产，接着又因运费高昂而推行火车。此外，张德彝拜会奥斯曼公使时，对方在会谈中建议，中国若"效西法，国自富、兵自强，则敌人有戒心而不敢窃发矣"。[①] 可以说，奥斯曼帝国在 19 世纪的被动应变所取得的积极成效，为当时正如火如荼进行的旨在自强、求富的中国洋务事业，提供了更具针对性和实用性的参考，这同样也是近代中国人奥斯曼观念的有机组成部分。

特别要指出的是，当时国人对奥斯曼帝国改革偏重于军事领域的不足，已有初步反思。1875 年，《申报》发表的一篇文章指出，奥斯曼帝国盲目推进增兵额、购武器、发展水师的军事革新，却"不图学他国所以克当军务之费用"，最终导致改革因经费匮乏而陷入困境。[②] 1887 年，曾纪泽在著名的《中国先睡后醒论》一文中批评奥斯曼人不明白"一国之强，不在于兵多，而在亿万之民，力作以济军实"的道理，片面发展军事而招致屡败，提醒洋务大员引以为鉴。[③] 由此可见，洋务运动在 19 世纪 70 年代及时转向发展民用企业，以支撑军事工业，一定程度上也吸收和参考了奥斯曼帝国的经验及教训。从这个角度说，奥斯曼帝国在当时并非学界通常所认为的"不知变革者"，在某些方面至少称得上是一个"失败的改革者"。

到戊戌维新以前，奥斯曼帝国在外交、金融、工业诸领域

---

① 张德彝：《随使英俄记》，钟叔河主编《走向世界丛书》第 7 册，第 422、481 页。

② 《论新报言土耳其国事》，《申报》1875 年 8 月 9 日。

③ 曾纪泽：《中国先睡后醒论》，《近代中国对西方及列强认识资料汇编》第 3 辑第 1 分册，第 243 页。

的改革成果也得到中国知识界和媒体的关注。1885 年，英国传教士傅兰雅在《佐治刍言》中讲述了该国遵循国际外交规则的新动向："从前土耳其国，一与邻国不睦，尚未报明打仗之前，即将敌国驻扎本国之钦差拿禁狱中，视为有罪之人，故失和后便难重修旧好。现在土耳其并各西国，无不恪守公法，久无伤害钦差之事矣。"① 1888 年张德彝介绍了奥斯曼帝国政府整饬金融市场的举措，规定每增开一家钱庄，须与其他四家互保，以免关闭而有害人民。② 1889 年，《万国公报》介绍了奥斯曼帝国首都伊斯坦布尔依托人工低廉优势，增开机器织布局，发展商贸的近况。③ 这些记述虽篇幅有限，但在晚清社会得到一定程度的传播，它们冲击和改变了国人对于奥斯曼土耳其墨守成规、任人宰割的刻板印象。

正是因为洋务运动期间有关奥斯曼帝国变法自强信息的持续输入，至戊戌时期，康有为不仅如一般论者所指出的，屡屡以奥斯曼帝国几近亡国的沉痛教训来敦促清廷变法，还通过中土各项事业的统计数据来展示土耳其的改革成果，以期鞭策国人。1898 年，他在《列国政要比较表》中记录道，被称为守旧国的奥斯曼帝国，人口仅为中国的 1/20，但进出口货物总量与中国略等，"是亦富我二十倍也"，钱粮数则超过中国 500万，铁路里程竟多出 2302 英里。④ 这组直观的对比数据清晰揭示，同样沦为西人眼中的"病夫"，奥斯曼帝国的改革步伐

---

① 〔英〕傅兰雅：《佐治刍言》，上海书店出版社，2002，第 24 页。
② 张德彝：《五述奇》上册，岳麓书社，2016，第 189 页。
③ 《土耳其国》，《万国公报》1889 年第 4 期。
④ 《列国政要比较表》，姜义华、张荣华编校《康有为全集》第 4 集，第 360、361、366 页。

和实际成效，却远胜于中国。这显然与清末国人广泛宣扬的"中优于土"之论调，存在一定不合之处。

延至清末十年，中国知识精英更为关注"同病相怜"的奥斯曼帝国，出版了一批土耳其史志著述，不仅系统回顾了奥斯曼帝国由兴起到鼎盛再至衰落的漫长历程，也用一定笔墨介绍了奥斯曼人在逆境中的变法自救史，以为晚清新政、立宪改革提供参照。

1902年，维新派赵必振翻译了日人北村三郎编著的《土耳机史》，对奥斯曼苏丹马哈茂德二世（Mahmud Ⅱ）于19世纪上半叶掀起的现代化改革有较为系统的梳理，不仅全面分析了废除奇耶意斯沙厘兵、建立新兵制、聘请法德将校等军事改革，还深入考察了其在服饰、教育、法律、卫生诸领域的新作为，如"易服色以除旧习，设学校以启民智，制法律以定从违，聘日耳曼之医士，以破回教运命之说，刊行法语新报，聚各国之书籍于府下，招人民而讲习之"。[①] 如果说洋务运动时期偏重于引介器物层面的改革信息，此时知识界更愿意对奥斯曼帝国变革进行综合把握，这与清末新政的现实诉求恰相吻合。1907年，学部编译图书局出版的《土耳基志》辟专节介绍了奥斯曼基督徒在本国创立多所新式学堂传播西学，使舆地、历史、医学皆成普通学科的情况，希冀打破中国人脑海中奥斯曼帝国教育不甚发达的刻板形象。[②] 此外，该部增订的《土耳基新志》还回溯了帝国1876年昙花一现的立宪改革，指出奥斯曼帝国成立议院后，民间公举的代表人事与政府大

---

① 〔日〕北村三郎编述《土耳机史》，第38页。
② 学部编译图书局：《土耳基志》，第41—42页。

臣相悖，矛盾愈演愈烈。众大臣以为摆脱了苏丹的羁束，却落入代表人之牢笼，遂复请苏丹以君权解散议院。① 相对于此前关于这场改革的一般性介绍，此时的解读不仅更加具体，更带有明显的政治目的，也反映了清廷内部不支持开国会者的政治态度。

尽管奥斯曼帝国的多数改革以失败而告终，未从根本上扭转国家衰颓之势，但清末相关信息的引介，仍在相当程度上改善了中国人对这个国家的观感。一个明显的例证就是，当按照国力、领土、人口、国际地位等因素综合研判时，晚清知识精英笔下的奥斯曼帝国不再是"病夫"一词所能尽括，在很多语境下它未被归入最末等国家序列，甚至有时被认为是实力较强的国家之一。

1891 年，薛福成划分欧洲国家等级时，英、法、德、俄、奥为一等强国，奥斯曼帝国则与意大利、荷兰、西班牙并列二等，强于三等国葡萄牙、丹麦、瑞典，以及四等国希腊、罗马尼亚。② 后来，郑观应在其著述中沿用了奥斯曼帝国为欧洲二等国的定位。③ 可见，在他们看来，向称弱国的奥斯曼帝国，在欧洲国家中的综合国力仍不可小觑，甚至超过了葡萄牙、丹麦等人们印象中较为强盛的国度。1908 年，《安徽白话报》的一则短评还指出，奥斯曼帝国在海牙保和会（海牙和平会议）中位列二等，强于三等的中国。④ 这些定位都反映出奥斯曼帝

---

① 学部编译图书局：《土耳基新志》，第 12 页。
② 薛福成：《出使英法义比四国日记》，钟叔河主编《走向世界丛书》第 8 册，第 302 页。
③ 《盛世危言》，夏东元编《郑观应集》上册，第 822 页。
④ 《二等国也可怜》，《安徽白话报》1908 年第 2 期。

国在清末国人心目中的国际地位，与固化的"病夫"形象似未完全一致。

即便放诸弱势国家阵营，在国人眼中，奥斯曼帝国的国内外形势也未陷入最糟糕的地步。1898年，康有为代徐致靖所拟《请明定国是疏》中将东方国家分列三等，"受侮泰西，翻然变计，力行新政，遂致富强"的日本居第一等，"泄沓相寻，坐受侵削，无新无旧，竟以灭亡"的印度、波兰列第三等，而奥斯曼帝国"界欧亚之间，守回俗之旧，悍然不顾，亦尚自存"，因此可列第二等。①

也正因如此，传教士丁韪良在1904年出版的湖北仕学院授课讲稿《邦交提要》中虽揭示了奥斯曼帝国日见衰微的整体国势，但他重点强调的乃是其在欧、亚、非三洲握有大片领土，"以罗马东京为都会，下临玛穆拉海，左右两峡，均宽不过数里，实为黑海出入地中海之门户，尤为亚欧两洲交通之要隘，其一切情形，更与时局大有关系。自不容置而不论也"。②可见，奥斯曼帝国在欧亚地缘政治中的重要地位，并不因国力渐衰而有所减弱，反而因列强环伺而愈加凸显。

## 三　对奥斯曼帝国军事力量的赞赏与担忧

14—16世纪，经过几代君主的开疆扩土，奥斯曼帝国逐渐发展成为横跨欧、亚、非三大洲的庞大帝国。自18世纪起，昔日的强盛帝国进入漫长的渐衰期，与西方列强的差距逐渐拉大，沦为被侵略的对象。但奥斯曼人体力充沛、武力强盛、笃

---

① 《请明定国是疏》，姜义华、张荣华编校《康有为全集》第4集，第72页。
② 〔美〕丁韪良：《邦交提要》上卷，第51页。

信宗教的特点，仍给近代中国人留下了深刻印象，成为清末国民性批判和改造的重要比照资源。同时，因现实层面来自奥斯曼帝国的军事干预和威胁，中国官方与民间舆论对其产生过担忧、不满和警惕。这些与奥斯曼帝国的"近东病夫"形象似有出入。

据学者研究，早在清前中期，负责边疆民族事务的清廷官员就通过俄国、哈萨克、浩罕、蒙古人获悉，奥斯曼帝国是西方能够支配世界力量的强大帝国之一。[①] 嘉庆年间游历过葡萄牙、英国的广东人谢清高在《海录》中还将中国与奥斯曼帝国并称为大国。[②] 由此可见，直到近代前夜，走向衰落的奥斯曼帝国在中国人心目中尚维持着大国、强国的形象。

鸦片战争后，魏源综合国内外史地资料，在《海国图志》中描述了奥斯曼帝国政治、经济、社会、文化全方面落后于西方的状态。但该书仍有限度地肯定了其在军事方面的某些可取之处，称昔日为欧洲各国之最的奥斯曼军队，"近日远不如旧，而骑兵轻捷，尚精战斗，保守炮台，心力甚坚"。[③] 这也是晚清奥斯曼书写中为数不多且得以延续的亮点之一。

19世纪70年代中后期，以俄土战争为契机，中国出现了关注奥斯曼帝国的首次高潮，人们对奥斯曼人在局部战役中击败俄军的英勇表现颇为赞赏。[④] 1877年，为应对日本在台湾海域的严重挑衅，时任船政留学生监督的李凤苞在李鸿章授意

---

① 〔日〕小沼孝博：《"控噶尔国"小考——18至19世纪欧亚东部奥斯曼朝认识之一端》，《民族史研究》第8辑。

② 谢清高口述，杨炳南笔录，安京校释《海录校释》，第235页。

③ 《海国图志》卷48，《魏源全集》第6册，第1364—1365页。

④ 陈鹏：《近代中国人土耳其观的再认识》，《近代史研究》2018年第1期。

下，经海关洋员赫德、金登干的协调，与奥斯曼驻外领事面议购买土方铁甲舰事宜，[①] 后因价格昂贵、无驾驶修理之人等问题而作罢。至甲午战争前夕，因英德等国谨守局外，张之洞又建议清廷速托人与奥斯曼驻外公使密商，"饵以厚利，择其船身坚固，炮火精良者，速购数艘"。[②] 不难看出，当时清廷高层官员对奥斯曼帝国武器装备在中国之上的基本事实，是有所了解并认可的。

甲午战后，进化论以及尚武思潮在中国社会得到鼓吹和传播，维新派普遍意识到，若从身体素质和军事实力角度考量，奥斯曼帝国的"病夫"称谓似乎并不合适。奥斯曼人的战斗精神和爱国热情，不仅为中国民众所匮乏，也是激发现代国民意识的良好素材。如前所述，着力强调中国人种优于奥斯曼的唐才常，却不得不承认奥斯曼人"栗悍凶勇，蹈汤火如饴"，虽经俄人摧残酷烈，犹以善战而名闻天下。相比之下，中国愿舍身爱国的士大夫尚不多见，遑论不读书识字之愚民。[③] 1898年，毕永年呼吁国家是群士群民共有之国，需全国人民上下一心、同力合作，方能挽救危局。在这方面，奥斯曼帝国堪为表率，"屡分履蹶，而至今反远胜支那者，其教民固结坚捍，视死如归"。[④] 而进化论的传播者严复一方面从文教上轻视奥斯曼帝国，另一方面又从军事上承认其强于中国，指出其"以

---

① 《复船政吴春帆京卿》，戴逸、顾廷龙主编《李鸿章全集》第 32 册，第 121 页。

② 《致总署天津李中堂》，《张文襄公（之洞）全集》卷 76，第 5229—5230 页。

③ 《兵学馀谭》，王佩良校点《唐才常集》，第 58 页。

④ 《存华篇》，刘泱泱编《樊锥集·毕永年集·秦力山集》，湖南人民出版社，2011，第 91 页。

敢死为教，而以武健严酷之道狃其民者也。故文不足而质有余，术知虽无可言，而鸷悍胜兵尚足有以自立，故虽介两雄乎而灭亡犹未也"，而不学军旅之事的中国尚不如奥斯曼-土耳其。①

20世纪初年，梁启超在阐述中土差异性时，不仅称颂中国人种的优越性，还一再提醒国人，兵力尚强的奥斯曼帝国能够与俄国一战，故英国人乐得保其为缓冲地带。反观中国，清政府已自身难保，列强不会出兵全力保护中国，瓜分危局就在眼前。② 1906年，《外交报》的一篇文章根据"土人信教之力至坚。强弩之末，固犹胜于中国之奴隶性"，推论列强瓜分的焦点不在奥斯曼帝国，而在中国。③ 显然，两位论者延续和发挥了一直以来奥斯曼帝国军事力量胜于中国的基本共识，以衬托中国更为凶险的国际处境。

近代国人不仅肯定和赞赏奥斯曼帝国的军事力量，也对其潜在的军事威胁和压力感到一丝忧虑。晚清时期奥斯曼帝国对中国的直接军事干涉，至少应追溯至19世纪70年代。有学者利用外文文献，考订了当时入侵新疆的阿古柏投靠土耳其，并接受其宗教、军事和经济援助的历史细节。④ 但清廷高层和社会舆论是否知晓，又对他们的奥斯曼观念有何影响，尚未得到解答。

---

① 《原强》，王栻主编《严复集》第1册，中华书局，1986，第12页。
② 梁启超：《瓜分危言》，《饮冰室合集·文集之四》，第29页。
③ 《论第十四次国际议会会议》，《外交报》第161期，张元济主编《外交报汇编》第2册，第151—152页。
④ 许建英：《近代土耳其对中国新疆的渗透及影响》，《西域研究》2010年第4期；《从两份档案看奥斯曼土耳其对阿古柏的军事支持》，《中国边疆史地研究》2019年第1期。

就笔者所掌握的史料来看，19世纪70年代，阿古柏与奥斯曼帝国政府正式联络后，《申报》较早进行过追踪报道。1875年6月，该报披露阿古柏遣使赴奥斯曼，"欲请土国相助，借其武勇之将士，而购其精良之军器"，并进一步分析指出奥斯曼帝国"虽不比英、普、法之强，而在欧洲可称次国，在亚细亚亦可为强国也。其兵阵军器，皆用西法"，它的介入使"中国之于喀什噶尔，正未能操必胜之权而恢复我疆土也"。[①] 10月，该报又告知读者奥斯曼帝国派遣教官"以欧洲新精兵法授之，喀兵日日倾心习学，各军徒自见有大进益，非旧日所比"，并推测阿古柏将借此张势，"现在中喀此攻彼守之势，而反倒之也，亦未可知"。[②] 由上可知，《申报》对奥斯曼帝国的军事实力颇为忌惮，认为清政府收复新疆计划出现新的强劲对手。至是年底，当奥斯曼国内发生叛乱，政府军伤亡惨重的消息传来，《申报》又评论道："土朝廷之于此事，其大有忧患乎？何犹欲与喀酋共事，而为说客于中国耶？"[③] 这表明，舆论对奥斯曼人干涉中国内政的行径，已由忧虑转为不满。

清廷高层李鸿章、左宗棠也通过谍报人员及西方报刊获悉阿古柏勾结奥斯曼人之事。1874年，李鸿章向清帝表示，奥斯曼人的介入使新疆形势扑朔迷离，"即勉图恢复，将来断不能久守"。[④] 左宗棠同样感到新疆局势更显复杂，但认为奥斯曼帝国距伊犁、喀什噶尔万数千里之遥，"国势分崩离析，非

---

① 《回疆情形》，《申报》1875年6月11日，第1版。

② 《印度报述回部事》，《申报》1875年10月16日，第2版。

③ 《土国官军战败》，《申报》1875年12月13日，第2版。

④ 李鸿章：《奏陈方今天下大势暨分条复陈练兵造船筹饷各事》，中研院近代史研究所编《近代中国对西方及列强认识资料汇编》第2辑第1分册，台北：中研院近代史研究所，1984，第238页。

夫寰宇中央之旧矣"。① 因当时的海防塞防之争，左、李二人基于各自的政治主张，对奥斯曼帝国影响力的判断不尽相同，但实际上均对它的军事干预颇为关心并深感焦虑。

至戊戌时期，谭嗣同还在《南学会讲义》中透露，德国强占胶州湾后，不仅西方列强纷纷在华圈定势力范围，"土耳其亦攘臂于其间，明目张胆而言曰：'我情愿少索希腊赔款，速了此案，以便我亦往中国，分一块土地也。'"② 学者高冰冰认为此系谭嗣同编造的夸张不实之语，"他正是希望借助于这一味自己所炮制的耻辱性更强的新药，来刺激醒精神已严重麻痹了的国民"。③ 笔者以为，该言论固然能起到渲染危局的效果，但未必完全出于谭氏的想象。奥斯曼帝国自 19 世纪 70 年代以后，凭借颇为强大的军事实力和宗教影响力，对中国边疆民族问题进行直接干涉，这也是谭嗣同对其产生戒备之心的重要历史背景。在此前的 1892 年，《万国公报》就报道过奥斯曼苏丹拟遣使来华的消息，准备"至华地回人所聚之处，力为整顿，亦前所未有事也"。④ 此一动向，自然会引起包括谭嗣同在内的中国知识精英的广泛关注。

而同时期类似的表述绝非谭嗣同一例，这恰好说明近代中国人对奥斯曼帝国并不限于隔空相对式的想象与建构，两国实质性的接触与摩擦对于中国人的双边关系判定，也产生了不容

---

① 魏光焘等：《勘定新疆记》卷 2，中国史学会编《回民起义》第 4 册，上海人民出版社、上海书店出版社，2000，第 346—347 页。

② 《南学会讲义》，何执编《谭嗣同集》，岳麓书社，2012，第 436 页。

③ 高冰冰：《从鉴戒到榜样：近代中国人对土耳其复兴历程的关注及其所获得的启示》，第 8 页。

④ 《土耳其国》，《万国公报》1892 年第 37 期。

忽视的影响。例如，唐才常曾表示中国面临瓜分豆剖之危局，"甚乃至无赖之土耳其，亦从而生心"。① 回族知识分子丁竹园亦指出奥斯曼帝国若非因宗教问题受欧洲各国排挤孤立，"必能跟着各国来到中国，开埠通商，利益均沾"。② 丁氏之言绝非危言耸听，据《清议报》1901 年披露，奥斯曼苏丹在义和团运动期间就计划派军队来华，只是未获西方列强允许。③ 1902 年，该报进一步评析道："试问以今日中国之势力，土耳其虽微，能抗拒彼乎？抑土耳其以此为请者数矣，中国之拒彼者亦数矣。土耳其之侮中国，必不自今日始，而中国人悠悠长梦，至今日始知而未必尽知。又试问于耶苏天主两教之外，又增一所谓回回，其关系于政治上者，岂浅鲜哉？"④ 也正因如此，当 1907 年奥斯曼帝国使者再度来上海游历时，中国地方官员以对方系无约国为由而不出面接待，并要求当地回民降低接待规格，"不得擅用东西辕门，饬令拆去，改用松枝柏叶点缀门首"，甚至规定使者抵达之日，"须由巡警局饬派巡长巡士，妥为弹压，勿使别生事端"。⑤ 显然，就现实往来层面而言，中国人眼中的奥斯曼帝国并非"病夫"，而是拥有一定实力和能量的国家，给中国的外交军事、边疆民族事务带来了新的挑战和压力。

---

① 《论兴亚义会》，王佩良校点《唐才常集》，第 259 页。
② 竹园：《阿拉伯》，《竹园丛话》第 2 册，国家图书馆出版社，2009，第 1404 页。
③ 《土耳其之思想》，《清议报》1901 年第 72 期。
④ 《土耳其派公使来华》，《清议报》1901 年第 78 期。
⑤ 《预备接待查教大臣》，《申报》1908 年 7 月 11 日，第 3 张第 3 版。

## 第二节　全球视野的扩大：近代中国人对
## 两国关系的认知演变

学界考察近代中国人通过奥斯曼帝国的处境来观察远东的国际局势等，更多地是从民族命运相似的角度来关注两国关系。这也的确是近代中国人关注奥斯曼帝国的重要原因之一。我们不妨将此种双边关系的认知视角，称作两国"民族命运相似论"。囿于单纯的"民族命运对比"分析理路，学者的目光多汇聚于中国民族危机深重的甲午战后，尤其是革命与立宪相互交织、高潮迭起的清末十年，对此前洋务运动期间国人的奥斯曼观往往言之不详，对认知历程中一些关键节点、时代因缘的判定也存在偏差。更为重要的是，论者还因此长期忽略从更长时段来全方位、整体性地考察国人对两国关系认知的演变历程，也未能充分考虑国际国内局势的变动以及两国政治、外交、宗教领域的实际接触与摩擦在其中所发挥的重要影响，从而普遍轻视了近代中国人在民族命运的比照之外，还曾以不断扩展的全球视野，逐步意识到两国在外交环境、国家安全、国际商贸、边疆民族事务上，尚存在复杂利害关系的重要事实。实际上，在长期的历史考察中，国人不仅将此种远、近东之内在关联性的认知提升为把握世界动态与自我局势的基本手段和方法，还曾对耳熟能详的两国"民族命运相似论"做出理性反思，确立起"中国本位"的新观察视角，从而为日后适当地处理两国关系打下了重要的认知基础。本节拟在前人研究的基础上，充分利用各类近代报刊、文集、游记、日记，特别是前人极少征引的原始外交档案，重新勾勒近代中国人对中国与奥斯曼帝国关系认知的演进轨迹，揭示那些曾被忽视的面相。

## 一 俄土战争与近代中国人关注奥斯曼帝国的首次高潮

近代中国人究竟从何时开始大规模关注奥斯曼帝国？对此问题，以往学界囿于"民族命运相似论"视角，一般从甲午战后谈起，认为亡国灭种危机意识的激发，使得朝野上下阐述各种救亡主张时，不约而同地回看奥斯曼帝国先例，从而在清末掀起了言说奥斯曼的热潮。其中，吴伟锋的判断和解释颇具代表性，其硕士学位论文注意到国人在甲午战前对奥斯曼帝国有所了解的重要事实，并勾勒和分析了史地学家、穆斯林、外交官、报人等不同群体的奥斯曼帝国观，有一定的学术贡献。但其整体结论依然为："在甲午战争以前，中国人对土耳其基本上缺乏认识而又不太关注。虽然，在当时已经有《海国图志》、《瀛寰志略》等地理书籍的介绍。然而，知道土耳其的仍然只有清朝的驻外公使或中国的穆斯林群体。"[1] 笔者以为，此说法有可商榷之处。

如前所论，笔者以"土耳其""土耳基""土耳机""土耳叽""土尔其"为关键词，对"晚清民国期刊全文数据库""《申报》数据库"进行标题检索和全文检索，并逐年统计条目数，可以得知，近代中国人关注奥斯曼帝国的第一次高潮至少应前推将近 20 年，即 1876—1879 年，其峰值高于戊戌维新，接近清末立宪时期。彼时正是轰动世界的俄土战争期间。该战引来国内各家报刊争相播报战况、登载时评，作为大战之一方的奥斯曼帝国因此成为舆论焦点。当时中国社会上至政府

---

[1] 吴伟锋：《近代中国人的土耳其观（1842—1930）》，第 26 页。

官员，下至民间知识分子，均对战争的起因、进展、结局、影响表现出极大的兴趣，奥斯曼帝国也因此进入国人视线。1877年，《申报》的一则报道即指出，世界各地的穆斯林十分关心奥斯曼帝国在大战中的处境，"偶闻土败，即相聚而在教堂祷告"，印度穆斯林甚至代其向英国求助。[①] 阅报者自能从中体味奥斯曼帝国在伊斯兰世界的独特影响力。奥斯曼人在战争中所表现出的昂扬斗志也受到国人称赞，如熟稔世界大势的王韬就认为，俄国兼并奥斯曼帝国的图谋一直难以得逞，不仅因为英法的庇护，还在于奥斯曼人"崛强自恃，不肯遽下"。[②] 更有人从国际关系角度来定位奥斯曼帝国，如驻外使臣刘锡鸿即视其为英属殖民地的屏障，认为帝国一旦为俄国占据，俄人将由红海建瓴而下，印度、亚丁、东南亚各埠均需设重兵防范，英人"将有跋胡疐尾之忧"。[③] 王韬则反向认知，强调奥斯曼帝国同样是欧洲本土的缓冲地带："土存，俄何能西向而与欧洲诸国争哉？"[④] 以上种种议论表明，通过解析俄土战争，国人对奥斯曼帝国强烈的宗教感召力、艰难的国际处境、不屈的战斗精神以及显要的战略地位等，均已有一定程度的了解。实际上，戊戌以后，国人对奥斯曼帝国的有关言论和新知，一定意义上也可以说正是以俄土战争的有关信息作为思想资源的，是对该战中奥斯曼知识的重新利用与诠释。

　　18世纪以后，俄土之间经历了大大小小十数次的武装冲突，尤以19世纪50年代的克里米亚之战影响为大。以往国人

---

① 《回人好胜》，《申报》1877年10月12日，第1版。
② 王韬：《合六国以制俄》，《弢园文录外编》，第98页。
③ 刘锡鸿：《英轺私记》，钟叔河主编《走向世界丛书》第7册，第58页。
④ 王韬：《合六国以制俄》，《弢园文录外编》，第99页。

对此并非一无所知，各种史地论著或多或少也都有所记载。据学者研究，早在清代前中期，处理边疆民族事务的满族、蒙古族官员就从俄国和中亚人那里获取过奥斯曼帝国的片段信息，如 18 世纪后半叶满人椿园七十一的《西域闻见录》中，就有乾隆年间发生的俄土之战的扼要记述。鸦片战争后涌现的世界史地著作，更对俄土战争有了一定程度的剖析。如徐继畬的《瀛寰志略》一书，就不仅概述了"俄强土弱"的总体战局，还特别强调土耳其之所以未被鲸吞，乃是英法出于自身安全考虑用力护持的结果。① 何秋涛的《朔方备乘》一书，还根据"土耳其与俄罗斯连兵前后近百年"的史实，判定《西域闻见录》所言"控噶尔"即土耳其无疑。② 清廷高层对此也有耳闻。1854—1855 年，主持涉外事务的两广总督叶名琛综合西方报道，两次向咸丰帝汇报了克里米亚战事，并认定战争症结在于俄国的出海口诉求与英法海洋霸权之间的矛盾，强调列强的参战，"名为抑疆扶弱，其实自为计"。③ 不过总体来说，鸦片战争后的一段时间内，中国人对俄土战争仅有浮光掠影式的记录，着眼点也只限于列强间的权势争斗，既缺乏对奥斯曼帝国国情的细致分析，也未将其与中国自身局势联系起来讨论。叶名琛在奏折中，不仅称其为"土夷"，甚至荒谬地认为"土系俄之属国"，④ 可见当时国人对奥斯曼帝国了解的有限，以及传统夷夏之见的深刻影响。

---

① 徐继畬：《瀛寰志略》卷 6，第 170—171 页。
② 何秋涛：《朔方备乘》卷 59，第 1040 页。
③ 叶名琛：《奏陈嘆俄订期交战情形折》《奏报嘆咈与俄开战折》，《近代中国对西方及列强认识资料汇编》第 1 辑第 1 分册，第 475—477 页。
④ 叶名琛：《奏陈嘆俄订期交战情形折》，《近代中国对西方及列强认识资料汇编》第 1 辑第 1 分册，第 475—476 页。

土俄之间虽然早有交兵，但直到 19 世纪 70 年代的俄土战争才真正激起国人对于奥斯曼帝国的格外关切，这显然离不开当时特定的国际、国内背景所提供的综合条件。

首先，此次争战不仅关涉交战双方，也将英、德等列强卷入，堪称震动欧洲与世界的国际大战。而当时中国正面临一系列严峻的边疆危机，尤以沙俄在西、北部挑起的事端威胁为大，恭亲王奕䜣等在 1873 年的一份奏折中即坦言："各国之患，唯俄国最为切近。"[①] 故清廷十分重视搜集欧美列强特别是俄国的情报，以为现实的军事、外交应对服务。在此背景下，苦寻欧亚出海口的俄国与占据要津的奥斯曼帝国爆发的武力冲突，自然吸引了中国官员的目光，奥斯曼帝国的各类信息也就夹杂在战报中一并输入。从这个意义上说，近代中国人最初掀起关注奥斯曼帝国的热潮，并非仅仅因为相似的民族命运，防范俄国侵略的现实需要，显然起着更大的推动作用。在总理衙门，沈桂芬等清廷高层官员对此次战局格外关切。据档案记载，1878 年 3 月 3 日，军机大臣兼总理衙门大臣沈桂芬赴德国驻华使馆，向德使咨询："土俄交兵之事现在如何光景？"对方答复："总是从中竭力调停议和。前日各国彼此商量，现在尚无头绪。"[②] 时隔半月，美国驻华公使、参赞又与沈桂芬及另一位总理衙门大臣成林热议俄土之战。成林询问结局，参赞告知基本"算完了"，待各国协商一致，俄即可撤

---

① 　奕䜣等：《遵议侍郎徐桐所陈安危大计并请饬各督抚等实心筹办》（同治十二年闰六月二十二日），中国第一历史档案馆、文化部恭王府管理中心编《奕䜣秘档》第 7 册，国家图书馆出版社，2008，第 357 页。

② 　《美股问答节略簿》，孙学雷等主编《国家图书馆藏清代孤本外交档案》第 17 册，全国图书馆文献缩微复制中心，2003，第 6645 页。

兵，并预测"俄国将来，必要夺土尔其京城"。沈桂芬当即一针见血地指出，吞并土国京师只是俄人的第二步棋，其当务之急则是夺取地中海海口，以破解冬季舰船无法出海之难题。这一见解深得美使赞赏。① 由此可见在当时，清廷高级官员对俄国的侵略意图已了然于胸，这同时也表明，国人早期对奥斯曼帝国的关切背后，实存在强烈的俄国威胁之诱因。

其次，自 19 世纪 70 年代起，在伊斯兰世界具有强大宗教号召力的奥斯曼帝国或主动或被动地卷入中国的边疆民族事务，进一步激发了国人对它的兴趣。1870 年，云南回民建立的杜文秀政权，就曾对是否寻求奥斯曼帝国之援助，展开过认真讨论和实际行动。② 差不多同一时期侵入新疆的阿古柏势力，更是与该国保持密切来往，并接受了奥斯曼苏丹的宗教封号和军事援助。1875 年 6—10 月，《申报》连续载文披露阿古柏与奥斯曼帝国勾结的事实，认为这给中国政府的收复新疆计划蒙上了一层阴影。③ 甚至奥斯曼外务大臣还在此间通过英国外交部，请求总理衙门帮助寻找在新疆失踪的该国官员。④ 对此，清廷决策层亦十分警惕。李鸿章特向光绪帝奏报阿古柏"新受土耳其回部之封"一事，表示新疆问题扑朔迷离，"即

---

① 《美股问答节略簿》，孙学雷等主编《国家图书馆藏清代孤本外交档案》第 17 册，第 6688—6689 页。

② 刘道衡：《上杜公书请结英法速灭清朝以定中华》，《近代中国对西方及列强认识资料汇编》第 2 辑第 2 分册，第 1187 页。

③ 《回疆情形》，《申报》1875 年 6 月 11 日，第 1 版；《土国将派使来华》，《申报》1875 年 7 月 20 日，第 2 版；《印度报述回部事》，《申报》1875 年 10 月 16 日，第 2 版。

④ 《照复查明土耳其国官员约新甫下落由》（光绪五年四月十七日），台北中研院近代史研究所藏总理各国事务衙门档案，01-34-002-07-006。

勉图恢复，将来断不能久守"。[1] 左宗棠则不以为然，认为奥斯曼帝国距新疆遥远，且国势分崩离析，不足为虑。[2] 尽管左、李二人对奥斯曼帝国能量的评估有较大分歧，但毫无疑问，这一涉土事件直接提升了中国官方对这个遥远国家的关注度，也推动国人去关心俄土战争中奥斯曼帝国之表现，以便进一步判定它的世界影响力。

最后，鸦片战争之后西学东渐加速，尤其是此后二十年洋务运动带来的现代化事业之积累，有效提升了国人认知世界的能力和水平，也为先进分子较多了解、全面解读俄土战争及发掘奥斯曼帝国的认知价值创造了有利的现实条件。

至 19 世纪 70 年代中后期，国人了解俄土战争的机会较之从前明显增多。1876 年，清廷按照国际通行的外交法则，开始向西方国家派驻公使，指示他们"凡有关系交涉事件及各国风土人情……皆当详细记载，随时咨报"。[3] 早期旅欧的外交官们也开始利用各种方式大量获取有关奥斯曼帝国的资讯。曾纪泽、刘锡鸿等外交官的日记显示，他们与同在派驻国工作的奥斯曼同行交往频繁，十分清楚该国衰弱与革新并存的近况。[4] 李凤苞还通过阅读西文报纸得知，英国对中国的所谓保护，"不过如今日据居伯鲁岛以保护土耳其而已"；[5] 张德彝则

---

① 李鸿章：《奏陈方今天下大势暨分条复陈练兵造船筹饷各事》，《近代中国对西方及列强认识资料汇编》第 2 辑第 1 分册，第 238 页。

② 魏光焘等：《勘定新疆记》第 2 卷，《回民起义》第 4 册，第 346—347 页。

③ 《总署奏底汇订》第 3 册，第 1345 页。

④ 曾纪泽：《出使英法俄国日记》，钟叔河主编《走向世界丛书》第 5 册，第 172、181、207、393、643、723、733、796 页；刘锡鸿：《英轺私记》，钟叔河主编《走向世界丛书》第 7 册，第 94、120—121 页。

⑤ 李凤苞：《使德日记》，第 49 页。

因观看了一场以俄土战争为主题的西方戏剧，增强了对这个帝国的兴趣。① 此外，中西间的外交交涉有时也会传递奥斯曼帝国的信息。如 1878 年，德国驻华公使为逼迫总理衙门官员接受其修约要求，竟以奥斯曼先例相威吓，称"土国办事甚奇，前者应让的不让，近来不肯让的亦须让了"。② 可见这一时期，包括外交官在内的西人之相关言说，也有助于国人展开中土两国之间关系广泛、微妙而切实的联想。

此外，19 世纪 70 年代，随着洋务运动的不断推进，各类前所未有的发展难题日渐凸显。先数十年即遭遇类似问题的奥斯曼帝国较之西方国家，其经验教训无疑更具针对性、参照性和实用性，于是循奥斯曼帝国之路回味、反思"变革"，亦成为当时有识之士的共同选择。1875 年，《申报》因为土国"西化"改革产生种种负面效应，以为中国的洋务运动大有"可采择而以为操持之鉴也"。③ 张德彝、曾纪泽等也开始自觉以奥斯曼帝国为镜，提示改革应循序渐进，保持各领域的均衡发展。④ 丁日昌、左宗棠等人则在讨论借外债一事时，不约而同地援引其先例，剖析个中利弊。⑤ 诸如此类关于借鉴价值的研判，既验证了此间国人对奥斯曼帝国之多方关切，更直接引导

① 张德彝：《随使英俄记》，钟叔河主编《走向世界丛书》第 7 册，第 522 页。
② 《美股问答节略簿》，孙学雷等主编《国家图书馆藏清代孤本外交档案》第 17 册，第 6679 页。
③ 《论新报言土耳其国事》，《申报》1875 年 8 月 9 日，第 1 版。
④ 张德彝：《随使英俄记》，钟叔河主编《走向世界丛书》第 7 册，第 481 页；曾纪泽：《中国先睡后醒论》，《近代中国对西方及列强认识资料汇编》第 3 辑第 1 分册，第 243 页。
⑤ 丁日昌：《请停借洋款变通筹饷办法疏》、左宗棠：《复陈借用洋款并催解协饷折》，《近代中国对西方及列强认识资料汇编》第 3 辑第 1 分册，第 473、140 页。

国人去关注现实中的该国局势。这也说明，即便是国人从"命运对比"角度把握两国关联性，也非始自戊戌时期，而早在 19 世纪 70 年代即已展开。

值得一提的还有，19 世纪六七十年代也是西人在华所办《申报》、《中西闻见录》、《万国公报》（初名《教会新报》），国人自办《循环日报》等新式中文报刊初兴的重要时期，尽管在发行数量、地域、水准上，这些报刊难与戊戌时期相提并论，但在当时的中国社会，它们设置的各国近事报道与评论栏目，已为国内知识精英及时了解俄土战争、走近颇为陌生的奥斯曼帝国，提供了信息汲取、言论发表的新式平台。尤其是创刊于上海的《万国公报》，平时即常设"（大）土耳机国事"栏目，在战事最为激烈的时期，更增设"俄土战事"专栏。甚至李鸿章亦表示，其掌握的奥斯曼讯息有相当一部分源自新闻报纸。[①] 可以说，这正是此一时期报刊上论说奥斯曼帝国首次达到高潮的重要原因之一。而同步展开的新式学堂教育、西学翻译事业，更为人们放眼全球打开了新的窗口。1862 年，曾就读于上海格致书院的瞿昂来与美籍传教士林乐知合译了英人麦高尔的《欧洲东方交涉记》，即对克里米亚之战及背后的列强纠葛有系统阐发。1864 年，总理衙门聘请传教士丁韪良，组织翻译美人惠顿的《万国公法》，该书曾广为传播，书中即大量征引奥斯曼帝国外交案例，为国际法则做注脚。当 19 世纪 70 年代俄土战争爆发之际，这些都很自然地成为国人阐释奥斯曼帝国形势时可以调用的知识资源。

---

① 李鸿章：《奏陈方今天下大势暨分条复陈练兵造船筹饷各事》，《近代中国对西方及列强认识资料汇编》第 2 辑第 1 分册，第 238 页。

## 二 俄土战事与中国外交局势的自我认知

如前所述，19 世纪 70 年代以前，俄土战争已出现在国人笔下，且多属描述介绍性质。但偶尔也有人点出战局之于中国边防的连带影响，如 1855 年叶名琛向咸丰帝叙及战争期间，英、俄在中国南海海域形成的剑拔弩张之势，需"勤加侦探，密设防维"；[①] 1865 年夏燮初刊《中西纪事》时，亦预感俄人受挫于奥斯曼，会"迁其各埠货物于黑龙江之南北两岸，南岸逼近内藩，中国兵弁阻之不得"。[②] 但这些都还只是朦胧感受到俄土之战与中国局势有着某种间接联系，其着眼点仍是列强而非奥斯曼帝国，尚缺乏将此国家之情势与本国利害联系起来把握的自觉意识。至 19 世纪 70 年代中后期，其情形逐渐有所改变。在前述诸因素的综合促动下，国人不仅关心战局进展和列强动态，还呈现出新的解读趋向，即能将分处远、近东的中土局势一体考察，开始多角度揭示奥斯曼帝国之于中国的现实影响。在时人看来，奥斯曼帝国与俄、英、法错综复杂的国家关系及日趋激烈的军事战争，既会影响列强的远东政策，也将牵动中国的内政外交。只有以一种联系的、互动的观点看待中土关系，才能认清国际形势，做出有利于己方的正确决策。

实际上，当国人站在全球局势的高度审视奥斯曼帝国时，不仅会对"近东问题"发源地奥斯曼帝国的战略地位有更加成熟的体认，也能更为深入地体会西方列强的侵略意图和外交

---

① 叶名琛：《奏报嘆唭与俄开战折》，《近代中国对西方及列强认识资料汇编》第 1 辑第 1 分册，第 478 页。

② 夏燮：《中西纪事》第 16 卷，沈云龙主编《近代中国史料丛刊》第 106 辑，台北：文海出版社，1967，第 151 页。

策略。受四川总督丁宝桢委派，于 1878—1879 年赴印度游历的黄楙材就曾指出，英、法共保奥斯曼帝国，一如当年扶助希腊和埃及之叛土，表面上看是"昔则恶其强而抑之，今则怜其弱而扶之"，实则在于"维欧洲均势之局"。① 王韬亦揭穿英、法对于奥斯曼帝国"非有所爱惜"，乃是"以欧洲安危大局之所关，其势不得不然也"的实质。②

国人还进一步意识到，奥斯曼帝国的安危实际也关涉中国的外交处境。俄土战争不仅意味着当事国之间的交战，还广泛牵连西欧诸国，当近东的奥斯曼帝国局势吃紧，处于远东的中国局势自然会有所缓和。1876 年，《申报》的一篇评论即循此思路指出，尽管"土之存亡原与中国不相干涉"，但此次大战引发的欧洲内部矛盾会使列强各自为谋，无暇东顾，中国"可稍纾防御"。③ 差不多同时，王韬也推测无论战局结果如何，都将给欧洲带来动乱："俄既胜土，则入其国都，据其土地，抚其民人，收其财帛，列国必共起而谋之，欧洲将不能共享太平。俄不胜土，则失之东隅，将收之桑榆，其祸乱相寻，又不惟欧洲之不幸也。"他进而强调，关心国事者应该正视奥斯曼帝国局势之变动，早为预备，正所谓"制治于未乱，保邦于未危，绸缪于阴雨之前，备敌于疆场之外"。④ 诚如其所言，奥斯曼帝国的情势与动向，不仅同国际也与中国息息相关，在当时已然成为国人进行国际国内形势判定和外交抉择的重要参考点。

---

① 黄楙材：《西域形胜》，葛士濬辑《清朝经世文续编》第 119 卷，台北：文海出版社，1979，第 3175—3176 页。
② 王韬：《英宜保土》，《弢园文录外编》，第 101—102 页。
③ 《土国乱耗》，《申报》1876 年 7 月 11 日，第 1 版。
④ 王韬：《俄人志在并兼》，《弢园文录外编》，第 94 页。

不仅如此，国人还围绕这场俄土战争，对自己下一步的外交决策和行动展开思考，普遍认为俄土之战是中国外交、军事上的一次绝佳机遇，应利用列强在对土问题上的矛盾纠纷，谋取最大的利益。1876 年中英磋商《烟台条约》之际，适逢奥斯曼宫廷政变，薛福成即敏锐地察觉到，俄人伺机对土开战，英人为此四顾踌躇，"香港兵船已有调归之信"，此刻断不敢轻易用兵远东。故其告之于李鸿章，建议可利用这一机会在谈判桌上争取主动。[①]

当是时，涉外事务中最引人关切的无疑是中俄伊犁谈判。中方官员意识到同时进行的俄土之战使俄国深陷近东之泥潭，一时难以在远东地区有更大的作为，这将为中国创造相对宽松的谈判环境。1877 年 10 月，库伦办事大臣致函总理衙门俄国股，称自俄土构兵以来，俄国为了应对巨额军费开支而滥发纸币，导致货币严重贬值，如今"钞纸不能凭以取银，执以办货"。他以此推论俄国实已空虚，故"伊犁交收似未可急"，尚有与之周旋的余地。[②] 次月，俄国股将此情报和建议一并转发陕甘总督左宗棠，表示"苦无兵费，计无所之"的俄人妄图通过伊犁交涉"思索重资"，我方应采行"静以待动"的策略。[③] 同时期，张之洞在陈述交涉原则时，也以俄国"自与土耳其苦战以来，师老财殚，臣离民怨"为由，揣测其行将自

---

① 薛福成：《上李伯相论与英使议约事宜书》，《清代诗文集汇编》第 738 册，第 232 页。

② 《俄股密启簿》，孙学雷等主编《国家图书馆藏清代孤本外交档案》第 14 册，第 5686 页。

③ 《俄股密启簿》，孙学雷等主编《国家图书馆藏清代孤本外交档案》第 14 册，第 5708 页。

毙，认为我方宜趁此良机，理直气壮地处理中俄纠纷。[1] 接替崇厚具体经办谈判有关事宜的曾纪泽，更是对俄国财殚力竭、"不欲再启衅端"的艰难处境了如指掌，他向清廷提议应利用俄国休整之空隙，加紧办结各案。[2] 中国官员的上述考虑并非毫无根据的一厢情愿，而是确有见地。当时，俄国外交官之间的往来书信和电报，也一再暴露俄方不愿且无能力继续打仗，而只是期望通过谈判获取物质补偿的窘境。其国内民众特别是商界人士，对于政府开征新税计划也是惶惶不安、议论纷纷。[3] 1880 年，代行外交大臣职务的吉尔斯（Giers）在给其下属也即曾纪泽的谈判对手若米尼（A. G. Jomini）的信件中，就透露了眼下政府难以支付高昂的军费开支，且随着英国舰队逼近君士坦丁堡，俄军事力量还将不得不继续由中国转移至奥斯曼帝国的实情。他说，"如果对土耳其采取全面行动，则需加强我们的舰队，如欲加强我们的舰队，则只有从中国领海上召回我们的舰队"，故亟待结束在远东的争端。[4] 这些都证明，当时清廷的情报获取工作及其分析还是较为成功的。尽管伊犁交涉历经曲折，中国最终仍然遭受领土主权之损失，但相对于清政府与列强签订的其他丧权辱国条约，毕竟还是从俄人手上夺回了些许利权。这显然与中国外交官准确把握俄土战局，及时抓住对手弱点，制定相对有利的谈判策略分不开。

---

[1] 张之洞：《熟权俄约利害折》，《近代中国对西方及列强认识资料汇编》第 3 辑第 1 分册，第 155 页。

[2] 曾纪泽：《改订俄约办事艰难情形疏》，陈良倚辑《清朝经世文三编》第 40 卷，第 623 页。

[3] 〔俄〕查尔斯·耶拉维奇等编《俄国在东方（1876—1880）》，北京编译社译，商务印书馆，1974，第 111、122、198、201 页。

[4] 〔俄〕查尔斯·耶拉维奇等编《俄国在东方（1876—1880）》，第 179 页。

中国官员不仅意识到奥斯曼帝国局势之于本国外交谈判的积极意义，还由此催生了相当强烈的忧患意识和紧迫感，也即考虑到一旦奥斯曼问题得以解决，俄国及其他列强将会重新集中精力侵略中国，故务必提前做好防备。1877 年，署理吉林将军铭安十分清醒地意识到，尽管目前土俄战局走势仍不明朗，但无论"孰胜孰败"，终将对我东北边防形势产生不利影响，因此奏请朝廷早做筹划。① 清廷高层对此亦有积极回应，恭亲王奕䜣特地向伊犁将军金顺询问奥斯曼帝国情形，详细了解其与诸国构兵之事。② 国人甚至将此种危机意识传递给邻邦。1878 年，李鸿章致朝鲜重臣李裕元的一封书信中，即言"迩闻俄国与土耳其和议已成，西事方葳，将图东略"，告诫朝方宜小心提防。③

需要进一步指出的是，俄土战争期间，还有人以奥斯曼帝国曾在大战中受英国援助为据，向朝廷奉上"联英策"。1878 年，致力于经世之学的张焕纶就明确主张"固结英好以弭俄患"，他以"英人阳护土而阴蔽欧洲，俄之不得志于欧洲"为立论之基，阐述了中、英、俄的三角关系，认为中国新疆与英属殖民地印度接近，一旦俄国得志于新疆，将对英国构成极大隐患，英国定会像保护奥斯曼帝国那样助中国一臂之力以对抗

---

① 《奏为密陈俄土争斗整顿吉林武备以管见事》（光绪三年十一月二十一日），中国第一历史档案馆藏录副奏片，03-6011-063。
② 《函述土耳其与里海各构兵复与爱乌罕及布路斯构衅情形》（光绪五年二月十六日），台北中研院近代史研究所藏总理各国事务衙门档案，01-17-049-04-004。
③ 《再答朝鲜相国李裕元书》，戴逸、顾廷龙主编《李鸿章全集》第 37 册，第 59 页。

俄国，故中国要做的乃是"厚结英好"。[①] 1880 年，左宗棠也指出，昔日奥斯曼帝国受制于俄国，英国援助之，俄人遂"无能逞"。如今，俄国已陷入国债堆积、饷粮极绌的境地，若此刻英国再对中国施以援手，俄人侵略中国的计划便断无实施之可能。[②] 此种中土局势的联动认识，既表明"英国助土拒俄"之事已成为时人谋求国家安全的典型国际案例，也再次印证了这场战争在国人构建中土关联性过程中所起到的促动作用。

当然，俄土之战对于中国的影响不限于外交战略的调整，还延及内政的整治方面。李鸿章、张佩纶等有远见者均清醒地意识到，俄土衅端为欧洲大战之始，此时列强无暇顾及远东，恰是中国奋发振兴的良好契机，"厉兵练甲""整饬吏治"等各项事业，正应渐次展开。[③] 只可惜，后来的历史证明，清王朝并未能真正利用好这一良机。

俄土战争之后，越来越多的有识之士开始意识到，要想全面把握国际局势、准确定位自我，不能做井底之蛙，应尽可能地拓展眼界，透过国与国的空间距离把握国际关系，即便国家之间暂时没有过多接触，也并不代表没有实际关联。对中国人而言，此时的奥斯曼帝国已不再是模糊不清、远隔万里的国度，而是与中国有着微妙而实在的利害关系之国家。1890 年，

① 该条陈载曾纪泽《评张焕纶条陈》，《近代中国对西方及列强认识资料汇编》第 3 辑第 1 分册，第 225 页。但曾纪泽并不认同张焕纶的主张，认为其未充分考虑到联络英国将会产生的负面效应。

② 左宗棠：《答彭雪琴论俄国外强中干不足为惧》，《近代中国对西方及列强认识资料汇编》第 3 辑第 1 分册，第 146 页。

③ 《复丁雨生中丞》，戴逸、顾廷龙主编《李鸿章全集》第 32 册，第 23 页；张佩纶：《扼要筹边宜规久远折》，沈云龙主编《近代中国史料丛刊》第 92 辑，台北：文海出版社，1967，第 57 页。

驻外公使崔国因就根据欧洲国家素以奥斯曼帝国为屏蔽的做法，感悟到现代边防观念已与古代完全不同，所谓"古之筹边者，筹之于数千里外，以为远矣。今则筹之数万里之外，并于本洲之外。非好为驰骛也，时势不同也"。[1] 这正是在被动卷入全球化进程之际，国人涉外思想和理念逐渐迈向近代化的生动体现。同一时期，外交官洪钧对过去国人因缺乏基本的世界常识，未能及时厘清两国之间的历史渊源，从而造成长期的认知断层深表遗憾，并由衷感慨道："六合之外，存而不论，惜哉古人此言，为误不浅也！"[2]

## 三 世纪之交双边关系定位认知之转变

如果说 19 世纪 70 年代，国人更多的还是隔空感知两国之间的间接关联，背后彰显的主要仍是列强近东决策与中国的关系，并未真正揭示双方在政治、经济、文化、民族、宗教诸方面的直接联系，那么到 19、20 世纪之交，随着两国在诸多领域的碰撞与交流，奥斯曼帝国由此前列强斗争中背景式的配角，转变为中国外交舞台上不可忽视的主角之一。于是，如何定位和发展两国关系，逐渐成为中国朝野上下审慎思虑的重要议题。

19 世纪 70 年代前后，由于对奥斯曼帝国的重要性缺乏深度了解，加以现代外交观念的淡薄，早期派驻西方的中国外交官对来自土方的联络、建交讯号不仅反应冷淡，甚至怀有一丝敌意。早在 1868—1877 年的近 10 年间，奥斯曼帝国就多次主

---

① 崔国因著，胡贯中、刘发清点注《出使美日秘日记》，第 150 页。
② 田虎：《元史译文证补校注》，河北人民出版社，1990，第 379 页。

动向中国驻外使节表达同中国建交的愿望。如 1868 年，蒲安臣（Anson Burlingame）使团的重要成员、总理衙门章京志刚在华盛顿会晤奥斯曼帝国使臣时，对方即表示"有冀与中国交际之意"，言明"土耳其国实回之根本，若与联属"，对解决中国回民问题当颇有助益。① 1875 年，驻法公使曾纪泽在日记中又记述，"土国公使称中国为天朝，言欧洲及俄、美、日本等邦，皆有天朝公使"，土国甚欲"与中国结好"，并提及土国驻英公使亦曾向郭嵩焘表示"欲与中国通好，欲得天使俯临其邦，以为荣也"。② 1877 年，刘锡鸿的《英轺私记》也记录了土使默苏拉士"欲援系中朝"的通好之请。③ 同年，张德彝还记下了奥斯曼公使穆素乐斯巴沙"亚细亚各国皆当和好会盟，同心御敌"的倡议。④ 由此可见奥斯曼帝国在此间，曾不断通过正当的外交途径传递往来沟通之意。然而当时的中方官员仍以上国的心态看待尚处外交舞台边缘的奥斯曼帝国，加之彼时奥斯曼帝国开始有对华宗教渗透之举动，越发使中国外交官们顾虑重重，更难有积极响应。曾纪泽仅以"必有此一日"之语搪塞，⑤ 志刚则表示"漫听而漫应之，以俟再商"，当总理衙门向其询问奥斯曼公使来京之事时，他更是直言"究

---

① 志刚：《初使泰西记》，钟叔河主编《走向世界丛书》第 1 册，第 297—298 页。
② 曾纪泽：《出使英法俄国日记》，钟叔河主编《走向世界丛书》第 5 册，第 170—171 页。
③ 刘锡鸿：《英轺私记》，钟叔河主编《走向世界丛书》第 7 册，第 94 页。
④ 张德彝：《随使英俄记》，钟叔河主编《走向世界丛书》第 7 册，第 422 页。
⑤ 曾纪泽：《出使英法俄国日记》，钟叔河主编《走向世界丛书》第 5 册，第 170—171 页。

之纵可引虎拒狼，犹当思何以待虎"，[①] 实际上都未能从现代外交的整体格局出发，认真思考联络奥斯曼帝国、建立正常外交关系的利弊得失究竟何在。

时至 19、20 世纪之交，情况开始发生变化。随着民族危机的加深，两国相似或相关的民族命运之联想、比照感日渐凸显，国内各政治势力随之掀起了关注奥斯曼帝国的新一轮高潮，他们或从亡国史角度感慨两国国势之衰颓，或对照与诠释双方改良和革命之情势，以为各自的主张和行动张目。而这实际上也与两国在外交领域的实际接触与摩擦的增多不无直接关系。1907 年，奥斯曼政府在荷兰海牙保和会上诘问列国，要求提升排位之举，就令清朝外交专使陆徵祥欣赏不已，建议清廷效仿之。[②] 1908 年，当德国宣称要代管"无约国"的奥斯曼帝国在华事务时，清廷外务部严正声明，"寻常事件可代转达"，但该国在华居住或游历者，"中国仍保持施行司法权，与待中国人无异"。[③] 1900 年前后，奥斯曼帝国愈加频繁地派遣使者赴北京、上海、江苏、新疆、甘肃等地从事非法宣教活动，不仅引来护照发放和管理权限的诸多外事纠纷，[④] 还让国

---

① 志刚：《初使泰西记》，钟叔河主编《走向世界丛书》第 1 册，第 297—298 页。

② 《为土耳其转诘公断分等我国似仍不可无此一举事》（光绪三十三年七月二十九日），李国荣主编《晚清国际会议档案》第 2 册，广陵书社，2008，第 735 页。

③ 《为德国领事代管土尔其交涉事》（光绪三十四年八月二十七日），中国第一历史档案馆藏电报档，2-05-12-034-0640。

④ 《为询有无与法使议妥发给土尔其商人护照事》（光绪三十四年十一月八日），中国第一历史档案馆藏电报档，2-02-12-034-0369；《为复发给土尔其商人护照事宜事》（光绪三十四年十一月九日），中国第一历史档案馆藏电报档，2-02-12-034-0378。

人感受到其对中国社会的稳定造成威胁。对此，《申报》《清议报》《东方杂志》《万国公报》《外交报》《广益丛报》等知名报刊当时都有详细报道和评论。[①] 正是这些直接或间接的交往，促使国人重新思考与定位双边关系。于是，如何正确评估中国发展之路中的奥斯曼因素，如何才能趋利避害、面向未来地构建新型双边关系，就成为有识之士们需要加以把握的问题。

当时，有关两国关系的思考，大体沿着两种思路展开。一方面，国人有的仍延续先前的分析手法，进一步从列强入侵角度来认知和把握两国形势与关联。如 1897 年满人寿富便将两国安危直接挂钩，声称"土势岌岌，危在旦夕，土亡将及我矣"。[②] 延至 1908 年，中日在延吉地区发生龃龉，外务部考虑到当时正值奥斯曼帝国诸附属国纷纷反叛和独立，欧洲各国"注全力于土耳其一区"，若此刻远东有变，恐欧洲列强"不暇分顾"以制约日本，对中国极为不利，故严令东三省总督徐世昌，对日人的挑衅"惟有严切交涉，勿轻用武力"。[③] 同时，一些有洞见者甚至反其道而思之，意识到中国局势亦会反

①　《土耳其国》，《万国公报》第 4 卷第 37 期，1892 年 2 月；《土耳其派公使来华》，《清议报》第 78 册，1901 年 5 月 9 日；《土使来苏查考教务情形》，《申报》1908 年 7 月 14 日，第 2 张第 3 版；《土耳其使到京》，《东方杂志》第 5 卷第 8 期，1908 年；《土耳其人来华推广回教》，《广益丛报》第 6 年第 16 期，1908 年 7 月 27 日，第 2 页（栏页）；《论德人干预回教之隐谋》，张元济主编《外交报汇编》第 2 册，第 369—370 页。

②　寿富：《与八旗诸君子陈说时局大势启》，中研院近代史研究所编《近代中国对西方及列强认识资料汇编》第 4 辑第 1 分册，台北：中研院近代史研究所，1988，第 234 页。

③　《现值欧西各国注意土耳其变动不暇分顾远东东省中日交涉勿轻用武力以免堕其奸计》（光绪三十四年九月二十五日），台北中研院近代史研究所藏外务部档案，02-19-009-01-002。

作用于奥斯曼帝国。如 1898 年，梁启超就认为内乱不已的奥斯曼帝国之所以尚能保全，主要原因在于今日欧洲诸雄专注于中国，"无暇以余力及区区之土"，倘若退回十年前的国际形势，奥斯曼帝国必亡。[①] 1909 年，驻意公使钱恂亦持双向互动的思路，提醒清廷注意"近东安则远东或不免多事""远东不安则近东安"的自然之势。[②] 可见此时，即便从列强侵略和彼此安危的相似或相关的民族命运角度来认知关系问题，双向互动的思考也已成习惯。

另一方面，也是更能体现此期国人认知特点和变化的方面，则在于国人此时已强烈认识到奥斯曼帝国所带给中国的军事和外交上的现实压力，并对其不友好的"冒犯"之举表现出忧虑和不满，且公开发出批评之声。如戊戌时期，谭嗣同在阐述列强瓜分豆剖之势时，就绘声绘色地描绘道："土耳其亦攘臂于其间，明目张胆而言曰：'我情愿少索希腊赔款，速了此案，以便我亦往中国，分一块土地也。'"[③] 唐才常也因此不满地声言：连"无赖之土耳其"亦对中国心生瓜分之念。[④] 回族知识分子丁竹园更明确指出，该国此时只是因宗教孤立而受各国排挤，暂未能来中国"开埠通商，利益均沾"而已，一旦情势变化，则亦将危害中国。[⑤] 针对奥斯曼使者来华事件，立宪派所办《清议报》甚至表示，连力量微弱、政治不独立的奥斯曼帝国都敢一而再再而三地拿宗教问题相刁难，实在是

①  梁启超：《俄土战纪叙》，《饮冰室合集·文集之三》，第 33 页。
②  《宣统政纪》第 12 卷，宣统元年四月己卯，中华书局，1987，第 237—239 页。
③  《南学会讲义》，何执编《谭嗣同集》，第 436 页。
④  《论兴亚义会》，王佩良校点《唐才常集》，第 259 页。
⑤  竹园：《阿拉伯》，《竹园丛话》第 2 册，第 1404—1405 页。

中国的奇耻大辱。[①]《东方杂志》《外交报》更对其国政教不分、染指中国之野心，进行了言辞激烈的批判，并提醒世人注意此事背后的德国影子。[②]

不过值得注意的是，虽然国人已经意识到奥斯曼帝国的潜在威胁，此时一批有识见者却没有采取单一和片面的防备、猜忌与对抗姿态，而是以一种更加包容和开放的心态，试图通过加强彼此联络、正式建交的现代外交方式，重新构筑双边关系，以便因势利导，妥善解决两国间的既有矛盾，寻求未来可能的合作共赢之路。此实为世纪之交国人对于两国关系重新定位乃至涉外思想有所转变的一大表征。谭嗣同的有关思想可为之代表。他作于1896—1897年的《仁学》一书，虽然延用西人对奥斯曼帝国和中国之"近东病夫""远东病夫"的称法，却又别出心裁地提出"病夫"联合互保的新方案，即将同在北纬30°—40°的诸"病夫"之国联络起来，修筑一条"东起朝鲜，贯中国……达西土耳其"的横贯亚欧之万国公路，以便各国加强联系、相互依存，共同抵御强霸之俄国。[③] 这里，以往西人带有歧视意味、国人用于表达哀其不争、自我看轻心态的负面称谓，竟被他赋予鼓舞弱势国家彼此协作、携手抗衡列强的积极意义。1906年，出使法国大臣刘式训向清廷郑重提出联络奥斯曼帝国的建议，认为中国应统筹亚洲大势，与该

---

① 《土耳其派公使来华》，《清议报》第78册，1901年5月9日，第2页（栏页）；《土耳其之使节》，《清议报》第82册，1901年6月16日，第9页（栏页）。

② 《土耳其使到京》，《东方杂志》第5卷第8期，1908年；《论德人干预回教之隐谋》，张元济主编《外交报汇编》第2册，第369—370页。

③ 《仁学》，何执编《谭嗣同集》，第379—380页。

国"立约通好，以树远交而广联络"。① 这与30年前前辈外交官轻视、抵触奥斯曼帝国的态度形成鲜明反差，显示出此时国人初步具备近代外交的大视野，也表明奥斯曼帝国在中国外交格局中的地位得到显著提升。

在20世纪初众多有关两国关系的讨论中，酉阳于1908年、1909年在《申报》上发表的《论土耳其立宪与中国之关系》《论日土外交之起点》两篇文章，值得格外关注。文中将奥斯曼帝国之于中国的重要性，提升到了一个新的高度，强调其对于中国西北边疆民族地区的安全稳定、对于中国在未来世界商业中的国际竞争力均有切实重要之关系，主张国人应更新观念，全面把握两国关系的发展趋向，当确认奥斯曼帝国"为吾国之友，非吾国之敌"。这在两国关系的认知史上，实具有某种标志性意义。

首先，酉阳从立宪与否的角度，对1908年两国国际地位的变动表达了自己的看法。在奥斯曼帝国使者来华事件上，他对一味指责奥斯曼人自不量力的陈腐论调十分不满，更愿意将其放到土耳其立宪运动的时代背景下给予考察。作者十分清醒地意识到，奥斯曼使者来华绝非一般所论的调查伊斯兰教、干涉中国内政那么简单，而是蕴含着两国国际地位转换的象征意义，即昔日同为欧人讥讽的病夫专制国奥斯曼帝国，已经"一跃而登于立宪之大舞台，占吾国之先著"，造成未立宪的中国国际地位的相对下跌，世人将不仅因此嘲笑中国不如列强，更会耻笑中国不如奥斯曼帝国。他警告国人道："吾国资格日形坠落，恐此后弭兵会中，将无容我占席之地。"

---

① 《清德宗实录》第564卷，光绪三十二年九月辛酉，第475—476页。

其次，酉阳辩证分析了行将崛起的奥斯曼帝国会给中国边疆民族地区带来的影响，并提出了可能的应对之道。他预言奥斯曼帝国将援引《万国公法》，以立宪、自主国身份要求与中国立约，进而利用其在西北诸省穆斯林群体中的影响力来扩张势力，此举可能会再度引发西北内乱，如此则"土耳其得其利，而吾国承其害也"。但酉阳并未将土国势力东来之因应停留在批评、对抗的简单层面，而是希望通过构建两国友好关系，求得西北之安宁。对此，他又有鞭辟入里的逻辑论证。在他看来，若奥斯曼帝国保持独立国资格，则中亚或可为其势力范围，反之，此地则为欧人掌控。无论情形如何，中国西陲均不免遭受冲击，两害相权取其轻，酉阳以为势力强大的欧洲人对中国威胁更大，"既据中亚细亚，则逾葱岭而东，可占天山南北，青海川藏，为西陲之大患"。倘若换成奥斯曼帝国，反而可能给中国带来意想不到的收益，若中国推行开放门户之政策，既能使其"与吾交通，以谋互市之利益"，实现开发西陲之目标，又可"借其势力，均欧人之势力，保中亚和平之局，保帕米尔之屏障"，诚不失为可取之策。

再次，酉阳从地理形势和全球经济角度论证了两国商务贸易方面的关联性。他非但不觉得奥斯曼帝国与中国远隔千山万水，反倒认为土"与吾国相隔者，仅一小亚细亚，不交通亚洲则已，交通亚洲，非吾国而谁属欤"。他将两国之间的宽阔地带视为欧亚中间的一大市场，认为"从吾国至土耳其，逾葱岭而西，取一直线，南可与印度联络，北可与蒙古联络"，并大胆预测他日世界铁路交通网建成，奥斯曼帝国将会成为东半球商务之中心点，"东联亚洲，西联欧洲，北联俄罗斯，南控阿非利加，四通八达，占重要之势力"。故奥斯曼帝国可谓将来中国谋求域外生存空间所应当瞩目之地。尽管历史发展进程与酉阳的推断并非完全一致，土耳其迄今尚未发展成为世界商务的中心，但在当时就具备这种以两国为端，尝试打通欧亚商贸之路的战略眼光，今天读来实仍觉其深刻。

最后，酉阳提出了加快发展两国关系的建议，并表达了两国建交已刻不容缓的迫切心情。当 1909 年东邻日本捷足先登，与奥斯曼帝国商议互设使署、签订商约的消息传来时，酉阳对中国长期漠视在外交、商务、边疆、民族问题上均有紧密关系之奥斯曼帝国的浅视行为大感不满，痛责吾国"只知人来，不知吾往，今虽稍稍觉悟，而遇事麻木，坐失事机"，实在不该对这样的唇齿之国"冥然罔觉"，一如延宕十余年的南洋侨民问题，始终不知设置领事以实施有效保护的愚蠢行为。他提醒国人，"土耳其之利害，犹在数年之后"，切不可"以小国轻之"，无论从以上哪个角度考量，中国终究要与之交涉，宜早不宜迟，"失今不图，他日必丧失种种权利"，故当前"急宜派公使，订条约以争先着"，不可让"越国鄙远之日本，急起直进"。[①] 其对两国关系重要性的深刻揭示，显然已经超出单纯的两国外交关系之定位，毋宁说乃是对中国整体的外交思想与涉外战略做出的富有反思性的批判和前瞻性的预测。其力图纠正朝廷以往那种鼠目寸光的狭隘视野和故步自封的消极态度，寻求以一种更加开放、积极的姿态主动融入国际社会，正是清末国人涉外思想现代转型的重要体现。遗憾的是，清朝很快覆亡，酉阳这类富有远见的外交建议，最终未能得到清廷的

---

① 酉阳：《论土耳其立宪与中国之关系》，《申报》1908 年 8 月 2 日，第 1 张第 3 版；《论日土外交之起点》，《申报》1909 年 3 月 24 日，第 1 张第 3 版。

重视，自然也没有在清末得到实施。

需要强调的是，西阳关于"吾敌"到"吾友"的概括，实际上形象、生动地反映了时人对两国关系定位的转变，即从普遍漠视、防备、批评的"敌意"态度，转为正视双方的切实联系，希冀以主动、友好的交往来加强沟通、化解矛盾、寻求发展。当然，清末只是这一认知转折的嚆矢，少数先觉者的论说固然予人启发，但就深刻性与普遍性而言，显然不如民国时期。

## 四　民国时期双边关系认知之发展

延至民初，国人继续从两国局势互动的角度，来观察接踵而至的边疆危机，并力图将此种把握世界与自我关联的视角方法化、常规化。这一时期，能够意识到奥斯曼帝国在中国外交版图中占有重要地位的官方学者与民间知识分子越来越多，他们围绕"对土外交与国家安全"的议题，展开了多维论述和深度反思。在这一过程中，人们还逐步萌生和确立了"中国本位"的评判立场，在透视他者与反观自身之时，凸显出既能放眼世界，又能立足自我的视野和情怀。

在列强环伺、边事危机不断的恶劣环境下，由远东、近东之内在关联性来分析国内外局势，已成为民初知识精英非常普遍的做法。辛亥鼎革之际，宋教仁虽认为意大利与奥斯曼帝国之间的利波里之争①与中国无直接关系，却不忘指出这一国际状

---

① 　即1911—1912年的意土战争，系意大利为夺取土耳其在北非属地的黎波里和昔兰尼加而发动的战争，以土耳其败北，将两地转让给意大利而告终。自此，意大利与同盟国之间出现裂痕。

况的骤然变动，将"间接使各国对于极东之政策因之更易"。①
亦有人表示，应及时从对奥斯曼帝国落魄境遇的感伤中清醒过
来，认真思考本国的处境，若获胜的意大利挥师东进，问鼎中
华，"吾人其何以待之乎？"② 1912 年，蒙古危机与巴尔干问
题同时引爆远东和近东，叶楚伧十分娴熟地将两起事件联系起
来一并考察，见俄军倾全力于巴尔干时，便推断俄一时难以增
兵远东，中央政府可借此良机消弭蒙患。同时，他又不忘提醒
政府早做预防，一旦近东战事了结，"俄人掣师东向，蒙乃真
危矣"。③

人们不难发现，此种全球关联性的分析方法早在清末时即
已习见，其具体见解也未见深刻，真正值得重视的一点实在于
这一时期人们对于此种世界眼光的观察方法加以系统总结和大
力实践，使之上升为一种较为固定的解析国际关系与自我关联
的成熟思路。比如叶楚伧在点评蒙古危机时，就不仅分析了
远、近东的间接联系，更以宽广的全球视野指出，"觇国者不
应仅于一方面加以单纯之眼光"。④ 20 世纪 10 年代，为引起国
人对奥斯曼问题的重视，戴季陶撰文详加讨论了巴尔干诸国混
战的远因近由，明确表示："深望吾国民放大其眼光，注意此
事件之结果，须知此事之关系于欧洲全局，至重且大。而其结

---

① 《土意之的利波里纷争》（1911 年 10 月 1 日、3 日），《宋教仁集》上册，
中华书局，2011，第 334 页。

② 阙名：《列强之纵横术》，上海经世文社辑《民国经世文编》第 5 册，北
京图书馆出版社，2006，第 2677 页。

③ 《俄之远东力》（1912 年 12 月 6—8 日），《叶楚伧先生文集》第 1 册，台
北：中国国民党中央委员会党史史料编纂委员会，1983，第 36 页。

④ 《俄之远东力》（1912 年 12 月 6—8 日），《叶楚伧先生文集》第 1 册，第
36 页。

局也，则亚东之形势，将受其影响，而大有所更变。"① 此类论述不仅着眼于两国局势的联动性，更注意将其自觉置于范围更大的全球视野中加以观察和考量。这种世界视野和全局性的观察法，实际上成为此期国人有关两国关系的思考更加符合己方的国家利益和外交战略的重要保证，同时也有助于其相关认知带有较强的现实操作性。

在清末民初较长一段时间里，两国沟通最大的障碍之一，在于奥斯曼帝国的宗教渗透容易挑起或引发中国内部的民族矛盾。民初以降，国人在涉奥斯曼问题上依然持有高度的戒备之心，如新疆省长杨增新为了最大限度地减轻奥斯曼帝国对新疆事务的干预，就采取了清查整理在疆奥斯曼人户籍、规范疆内宗教与教育活动、严格邮电检查制度等一系列举措。② 第一次世界大战期间，在是否对德宣战问题上，马君武、李大钊、孙中山等也曾担忧此举或与德之盟国奥斯曼帝国形成对立关系，进而诱发西北回民动乱。③ 与此同时，中土双方长期缺乏正常沟通机制的弊端也暴露无遗。因未互设使馆，荷兰政府竟要求

---

① 戴季陶：《巴耳干半岛之恶风云》，《渔父天仇文集》，中美编译局，出版时间不详，第 77 页。

② 参见许建英《近代土耳其对中国新疆的渗透及影响》，《西域研究》2010年第 4 期；杨俊杰：《杨增新抵制"双泛"思潮措施述评》，《伊犁师范学院学报》2014 年第 4 期。

③ 《马君武等通电原文》，《申报》1917 年 3 月 5 日，第 6 版；《中德邦交绝裂后之种种问题》（1917 年 3 月 5 日），《李大钊全集》第 2 卷，河北教育出版社，1999，第 518 页；《致北京参议院众议院电》（1917 年 3 月 9日），广东社会科学院近代史研究室等编《孙中山全集》第 4 卷，中华书局，2006，第 18 页。

代管奥斯曼帝国在华侨民事务,[1] 中国外交部对因战事而陷入贫困的在土侨民也是爱莫能助，只得委托友邦代为保护。[2] 至于无约国奥斯曼帝国在华战俘、商人及产业的处理方式，也成为外交部颇感棘手、需要审慎决策的问题。[3] 可见，西阳之前的诸多担忧正逐渐成为现实，而当时的北京政府也由于漠视与奥斯曼帝国的官方往来，最终陷入外交困局。可以说，仅靠担忧、防备与对抗并不能真正解决问题，现代外交需要的是在潜心钻研对手的基础上，秉持求同存异的理念，化解矛盾，增加互信，寻求互利互惠的合作之路。此后，北京政府外交部明显增强了奥斯曼问题研究。1918 年，其下设的议和筹备处为了应对即将召开的巴黎和会，不仅认真研讨了"巴尔干诸国问题""回教国对待之方法""达旦等海峡"诸涉土议题,[4] 还特别邀请魏宸祖公使专为与会人员讲解"巴尔干问题的历史、现状与未来"。魏氏将两国联系区分为两个层面，第一个层面为命运地位之相似，认为尽管作为世界上最重要问题之一的巴尔干问题，关系中国之处甚少，但因巴尔干为奥斯曼问题的组成部分，而"中国所处地位颇有与土耳其类似之处，故吾国对于巴尔干问题亦不能不注意也"；第二个层面为两国因空间

---

[1] 《保护在华土耳其侨民事》（1918 年 10 月），台北中研院近代史研究所藏北洋政府外交部档案，03-36-034-06-005。

[2] 《旅居土耳其华侨现极困苦请保护由》（1915 年 6 月），台北中研院近代史研究所藏北洋政府外交部档案，03-31-002-04-001。

[3] 《研究待遇土耳其商人由》（1914 年 11 月）、《土耳其人财产事》（1915 年 3 月）、《解沪土俘事》（1918 年 7 月），台北中研院近代史研究所藏北洋政府外交部档案，03-36-008-04-025、03-36-032-04-019、03-36-034-05-025。

[4] 《民国外交档案文献汇览》第 5 册，第 2201—2202 页。

距离的拉近而形成的切近联系。随着贯穿欧亚的巴格达铁路和西伯利亚铁路的修筑，德国势力必将东进扩展，"近东问题与远东问题，在今日几无远近之分"，国人更应该留心奥斯曼帝国情形。[①] 魏公使对两国关系的解读并不见得全面透彻，但至少可以看出他已充分意识到，随着现代交通事业的突飞猛进，两国之间不再限于隔空比照的相似国家命运之联系，而是存在日益紧密的实质性国家关系，这两条线索同等重要，不可偏废。

如何充分利用外交途径，有效解决与奥斯曼帝国存在千丝万缕联系的各种现实困难，成为民国时期中国人思考最多的课题。在议和筹备处第二次会议上，一位曾姓外交官即预测，在未来的国际舞台上，各伊斯兰教国家将握有更多的发言权，穆斯林众多的中国，也应积极谋取代伊斯兰教国家发声的国际地位。他提出的首要方案即是从伊斯兰大国奥斯曼帝国身上汲取国际智慧，选派精通欧洲语言者游历奥斯曼帝国，研判其能否成为伊斯兰教之宗主国，并分析中国与其联合的利害关系。[②] 一批拥有在奥斯曼帝国游历、学习和生活经历的回族知识分子也积极建言献策，在双边关系建构中发挥了至关重要的作用。1914 年，曾于清末觐见奥斯曼苏丹的回族学者王宽，即从种族、商贸角度陈述了两国立约的理由，称奥斯曼人对中华物产最为欢迎，"果能中、土结约，互通商旅，将见庄严民国称霸

---

① 《议和筹备处第六次会议速记录》，《民国外交档案文献汇览》第 6 册，第 2690、2695—2696 页。
② 《议和筹备处第二次会议速记录》，《民国外交档案文献汇览》第 6 册，第 2616—2618 页。

亚洲，而雄飞世界矣"。① 1928 年，旅土华侨代表、回民王曾善及马宏道等联名致电中国外交部，请求与土耳其共和国议定条约、互派使领，因为同属东方文明之邦的两国在政治、经济等各方面，"均有彼此联络、互相提携之必要"，尤其是土耳其废除不平等条约的经历，足为中国镜鉴。② 凡此种种，均为1934 年中土两国正式建交创造了良好的舆论环境。延至 1935年，首任驻土公使贺耀组还在一篇序言中，从政治、经济层面讲述了构筑中土友好关系的极端重要性，指出土耳其在处理中国新疆问题上具有关键性作用，土耳其与中国新疆的贸易往来和宗教接触久已频繁，两国可趁订定通商条约之机，适当约束居留之民。在经贸领域，贺氏认为"中土两国地势气候，迥不相同，物产亦随之而异，贸通有无，相需甚殷"，故可于建立正式邦交关系之际，强化经济上的密切合作。③ 至此，酉阳等先觉者自清末以来倡导的构筑新型中土两国关系、统筹解决西北边疆民族问题、扩大国际商贸往来的设想，终于迈出了缓慢但又坚实的第一步。

　　1935 年以前的民国时期，最能体现国人两国关系认知之高度和水准的，恐怕是对"民族命运相似说"的反省。当人们由两国差异性面相入手，对以往略显空泛甚至带有理想化、模式化的关系建构仔细甄别，不仅能够揭示某些几乎已被奉为圭臬之观点的荒谬，更能体现论者可贵的本位立场和理性精神。批判与反思的过程看似是对两国关联性的一种解构，实则

---

① 王宽：《〈中国回教俱进会本部通告〉序》，白寿彝：《中国伊斯兰史存稿》，第 383—384 页。

② 《旅土侨胞请订中土通好条约》，《申报》1928 年 10 月 25 日，第 8 版。

③ 曾广勋：《土耳其经济现状》，贺序，第 4—6 页。

是对该论题原则和边界的重新约定。

这一反思并非完全始自民国时期。早在 1900 年梁启超就曾提醒国人，中国与奥斯曼帝国国内外形势相差悬殊，不可随意比附，切忌以其在列强夹缝中尚能苟延残喘的命运，来臆断中国也必将受到西人庇护。[①] 1903 年，美国传教士李佳白在上海格致书院的公开演说中，虽认可两个"病夫"国的笼统提法，却特别指出了双方在政治制度、自由权利、宗教事务上的明显差别。[②] 清末最后几年，清廷官员、革命派、立宪派在将 1908 年土耳其立宪革命作为政治动员的一个有效武器时，对奥斯曼帝国复杂的民族构成、艰难的斗争历程、险恶的国际环境、失败的革命结局进行了丰富的解读，形成"革命与立宪孰优孰劣""革命后果是杜绝瓜分还是陷入混乱""革命是否应止步于君主立宪"的论争。尽管各方言论都带有自己的立场和目的，但同时也进一步凸显了两国内外形势的差异性，为人们重新审视"中土命运相似说"创造了思想上的条件。

进入民国后，这种反思得到了进一步发展。尤其在国内政局动荡不安、边疆危机日益加深的时代背景下，知识精英们越来越试图揭示两国的差异性，进而论证这样一种观点：中国绝不会像奥斯曼帝国一样走向衰亡。1912 年，《大公报》即有记者从宗教、人种、实力等角度分析指出，巴尔干问题与蒙藏危机"大势似同，而由根本上论之，则性质绝异"，中国并无奥斯曼帝国那样严重的宗教对立情形，民族融合政策更为奏效，

---

① 梁启超：《瓜分危言》，《饮冰室合集·文集之四》，第 29 页。
② 《美儒李佳白先生讲义》，《申报》1903 年 5 月 26 日，第 1 版。

所遇敌手的实力也相对较弱等，[1] 着意引导国人去感知并避免奥斯曼帝国的前途与命运。1915 年，对于世人动辄将两国命运归于一途的习惯认知，梁启超特从立国之基、民族融合、宗教思想三方面加以批驳，重申"吾国决非土耳其之比。谓我将来与土耳其同一命运者，实梦呓也"。[2] 对于社会上流行的近东问题解决后，中国将沦为下一个奥斯曼帝国的言论，梁启超颇不以为然，强调"此言似矣，而非其真也"。在他看来，两国国内矛盾、国际环境均不可同日而语，奥斯曼帝国民族成分复杂、难以同化，中国则无"截然相异之人种"，而列强亦需喘息之机，十年之内未必能集中力量于远东，故中国"尚有自立之余地"。[3] 其良苦用心由此可见一斑。

不仅如此，民国政学界还借此对以往国人观察奥斯曼帝国的立场和方法进行总结和反省，在两国关系的认知中，开始自觉凸显出有别于西人视角的自我本位立场。1919 年，外交总长陆徵祥在议和筹备会上，便明确提出"用中国眼光"研究两国关系和奥斯曼问题的方法论原则。他虽认可西人以自己的眼光观察远、近东问题的做法有其意义，承认以奥斯曼帝国为中心的巴尔干问题"极与中国蒙古满洲西藏之利害相类"，却不认为中国人应该不假思索地沿袭西人的眼光看问题，特别强调"外国人著书多以本国利益为前提，今以巴尔干问题用中

---

① 《巴尔干问题与蒙藏问题之比较》，《大公报》1912 年 11 月 18 日，第 1 张第 3 版。

② 梁启超：《中国与土耳其之异》，《大中华杂志》第 1 卷第 3 期，1915 年。

③ 梁启超：《欧洲战役史论》，《饮冰室合集·专集之三十》，第 74—75 页。类似的论证手法在当时较为常见，如蓝公武的《中国之将来》（《民国经世文编》第 1 册，第 622—623 页）、绍塱的《中国土耳其革命异同论》（《太平洋》第 1 卷第 6 号，1917 年）。

国眼光研究甚有益也"。① 也就是说，陆徵祥已经意识到只有以本国利益为出发点，不亦步亦趋地盲从西人，才能从奥斯曼帝国身上真正找到符合本国利益与需求的启示和经验，这实际上已经抓住了国人独立研究奥斯曼帝国、自主思考两国关系这一构建两国关联性问题时应当坚守的根本原则。

一战之后，奥斯曼帝国土崩瓦解，领土几乎被瓜分殆尽，只余伊斯坦布尔周边和安纳托利亚半岛的部分地区。所幸的是，奥斯曼人民在其民族英雄凯末尔的领导下，与希腊、英国、法国等侵略者进行了殊死搏斗，不但光复了本土，还在政治、经济、宗教、文化等各领域展开大刀阔斧的改革，用很短的时间就甩掉了"近东病夫"的帽子，初步实现了国家独立和民族复兴。土耳其的巨大成功，给依旧处于国难的深渊之中、苦寻民族救亡之路的中国人强烈的刺激。20 世纪二三十年代，知识界反复陈述和探究土耳其革命与改革的历程，不仅赞其为"现代化国家"的模型，视之为鼓舞中国民众奋起的精神动力，更从中提炼出诸多宝贵的成功经验和改革举措，直接服务于自身的民族国家建设。值得注意的是，在一片"学习土耳其"的呼唤声中，尚有一批有识见者带着反思的眼光重新审视土耳其之路，如实指出其复兴历程存在的种种困境和缺失，对中国移植他者之路的可能性和局限性都有较为全面、成熟的考量。

20 世纪 30 年代之后，随着日本残暴侵略激起民族意识的高涨，以及中国本位文化论争的兴起，知识界的"中国本位"意识空前自觉，在吸收欧美文化之时，开始既注重保持本土文

---

① 《议和筹备处第六次会议速记录》，《民国外交档案文献汇览》第 6 册，第 2696—2697 页。

化的特质和独立，也注重使其符合时代特征与当下需要。正如
有的学者所言，"中西文化真正进入了沟通融合以创造中国近
代新文化的新阶段"。[①] 与此相一致，对于如何认知和处理与
土耳其的关系，国人此时也越来越自觉地强调，无论是在吸取
奥斯曼帝国的教训还是在学习土耳其改革复兴的经验时，都要
始终保持一份警醒，充分考虑国情之差异，努力回归自身的国
家立场和时代关切。1931 年，曾赴土耳其共和国考察的外交
部特派员程演生针对以往国人动辄援引土耳其先例的做法，强
调两国革命的背景和历程迥然不同，"中国人喜引证土耳其
事，乃非常误解"。[②] 这种中国道路特殊性的自觉在中土建交
后依旧延续，且随着抗战的全面爆发而愈显强烈。1937 年，
驻土公使贺耀组便明确表示："对于土耳其的一切，除某些部
分有可效者外，大多只能收观摩比较的利益，不可无批判地，
无选择地，囫囵吞枣似地去学他。"[③] 致力于国家统一论研究
的刘平更是强调，土国革命经验固然可贵，但因时代、国情不
同，只可借鉴而不能一味模仿，在看清他者的成功和失败的同
时，中国人"要走自己应走的路"。[④] 在这种理性自觉之路的
探索历程中，河南新闻界的领袖人物彭家荃[⑤]的有关见解，或
许最具学理性。他在 1933 年为河南大学王善赏教授的《土耳

---

① 参见郑大华《30 年代的"本位文化"与"全盘西化"的论战》，《湖南
师范大学学报》2004 年第 3 期；左玉河：《中国本位文化论争与"现代
化"共识的形成》，《中国社会科学院研究生院学报》2010 年第 5 期。

② 《笔会常会纪要》，《申报》1931 年 2 月 10 日，第 14 版。

③ 贺耀组：《土耳其的国防政策》，《边疆半月刊》第 2 卷第 2 期，1937 年。

④ 刘平：《近代国家统一过程的研究》，黑白丛书社，1937，第 5 页。

⑤ 彭家荃，江西永新人，号凌欧，于 20 世纪 30 年代担任河南省政府主席
刘峙的秘书，一度出任具有官方背景的河南民报社总编辑、和平通讯
社负责人。

其民国十周国庆纪念之感想》所作序言中，鲜明地提出了立足"中国本位"把握他者的认知总纲。他指出："站在二十世纪的今日，尤其是处在中国，欲把世界的智识，能切用到我国，必先有民族的自信力，才能耸身天空作鸟瞰，着着看透世界，处处取舍由我，适应由我，表现自我，才能掇人之长，补我之短。"若失去自信力和鉴别力，则只能粗制滥造、效颦仿行域外知识，过去几十年间中国变革之所以失败，就是因为人们很少以中华民族为本位而自定其取舍从违，斟酌损益。由此出发，他强调国人在取法土耳其时，应该"认识自我，适应自我，把自身昂头天外，目光四射一切，才能得有用的智识，有效的方法"。唯有具备不肯枉己徇人的精神，"才能配谈国际政治，才能配谈世界知识，才能配运用世界知识"。[1] 这种立足中国本位，从实际国情出发，客观、冷静地把握和分析世界知识与形势，辩证地看待他者的经验教训的土耳其认知观，标志着国人对外认知和外交思想的真正成熟。这无疑得益于抗战时期国人民族自信力得以部分恢复的强大助力。这种深沉的民族自信力与自信心，也是未来中国人得以自处的根本之道。

　　另需要指出的是，土耳其政要在论及双边关系时，也曾提出两国国情之特殊性和差异性，这或许对于中国官员审慎思考土耳其之路的适用性，也产生过一定的影响。1929年，国民党政要胡汉民赴土耳其访问期间，与土耳其共和国内阁总理伊斯美交谈，双方相互介绍各自国家的政治纲领和政党制度。当胡汉民问及将来土耳其是否会像中国一样时，伊斯美表达了高

---

[1]　彭家荃：《〈土耳其民国十周国庆纪念之感想〉序》，王善赏：《土耳其民国十周国庆纪念之感想》，第1—7页。

度的土耳其本位意识，强调"这是各国的情形不同，中国是有中国的特殊情形，拿我们土耳其来和中国比较不过等于中国的一个行省罢了。所以我们现在还不能照中国这样做"。胡汉民对此深表赞许，认为伊斯美"有所见而云然"。①

## 第三节　近代中国知识精英的奥斯曼–土耳其洲属观

自西方"五大洲"学说传入，成为划分世界的新空间单位后，地跨欧亚的土耳其便构成中国知识界想象亚欧与定位自我的灵活资源。国人对跨界国家的洲属归类，既基于山川、河流、湖泊、海峡的自然地理分界，也参考政治、经济、历史、文化等多元社会要素，更服从于自身的现实关切和国家利益。如前所述，学界既有研究多从"民族命运相似"视角出发，对近代中国人的奥斯曼观做了较为深入的探讨和反思，但对土耳其洲属认知及其历史内涵，却少有涉及。本节试图勾勒近代中国知识精英土耳其洲属观的演变轨迹，分析洲属建构的判定因素和时代因缘，并对其中折射出的他者想象、亚洲意识与自我认知等问题做初步探讨。

### 一　"亦欧亦亚"：晚清国人对奥斯曼帝国洲属的双重认知

"亚洲"与"欧洲"、"东方"与"西方"乃是人类社会演进过程中逐渐形成的两组相反相成的空间概念。"亚洲"的语源出自亚述语中的 assu（"日出"之意），"欧洲"的语源来

---

① 胡汉民述，张振之记《考察新土耳其的经过和感想》，《新亚细亚》第 1 卷第 1 期，1930 年。

自闪语的 ereb（"黑暗"或"日落"之意），这一区分后被扩展至今天的地理概念中。① 近世亚欧概念的明确对应，与两个世界日益频繁的交流与冲突关系至深，西人"欧洲"观念的自我强化源于对他者——"亚洲"的想象建构，而东方人"亚洲"意识的形成与巩固，则与西方入侵催生的危机意识直接相关。日本学者狭间直树认为，近代日本"亚洲"观念的出现，正是基于"受欧洲侵略而被迫意识到自我存在"。② 美国学者柯瑞佳指出，在 20 世纪初民族危机深重的背景之下，"亚洲"概念为初步具有全球意识的中国知识分子"提供了一条重新思考全球和内部权力组成的途径"。③ 他们的研究还简略提及，同处弱势地位的奥斯曼帝国在此间被中日两国政客、知识人纳入亚洲范畴。但在"亚洲"成为对抗欧洲或西方的新空间概念以前，国人对其洲属的判定状况，迄今未得到清楚的梳理。

实际上，随着西方地理学新知的输入以及中国边疆史地学的勃兴，《海国图志》《瀛寰志略》等近代早期世界史地论著逐渐吸纳"五大洲"学说，作为阐述全球地理的基本框架。④

---

① 〔日〕狭间直树：《日本早期的亚洲主义》，张雯译，北京大学出版社，2017，第 2 页。相关研究还可参见李永斌《"东方"与"西方"二分法的历史渊源》，《光明日报》2017 年 2 月 27 日，第 14 版；李孝聪：《历史时期欧洲地域的界定》，《历史地理》第 15 辑，上海人民出版社，1999。

② 〔日〕狭间直树：《日本早期的亚洲主义》，第 3 页。

③ 〔美〕柯瑞佳：《创造亚洲：20 世纪初世界中的中国》，董玥主编《走出区域研究：西方中国近代史论集粹》，社会科学文献出版社，2013，第 108 页。

④ 有关"五大洲"学说早期在华传播的研究，可参见郭双林《西潮激荡下的晚清地理学》，北京大学出版社，2000，第 258—267 页；邹振环：《晚清西方地理学在中国——以 1815 至 1911 年西方地理学译著的传播与影响为中心》，上海古籍出版社，2000，第 28—32 页。

领土横跨欧、亚、非三大洲，占据东西、欧亚、基督教与伊斯兰教文明交汇点的奥斯曼帝国，究竟该如何归类，便成为一个模糊不定、有待说明的新问题。

就笔者所见，晚清中国人最早进行洲属划分时，并未明确将奥斯曼帝国纳入亚洲，反倒认为它是欧洲国家。早在 19 世纪40 年代，史地学家徐继畬就提出，跨界国家的洲属应以首都所在地为准。于是奥斯曼帝国与俄国一样，虽在亚洲拥有更多的领土，但因建都于"欧罗巴"，归入欧洲"如其实也"。① 此一判定对晚清知识界有一定影响。1856 年，李慈铭正是研读了《瀛寰志略》，才在《越缦堂读书记》中确认奥斯曼帝国为"欧土大国"。② 其后的知识人在涉及单纯地理空间分类时，也多主张"欧洲说"。1864 年，同文馆美籍教习丁韪良和他的中国同事翻译《万国公法》时，在东、西半球地图的文字说明部分，将奥斯曼帝国列入欧洲而非亚洲。③ 1876 年出使海外的郭嵩焘在介绍沿途所经各国时，也认定奥斯曼帝国"隶欧罗巴"，而非"隶亚细亚"。④ 次年，改良派思想家陈虬在《教经答问·地球章》解答各国地理分布问题时，以奥斯曼帝国居"欧洲近最著名"国家之列，而不见于亚洲国家名单。⑤ 可见，奥斯曼帝国的欧洲国家身份在晚清已是相对固定的一个世界地理知识。

① 徐继畬：《瀛寰志略》卷 1，第 7 页。
② 李慈铭：《越缦堂读书记》中册，第 478 页。
③ 〔美〕惠顿著，〔美〕丁韪良译，何勤华点校《万国公法》，中国政法大学出版社，2002，第 2 页。
④ 郭嵩焘：《伦敦与巴黎日记》，钟叔河主编《走向世界丛书》第 4 册，第 89 页。
⑤ 陈虬：《教经答问》，胡珠生编《东瓯三先生集补编》，上海社会科学院出版社，2004，第 32 页。

从地缘战略角度论，土欧关系的历史与现状也容易引导国人的奥斯曼帝国欧洲归类。徐继畬曾指出，作为泰西为数不多的兼跨欧亚之国，奥斯曼帝国以"擅膏腴之壤、据形便之地"，百年来已成列强逐鹿之地，迄无止戈之日。[①] 这显然突出了其与欧洲地缘政治的高度关联性。此后的中国知识精英也从不同角度深入阐述了奥斯曼帝国在欧洲世界的独特地位。王韬认为其为欧洲诸国屏障，英、法之所以屡施援手，乃是担忧俄国鲸吞土耳其后，将席卷西驰，影响"欧洲安危大局"。[②] 由此可知，奥斯曼帝国已被国人视为欧洲内部国家安全链上不可或缺的关键一环。梁启超甚至以其"逼近欧洲，尺土寸地，皆牵动欧洲全局，故各国不得不以兵力争之"，告诫国人中国与欧洲"壤非交错"，不可幻想列强的出兵干预。[③] 通过两个国家国际处境的鲜明比照，奥斯曼帝国与欧洲时局更加紧密的内在联系进一步凸显，这无疑为其欧洲归属提供了依据。

同时，奥斯曼帝国在19世纪中叶之后逐渐接受西人主导的国际法则，并以条约形式为列强承认，也是其成为欧洲国家的判定依据。前引《万国公法》即用相当笔墨介绍了奥斯曼人抗拒、了解乃至接受西方外交法则的曲折经历，强调欧洲诸国"与土国互相公议盟约，土国因而服欧罗巴之公法也"。[④] 传教士林乐知、李提摩太等译介的《欧洲东方交涉记》《泰西新史揽要》，还详加记录了19世纪50年代克里米亚之战和19世纪70年代俄土战争后，英、法等列强通过在巴黎、柏林召

---

① 徐继畬：《瀛寰志略》卷6，第170页。
② 王韬：《英宜保土》，《弢园文录外编》，第101—102页。
③ 梁启超：《瓜分危言》，《饮冰室合集·文集之四》，第29页。
④ 〔美〕惠顿著，〔美〕丁韪良译，何勤华点校《万国公法》，第20页。

开的国际会议，与奥斯曼帝国签订系列条约的史实。[①] 此乃学界公认的奥斯曼-土耳其被正式纳入欧洲国家俱乐部的标志。[②] 这些著述在晚清知识界流传甚广，对巩固奥斯曼帝国的"欧洲身份"不乏积极作用。此外，清末国人还敏锐察觉到，在长期的冲突与融合中，奥斯曼社会逐渐增添了不少欧洲元素。人们不仅惊叹本非欧洲人种的奥斯曼人，"今其仪表几与欧人相若"，还注意到该国社会上层追逐西方服饰、尝试西式刀叉的新风尚。[③] 这一渐进的西化变革并不必然推导出奥斯曼帝国的欧洲国家身份，但考虑其在欧亚大陆摇摆的实际情形，上述因素至少增添了"欧洲说"的砝码。

当然，作为亚洲成员的中国知识人在观察和记述奥斯曼帝国时，不仅没有忽视其在亚洲的广阔领地，更会以一种"亚洲人"的眼光格外关切它呈现的"东方"特征，这不禁令其欧洲归属存在几分疑问。

晚清中国人在著述中反复申说奥斯曼帝国与欧洲国家政治制度之差异，以及与亚洲国家的同质性。魏源较早通过西人的记载发现，奥斯曼帝国"政事与欧罗巴各国不同，权操自上，令出惟行，弗惟反"，[④] 似与东方集权国家更为接近。在清末中国沦为西人眼中与奥斯曼帝国并称的"病夫之国"时，国

---

① 〔英〕麦高尔：《欧洲东方交涉记》第1卷，第10—11页；〔英〕麦肯齐：《泰西新史揽要》，〔美〕李提摩太、蔡尔康译，上海书店出版社，2002，第366页。

② Donald Quataert, *The Ottoman Empire, 1700-1922*, Cambridge; New York: Cambridge University Press, 2000, p.85.

③ 《土耳其国风土记》，《（清末）时事采新汇选》第17册，第9095—9096页。

④ 《海国图志》第48卷，《魏源全集》第6册，第1363页。

人越来越习惯于用"西方标尺"来衡量两国，从而发掘出二者的诸多通病。1893 年，尽管驻外公使崔国因充分认识到"土耳其版图向跨三洲，而近年日削，在亚洲者已微"，但若以君主专制政体来评判，他更愿意将其归入亚洲。① 可见，奥斯曼帝国归属因判定标准不同而存在可变性。20 世纪初年，盐城孝廉陈惕庵虽然承认奥斯曼帝国为"欧洲之邦"，却又极力强调其乃该洲罕有的未实行立宪政体之国。② 山东巡抚孙宝琦更是严厉批评中国与奥斯曼帝国仍保留欧洲国家早就废止的宦官制度。③ 显然，这些论说不但没有增强奥斯曼帝国作为欧洲国家的合理性，反而进一步突出了其与中国在内的诸多亚洲专制国的一致性。

奥斯曼帝国与亚洲国家在社会风俗方面的相似性，更容易为国人感知。魏源研读西人论著后即意识到，奥斯曼人婚俗、服饰皆与欧罗巴相异，颇似东方。④ 19 世纪 70 年代以后，亲历欧美的中国知识人更能真切感知魏氏论断之正确。1876 年，观摩美国费城博览会的李圭发现游人中"服色迥异者"，唯奥斯曼人与中国人。⑤ 1883 年，远赴西欧的袁祖志也察觉，与欧洲各国相比，奥斯曼人"被服离奇"。⑥ 20 世纪初，出访欧美的载振在西方博物院观赏世界各国器物后，毫不犹豫地将奥斯

① 崔国因著，胡贯中、刘发清点注《出使美日秘日记》，第 618—619 页。
② 《盐城陈惕庵孝廉上粤督岑云阶制府书》，《申报》1903 年 11 月 17 日，第 1 版。
③ 《新鲁抚之政见（续）》，《申报》1909 年 7 月 3 日，第 1 张第 4 版。
④ 《海国图志》第 48 卷，《魏源全集》第 6 册，第 1365 页。
⑤ 李圭：《环游地球新录》，钟叔河主编《走向世界丛书》第 6 册，第 205 页。
⑥ 袁祖志：《泰西不建中土说》，《近代中国对西方及列强认识资料汇编》第 3 辑第 2 分册，第 927—928 页。

曼帝国与印度、日本同归于东方国家。[1] 这些感观体验为国人将大部分领土位于亚洲且与东方世界颇具渊源的奥斯曼帝国纳入亚洲范畴，提供了有力支撑。

当时，国人还清醒意识到，尽管欧人以条约形式暂时接纳了奥斯曼帝国，但实际上始终以驱赶这个政教风俗迥异的国度为目标。1878年，马建忠指出土耳其实为欧洲"局外之国"，只是因地理上靠近欧洲，才屡屡引发列强在此地的争斗，所谓"西土之均势虽平，而东方之争端又起矣"。[2] 唐才常也将奥斯曼帝国与欧洲列强数百年来的残酷战争，概括为伊斯兰教与基督教之争。[3] 这些论述既揭示了奥斯曼帝国深度卷入欧洲事务的基本事实，也反映了其与欧洲宗教文化的尖锐对立，无形中又拉开了彼此的距离。同时期，林乐知、瞿昂来合译的《列国陆军制》还推测一旦奥斯曼帝国被驱逐出欧境，会利用其在伊斯兰世界的巨大影响力，向波斯、印度等穆斯林众多的亚洲开拓生存空间。[4] 延至1913年，《进步》杂志的一篇文章还根据奥斯曼帝国欧洲领地日就朘削、呈现日暮途穷之状，预判奥斯曼人未来"不得不转其眼光，以注重于其亚细亚领土"。[5] 可见，至少到一战前，国人已充分体察到奥斯曼帝国发展战略偏转亚洲的趋向，只是这一过程尚未最终完成。反过来看，这也恰恰说明当时奥斯曼帝国主体活动舞台仍是欧洲，"亦欧亦

---

[1] 载振：《英轺日记》第5卷，第127页。

[2] 马建忠：《巴黎复友人书言欧洲邦国之交（节录）》，《近代中国对西方及列强认识资料汇编》第3辑第2分册，第656页。

[3] 《各教考原》，王佩良校点《唐才常集》，第299页。

[4] 〔美〕欧泼登著，〔美〕林乐知口译，瞿昂来笔述《列国陆军制》，第55页。

[5] 和士：《土耳其之将来》，《进步》第5卷第3号，1914年。

亚"构成中国人土耳其洲属的双重认知。

## 二　"脱欧入亚"：一战与土耳其洲属认知之转折

如前所论，尽管在清末民初，"亚洲意识"日渐明晰的中国知识精英及时确认过奥斯曼帝国的亚洲身份，但就当时它的地理空间、地缘战略、社会风俗等因素而论，只能算是一个"半欧半亚"之国。到1915年，赴美参加巴拿马太平洋万国博览会的屠坤华在考察奥斯曼帝国展馆"其式不一"的诸多建筑和物品后，仍得出其系"半亚半欧之邦"的结论。[①]

在笔者看来，第一次世界大战乃是中国人土耳其洲属观最终实现转变的关键点。奥斯曼帝国在一战中加入以德国为首的同盟国阵营，于1914年11月向协约国宣战，结果在战争中遭遇惨败。在战后的巴黎和会上，它受到英法等胜利者的严厉惩处，条件苛刻的《色佛尔条约》令整个帝国分崩离析，绝大部分的欧洲领土要么被瓜分，要么被共管，阿拉伯各省也从其控制下挣脱出来，只剩下安纳托利亚这个更为单一民族的领土和一块伊斯坦布尔周围的欧洲飞地。[②] 幸运的是，在危难之际挺身而出的凯末尔带领土耳其人民驱逐了侵略者，旋即又拉开了现代化改革的序幕，用很短的时间赢得了民族解放和国家振兴。这一国势的急剧变化，对土耳其产生了全方位深层次的影响。其中就地缘关系而论，涅槃重生的"新土耳其"与欧洲的关联度大为降低，反而与亚洲形成了更为切近的空间联系，

---

① 屠坤华：《万国博览会游记》，第163页。

② 〔美〕戴维森：《从瓦解到新生：土耳其的现代化历程》，张增健、刘同舜译，学林出版社，1996，第138页；王三义：《晚期奥斯曼帝国研究（1792—1918）》，中国社会科学出版社，2015，第321页。

这为中国知识界名正言顺地将其归入亚洲提供了事实依据。民国历史学者李鼎声在《各国革命史讲话》一书中曾指出，奥斯曼帝国自青年土耳其党执政以后，对外战争屡屡失败，不断失去欧洲领土，至一战前夕已然"算不得是一个欧洲国家了"。一战之后奥斯曼帝国更是被迫接受了帝国主义最苛酷的分赃条约，最终"坠入噩梦"。① 此处，李鼎声可谓相当自觉地揭示出一战在近代国人土耳其洲属认知史上的转折性意义。

笔者以为，此种认知变化或可形象、简洁地概括为"脱欧入亚"，其主要含义在于奥斯曼帝国地理生存空间重心由欧洲转入亚洲的剧烈变化，以及由此衍生的经济、人口、国都等在洲际资源分布上的结构性调整。这与人们所熟知的明治时期日本学者福泽谕吉从"文明"意义上提出的"脱亚入欧"口号，不仅发展方向截然相反，历史内涵也迥然不同。②

领土的缩水、人口的锐减、首都的迁移，成为新土耳其"脱欧入亚"的主要判断指标。20世纪30年代初，政治经济学家刘君穆在阐述一战后全球政治地理形势之时，细致解读了土耳其的洲属转变，颇具代表性。他指出，就欧亚领土比重而言，一战后土耳其疆土由小亚细亚的高地及欧洲巴尔干半岛的东南一隅构成，总面积为76万方千米，欧洲部分只有0.24万方千米，仅占0.003%。土耳其欧洲领土对于整体国民经济的重要性，显然与战前不可同日而语。对于凯末尔的迁都之举，刘君穆同样认为这完全适应了土耳其战后发展重心偏向亚洲的

① 平心：《各国革命史讲话》，光明书局，1946，第179—180页。
② 关于近代日本人的亚洲观研究，除了前引日本学者狭间直树的专著，还可参见史桂芳《近代日本人的中国观与中日关系》，社会科学文献出版社，2009。

新情势。在昔日握有巴尔干半岛全境的盛时，以君士坦丁堡为地跨三洲的奥斯曼帝国的首都，是十分适宜的。如今欧洲部分的领土所剩无几，将国都迁往亚洲的安卡拉确是理之必然。[①]显然，国都迁徙进一步削弱了土耳其的欧洲属性，也昭示了其未来发展的亚洲指向。如果按照晚清徐继畲所设定的首都归属原则，土耳其终于能从地理常识上被称为亚洲国家了。因此，尽管刘君穆没有忘记土耳其欧洲部分的重要战略地位，如西欧至巴格达的铁路借道于此，君士坦丁堡仍处于黑海至地中海航路和东西交通的要冲，但他仍在著作中明确宣称，"新土耳其"现在已是"纯粹的亚洲的国家"。[②]一定程度上说，亚洲国家身份成为战后"新土耳其"之"新"的最直观表现，也是其与昔日奥斯曼帝国的主要区别之一。

与此同时，过去世人瞩目的"近东问题"之内涵也在悄然发生变化。随着土耳其势力基本撤出该区域，"近东问题"与"土耳其问题"便难以再画上等号。1933年，土耳其问题研究专家柳克述即敏锐指出，从前"近东问题"的对象似乎专指土耳其，但自第一次世界大战之后，土耳其的疆土重心明显偏于亚洲，且经过凯末尔改革后，该国的综合实力足以抗御外侮，国际地位显著增强，由土耳其引起的外交纠纷已大为减少，可以说"年来近东问题的发动，乃不是土耳其，而别有所在"，即主要指意大利和南斯拉夫两股势力。它们在巴尔干半岛西部的阿尔巴尼亚发生的激烈争斗，应该称作"新近东问题"。[③]由此可知，基于土耳其内政外交事务的亚洲偏向，

---

① 刘君穆：《战后世界政治地理》，民智书局，1934，第332—333页。
② 刘君穆：《战后世界政治地理》，第332—333页。
③ 柳克述：《近百年世界外交史》，商务印书馆，1933，第118—119页。

传统意义上与土耳其相捆绑、相缠绕的"近东问题"，与土国的关联性已经基本解除，该概念的内涵与外延都发生了根本变化。也就是说，土耳其与欧洲世界的地缘关系严重弱化，这反过来进一步约定了它的亚洲身份。

国人对于土耳其的亚洲归类，还可以从一战后出版的众多历史地理、国际关系类的教科书或通俗读物中得到印证和强化。

此前以"五大洲"为叙述框架的史地论著多习惯于将奥斯曼帝国分割为亚、欧两部分，在不同章节分别加以介绍。如嘉庆年间，传教士米怜创办的近代第一份中文报刊《察世俗每月统记传》在述及世界各国状况时，就在欧洲、亚洲版块分两次介绍奥斯曼帝国的地理、省份、人口等信息。[1] 这一写作体例在清末民初大体得到遵循。光绪年间，陈昌绅编写的《分类时务通纂》即将奥斯曼帝国切分为西土、中土、东土，详加阐释其地域特点。[2] 直到 20 世纪初年，清政府学部组织编纂的《土耳基志》还设欧、亚、非三章，分别罗列了奥斯曼帝国各省的面积、人口、地理、物产、气候等详情。[3] 1913年版的中学地理教材《重订瀛寰全志》也采行欧亚二分法，并在"亚洲土耳其"部分特别注明"与欧洲之土耳其合为一国"。[4] 此种书写程式并未过多纠结于土耳其的洲属划定，只是基于其兼跨两洲的既成事实，着力反映幅员辽阔之土国的显

---

[1] 见《全地外国纪略·论有罗巴列国》《全世［地］外国略传·论亚西亚列国》，〔英〕米怜编，刘美华编校，张西平审校《察世俗每月统记传》，第 257、262 页。

[2] 陈昌绅：《分类时务通纂》第 8 册，第 33—40 页。

[3] 学部编译图书局：《土耳基志》，第 32—38 页。

[4] 谢洪赉编纂，赵玉森重订《重订瀛寰全志》第 2 编，第 201 页；第 3 编，第 38 页。

著地域差异。应该说，这是一种尊重地理空间分布的稳妥处理方式，但它忽视或者说回避了土耳其的洲属认定问题。

一战之后的类似出版物则根据土耳其欧洲领土大量丧失的现实情况，在书写体例和语言表述方面做了相应调整，直接或间接地反映出土耳其洲属的改变。尽管亚、欧两分的写作方式普遍得以延续，但与先前大篇幅介绍欧洲土耳其相比，此时论者于该部分着墨甚少，有关亚洲土耳其的文字叙述明显增多。20世纪20年代，张介石的《战后列国大势与世界外交》虽然明确地理空间上土耳其介于欧亚之间，但仍选择将"土耳其"一节放入亚洲模块，在欧洲部分不再提及。[①] 30年代，韩道之编写的以严谨、准确著称的高级中学教科书《世界地理》，将"亚洲国家"身份视为"新土耳其"的重要特征，着力引导国人从"亚洲视角"去观察土耳其。该书不仅具体介绍了奥斯曼帝国瓦解后土耳其在亚洲地位提升的事实，还提醒国人注意，土国势力东扩可能会加剧中国西北、西南的边患。这无疑进一步凸显了土耳其与亚洲事务，特别是同中国边疆安全的直接联系。而以前十分重要的"欧洲土耳其"竟没有设立专章，仅在欧洲地理部分的末尾处，以"附西土耳其"的形式一笔带过。值得注意的是，作者在书中还特别强调"亚洲土耳其"与"欧洲土耳其"于一战前后在政治隶属关系上已经实现"互易其位置"，从而更为明确地揭示出土耳其地缘政治层面洲属转折的内涵。[②] 同时期余俊生编著、经南京国民政府审定的权威初级中学教科书《外国地理》更是将土耳其由沉沦到

---

① 张介石：《战后列国大势与世界外交》，中华书局，1927，第77页。

② 韩道之：《世界地理》，立达书局，1932，第77、81—82、228—230页。

复兴的历史进程统统放入亚洲章节详细陈述，甚至很多与亚洲无关、只牵涉欧洲局势的内容也混杂其中。欧洲土耳其章节竟被完全取消，只是在记述地中海北岸三半岛时，出于知识衔接的需要，作者才穿插介绍了零散的土耳其信息。[1] 这充分说明至少从世界地理知识角度论，土耳其的亚洲归属算是确定无疑了。以上种种论述，既符合当时土耳其基本退出欧洲地理空间的国势演变，也反映了中国知识界对于土耳其洲属转化的普遍接纳和认可。考虑到这些教材的权威性以及读物的流通性，"土耳其系亚洲国家"这一簇新观念显然又会通过它们为更多的青年学生、一般读者所了解和接受，实现更大范围的社会化传播。

在当时围绕一战后土耳其国势演变的众多阐释中，国际政治学专家邓公玄于 1934 年的解读值得格外重视，也更能体现土耳其洲属认知的微妙复杂之处。他的《今日之欧洲》一书在纵论欧洲诸国形势时，通篇难觅土耳其的踪迹，只是在阐述巴尔干半岛的历史与现状时，才简单提及昔日在该地区拥有举足轻重地位的土耳其，如今在亚洲"休养"。[2] 这种处理方式，看似与同时期其他论著并无太大出入，作者对于土耳其战后差不多完全退出欧洲政治舞台、加盟亚洲集团的基本事实，显然是持肯定态度的。但他精心选用的"休养"一词又颇耐人寻味，这实际上是对洲属转换做出某种人为的限定，即认为土耳其的"脱欧入亚"带有一定的暂时性、临时性，休养调整之后的土耳其在时机成熟之时，存在复归欧洲舞台的可能。换言

---

① 余俊生：《外国地理》，商务印书馆，1937，第 107—108、171 页。

② 邓公玄：《今日之欧洲》，商务印书馆，1934，第 83 页。

之，尽管从地理空间范畴论，土耳其与欧洲的关联度被严重削弱，与亚洲的联系显著增强，但它依旧无法彻底斩断与欧洲世界错综复杂的彼此关联。领土依然跨越亚欧的土耳其，在洲属归类上仍具有可变性和伸缩性，有着相当的人为建构和解释的余地，这也为民国时期土耳其亚洲身份建构不时出现的逻辑困境和现实矛盾，埋下了伏笔。

## 三　反帝话语下土耳其在亚洲地位之强化

一战之后，国人对土耳其亚洲身份的确认，除了基于其生存空间的亚洲偏重，还与中国自身的发展诉求及时代思潮密切相关。20世纪20年代起，随着内政外交局势的日益严峻、民族主义情绪的逐渐高涨，特别是1925年五卅运动发生，"反帝"成为国内各政治力量以及知识界反复倡导并加以利用的合法而强势的政治话语。[1] 由于帝国主义国家多集中于欧洲，亚洲国家大多已沦为它们的殖民地或半殖民地，从一定意义上说，"反帝"与"反欧"拥有近乎相同的政治含义，将"侵略与反抗"对应为"欧洲与亚洲"的抗衡，逻辑上并不存在太大障碍。因此，土耳其在一战之后对外抗击列强侵略、对内厉行现代改革的突出成绩，便被国人及时纳入"反帝"话语，成为亚欧关系建构的重要政治资源。

尽管清末民初国人已开始将奥斯曼-土耳其视为亚洲成员，但其不过是与中国一样不断丧失利权、割地赔款的"病

---

[1]　相关研究可参见王建伟《民族主义政治口号史研究（1921—1928）》，社会科学文献出版社，2011，第83—199页。王奇生的《革命与反革命：社会文化视野下的民国政治》（社会科学文献出版社，2010）第三章亦涉及该论题。

夫"之国，在亚洲集团处于边缘、尴尬的境地。中国知识人只是想以它的教训来警示国人，甚至不时流露出对它的鄙夷之情。而值得注意的是，同时期兴起"亚洲主义"思想的日本的政客也主动将奥斯曼-土耳其引入亚洲政治舞台。1883年，日本人发起的亚细亚协会便吸收了两个奥斯曼人入会。[①] 1890年，日本时政家柴四郎在为北村三郎的《土耳机史》所作序言中告诫日人，"嗟我同洲"的奥斯曼-土耳其系"亚细亚之屏藩"，应重视其国势演变和惨痛教训。[②] 这种亚洲整体视野下的奥斯曼-土耳其关怀，对同日本政界交往频繁的中国维新派、革命派均产生过深刻影响。该书的中文版即由维新人士赵必振于1902年翻译。1913年，孙中山在日本东亚同文会欢迎会上的演讲中称，亚洲西方的奥斯曼帝国正沦于"悲惨之境遇"，以此反衬本洲头号强国日本的自强独立。[③]

20世纪20年代土耳其实现国家独立和民族复兴后，国人的观感也随之改变，土耳其一时间成为舆论关注的焦点。重新评价和界定它的亚洲地位，并借此重建亚洲内部秩序，成为当时中国主要政党和知识界的一致选择。

将土耳其归入亚洲，可以自然而然地将其反抗西方侵略的显著成绩，列为亚洲民族解放运动的一大硕果。在反帝运动日趋高涨的20世纪20年代，以国民革命领导者自居的中国国民党十分重视从"亚欧抗衡"角度把握凯末尔革命。1926年，经苏俄顾问鲍罗廷指导，带有鲜明共产国际和中共色彩的国民

---

① 〔日〕狭间直树：《日本早期的亚洲主义》，第62页。
② 〔日〕北村三郎编述《土耳机史》，柴四郎序，第3页。
③ 《在日本东亚同文会欢迎会的演说》（1913年2月15日），《孙中山全集》第3卷，第15页。

党二大宣言，在纵论亚洲革命形势时，将土耳其人民脱离帝国主义压迫、赢得国家自由独立的光辉事迹，视作亚洲革命的关键环节。[①] 次年，出席世界反帝国主义及殖民地侵略大会的国民党代表熊光暄还着重强调，土耳其将首都从欧洲的伊斯坦布尔迁至亚洲的安卡拉，是为了"防帝国主义之强盗行为而保其独立"。[②] 这些论述都着力营造欧洲与土耳其之间的对立、仇恨感，从而赋予土耳其革命浓厚的亚洲民族解放色彩。

至20世纪20年代末，已跻身世界二、三等强国行列的土耳其共和国，国际地位远在一般亚洲国家之上。尽管中共知识分子和左翼学者对凯末尔的反共行径以及改革存在的弊病，持保留或批评态度，但土耳其的革命意义还是得到他们的充分肯定。他们认为土耳其扶植和团结亚洲弱小国家的外交战略，较之自身建设成就，更值得称道。唯物主义史学家吕振羽就盛赞土耳其并没有因此走上侵略道路，反而对弱小民族的解放事业助力甚大，为东方民族"建立一个门户，使欧洲各帝国主义添一东向之障碍"。[③] 左翼经济学家钱俊瑞也指出土耳其斩断不平等条约的铁链、摆脱半殖民地的地位之后，没有显露凶狠的帝国主义侵略面目，反而正在成为波斯、阿富汗、伊拉克、阿拉伯等亚洲诸国的领导者。[④]

---

① 《中国国民党第二次全国代表大会宣言》（1926年1月），中国第二历史档案馆编《中华民国史档案资料汇编》第4辑第1册，江苏古籍出版社，1991，第349页。

② 《熊光暄关于出席比京世界反帝国主义及殖民地侵略大会报告书》（1927年3月20日），《中华民国史档案资料汇编》第4辑第2册，第1583页。

③ 吕振羽：《中国外交问题》，村治月刊社，1929，第210页。

④ 钱俊瑞：《土耳其论》，世界知识社编《现代十国论》，生活书店，1936，第75—76页。

值得重视的是，土耳其一跃成为亚洲的榜样和领袖，与洲内头号强国日本逐步走上侵略扩张之路也有直接关系。在原先国人心目中，率先实现现代化的日本无疑是亚洲人的骄傲，理应领导和扶助其他弱小国家的民族解放事业。但不幸的是，日本军国主义思想日渐盛行，促使其不断对周边近邻实施残暴侵略。到二三十年代，中日关系渐趋紧张，这面曾经的亚洲旗帜已难以高举和飘扬。在此背景下，适时出现的"新土耳其"便被国人选中，成为日本的替代品，肩负起亚洲重塑的新希望。

起初，国人虽感知到土耳其在亚洲民族解放与国家复兴中的示范效应，但还将其与日本并列，作为亚洲东西两端的双子楷模。1924 年，当孙中山在日本神户再度论说土耳其时，已经完全摒弃了民初的负面用语。他以骄傲的口吻说，"我们亚洲"的土耳其，在欧战中一败涂地，为人瓜分，如今却能将欧人赶走，实乃与日本并立的亚洲"两个顶大的独立国家""东西两个大屏障"。① 对照 1913 年的演说词，土耳其在亚洲的地位有了翻天覆地的变化。有意思的是，同样是在 1924 年，长期追随孙中山的国民党理论家戴季陶在上海大学面对国内听众的讲演中，不仅延续孙氏的土耳其"亚洲屏障说"，还认定土耳其革命成功的意义，并不只关乎土耳其一国，在东方历史上，"比日本的维新，关系还要重大"。② 此处，土耳其革命的历史意义被放大和抬高，已有超越亚洲典范日本的趋势。

---

① 《对神户商业会议所等团体的演说》（1924 年 11 月 28 日），《孙中山全集》第 11 卷，第 408 页。

② 戴季陶：《中国独立运动的基点》，民智书局，1928，第 77、79、82 页。

　　20 年代末 30 年代初，随着济南惨案、九一八事变的接踵而至，中国社会的反日情绪空前高涨，政界和知识界亟须物色亚洲现代国家的新标杆，在亚洲内部关系重塑中出现明显的土耳其前置、日本后置倾向。1928 年，国民党元老邹鲁以土耳其与匈牙利的团结友好、相安无事，来反衬日本对中国的"豆萁相煎"。[①] 其意在告诫世人，亚洲民族联合之希望在于土耳其，而非屡屡破坏亚洲和平的日本。土耳其和日本在国人心目中的地位升降由此可见一斑。1930 年，国民党军方要员张六师对日、土两国地位变迁做了一番对比。他指出，在 1905 年日俄战争中获胜的日本，为黄种人吐了一口气，堪称亚洲的骄傲和榜样。但令人惋惜的是，此后渐入迷途的日本竟演变为太平洋的大火药库，"与东方民族只有祸而无益"。而土耳其正好相反，其革命成功给东方国家增筑了一道强固壁垒，挡住欧洲帝国主义由陆路东侵的门户。[②] 显然，就民族解放运动事业而言，日本已成亚洲内部负面、消极的阻滞物，土耳其则是充满积极意义的全新替代物。这也说明在日本的侵略压力下，国人有意规避日本的示范意义，而对于来自土耳其事迹的激励，他们却津津乐道。

　　与此同步的是，国人在建构两国关系时，也彻底摆脱此前的蔑视态度，转而强调两国间的历史渊源和友好关系。1927 年，外交官童德乾在阐发土耳其人族源问题时，丝毫不见清末唐才常表现出的耻辱感和愤恨感，而是提醒国民政府以"兄弟之邦"的恢复主权、励精图治为荣，重新确认两国的彼此

---

① 　邹鲁：《二十九国游记》，第 231 页。
② 　张六师：《新土耳其的前途》，《新亚细亚》第 1 卷第 2 期，1930 年。

关联，尽快缔结邦交。① 1935 年，新闻评论家马星野在土耳其建国十二年之际，也热切期盼亚细亚两大兄弟国携手努力，"左右辉映，为亚洲增加一点辉光，给西方人一点惊奇"。② 这些论述无疑都凸显了土耳其在亚洲阵营的至高地位。

需要指出的是，国人之所以如此看重土耳其在亚洲世界的引领地位和作用，迫切要求发展对土外交，与同时期日本人的反面刺激有直接关系。20 世纪 30 年代中期，日本著名的伊斯兰文化研究专家大久保幸次将土耳其定位为本洲仅次于日本的二号强国，系亚细亚的前卫，"自昔至今做了防止西方势力向东方侵略的防波堤"。他呼吁日本政府积极推动日土亲善，认为"这是亚细亚的幸福，同时也是世界的幸福"。③ 这一主张不仅成为日本政学界寻求亚洲"共荣"和复兴的路径之一，也促使中国知识人更加重视对土关系，以便与日本争夺亚洲秩序重构的主导权。当二战期间日本炮制所谓的"大亚洲主义""大东亚共荣圈"，企图以此掩盖侵略邻国的行径，其作为亚洲核心的象征意义荡然无存。中国青年党领袖常燕生便于1943 年针锋相对地提出亚洲内部秩序重建新路，首先由中、土为主导，努力击败妄想征服亚洲之日本，然后团结同洲其他诸国，组成亚洲集团，进而"与欧美各民主友邦，共维世界

---

① 《童德乾拟中国外交政策刍议》（1927 年 10 月 20 日），中国第二历史档案馆编《中华民国史档案资料汇编》第 5 辑第 1 编"外交"（1），江苏古籍出版社，1994，第 31 页。

② 马星野：《建国期中之新土耳其》，《国衡》1935 年创刊号。

③ 〔日〕大久保幸次：《回教徒之世界（续完）》，张觉人译，《突崛》第 2 卷第 7 期，1935 年。

之永久和平"。① 这里，昔日亚洲国家争相仿效、倾慕的日本，竟成驱除的首要对象，土耳其遂成为亚洲复兴的最重要力量。从这个意义上说，土耳其在亚洲地位的强化，实际上也是中日双方彼此互动和冲突的一个副产品。

## 四　土耳其洲属建构的困境与矛盾

由上文分析可知，一战之后，在奥斯曼帝国土崩瓦解、新土耳其革命和改革获得成功，以及中国反帝运动蓬勃发展等诸多因素的综合促动下，中国各政治势力和知识界越来越偏向于将"亦欧亦亚"的土耳其明确归入亚洲，并逐渐赋予其团结亚洲、抗衡西方的领袖国身份。但这还只是就国人土耳其洲属的主流认知而言，并不意味着曾经很有影响力的土耳其"欧洲国家说"彻底退场。恰恰相反，土耳其亚洲身份的建构与想象，因评判标准的不同、观察视角的差别，以及与实际情况的背离，不时呈现某些逻辑困境和现实矛盾，反衬出"欧洲说"仍存一定的合理性。

首先，凯末尔改革的"西方化"倾向对土耳其洲属认定产生了十分微妙的影响。据学者研究，自17世纪以后，法国商人让·夏尔丹及欧洲启蒙思想家孟德斯鸠、卢梭、伏尔泰在论著中多将奥斯曼帝国归入"东方"或"亚细亚"世界。奥斯曼帝国常常被刻画为"落后、专制、暴政"的形象，以从地理空间、政治文化、宗教信仰诸角度与"文明、进步、自

---

① 《中土友谊之回顾》（1943年1月），《常燕生先生遗集》第6册，台北：常燕生先生七旬诞辰纪念委员会，1967，第590页。

由、理性"的欧洲相区别。① 延至 20 世纪二三十年代，很多西方学者继承并发展了此种带有浓烈西方中心论色彩的土耳其观，只不过此时他们不再对土耳其充满鄙薄之情，而是极力鼓吹凯末尔改革乃"欧洲模式"的成功和"西方文明"的胜利。程中行编译的《土耳其革命史》即宣称土耳其共和政体的确立、现代国家观念的养成、社会教育事业的现代革新，"无处不充溢西方之精神"，为西方文化值得纪念的一大成功。② 汉斯·科恩的《东方民族论》也强调土耳其民族运动实际上是"力谋洗脱一切的东方和中世的遗留，而与现代的欧洲并驾齐驱，对于它的传统物一点也不留恋"。③ 这显然是对土耳其改革的片面化认识，相当程度上忽视了本土因素与西方文化之间的多维复杂关系。这样的解读同样可加诸其他欧洲之外的后发现代国家，本不必然关涉洲属问题，但具体到土耳其这一兼跨两洲的国度，就会使中国知识界倍加珍视的"土耳其模式"的亚洲示范价值大打折扣，更令亚洲归属呈现某种内在的紧张感。

当时，已有一些中国学人觉察出土耳其洲属问题上外观与内里的错位。20 世纪 20 年代，柳克述虽意识到土耳其发展的亚洲偏转，但又将该国建设目标概括为"近代式之欧洲国

---

① 〔日〕羽田正：《"伊斯兰世界"概念的形成》，刘丽娇、朱莉丽译，上海古籍出版社，2012，第 66 页；汪晖：《亚洲想像的谱系》，《现代中国思想的兴起》，三联书店，2015，附录 2，第 1548—1549 页；Asli Cirakman, "From Tyranny to Despotism: The Enlightenment's Unenlightened Image of the Turks," *International Journal of Middle East Studies*, Vol. 33, No. 1, 2001。

② 程中行编译《土耳其革命史》，民智书局，1928，第 1 页。

③ 〔美〕Hans Kohn：《东方民族论》，刘君穆译，民智书局，1930，第 233 页。

家"。① 这就初步揭示了地处欧亚分界线上的土耳其在主体地理空间和社会改革趋向间的细微裂缝。40 年代，学者慎之还直言："现在的新土耳其，虽然以小亚细亚为主干，然而她的外观，差不多全是'欧洲式'的。"② 这就更为明确地指出土耳其之洲属存在表里矛盾的奇特现象。

面对这一认知困境，中国学界一方面严肃批评西方学者暴露的"欧洲中心主义"思想，指责西人的著述过分贬低土耳其人民的智识，无视土耳其现代变革曾受制于西方列强的史实，充斥种族偏见和宗教歧视，不可一概据为典要;③ 另一方面，他们站在"亚洲""东方"立场，重新阐释土耳其复兴的经验和价值，极力突出改革的东方特性，希冀为亚洲归属增加学理依据。20 世纪 30 年代，邢墨卿虽承认凯末尔的改革趋向是向土耳其灌输西欧文化，但他还是努力抓住一些历史细节，如建在博斯普鲁斯海峡边的凯末尔纪念像，身着西装但面孔正对着小亚细亚草原，试图以此证明凯末尔是"站在欧洲的尽头，而脸向着东方的!"④ 戴望舒在《现代土耳其政治》一书中也特别关注了土耳其变革的东方特点，强调其并非西欧精神文化财产的单纯移植，而是"本质地和西欧的事物有别"，系用西欧的遗产在广大的莽原上，建筑了西欧人无法想象的新世界法则、形式和行动状态。⑤ 此处，民国学人不断强化论述土耳其改革的"亚洲关怀"和"亚洲特征"，是对西方话语霸权

---

① 柳克述：《土耳其革命史》，第 31 页。
② 慎之：《近东民族奋斗史》，世界书局，1940，第 2 页。
③ 程中行编译《土耳其革命史》，第 93 页；柳克述：《新土耳其》，序言，第 2—3 页。
④ 邢墨卿：《凯末尔》，第 69 页。
⑤ 戴望舒：《现代土耳其政治》，商务印书馆，1937，第 138、144 页。

的直接回击，称得上是另一种形式的"反帝"。从另一个角度看，凯末尔改革也的确增强了土耳其与西方社会的同质性和关联性，让原本趋于稳定的洲属划分，产生了一丝不确定因素。民国知识人所进行的种种补救论述，恰是土耳其洲属归类两难的真实写照。

其次，从当时土耳其人的自我认知来看，民国学者对其洲属判定以及土亚关系的建构，显然带有强烈的主观想象色彩，与实际情形并不完全一致。自 18 世纪以后，陆续有西方学者提出奥斯曼人是欧洲人、白种人的观点，这对后来的土耳其民族主义者影响颇大。20 世纪初，土耳其学者格卡尔普公开宣称土耳其为西方文明的祖先："通过摧毁西罗马和东罗马帝国，土耳其人带来的革命两次改变了欧洲历史。通过几次贡献，我们与西方文明联系在一起，所以，我们是其中的一员。"凯末尔时期的改革不仅以厉行西化、重返欧洲为旨归，其官方钦定的"土耳其史观"更是自认为白种人，而非黄种人。[①] 这些情况显然并不支持中国知识界通行的土耳其亚洲归类。

关于这一点，民国学人并非一无所知，而是有一定程度的省思。一些拥有旅土学习、工作经历的中国知识分子通过切实体验和观察，已清醒认识到，国人将土耳其奉为亚洲领袖国，着力渲染中土两国历史、血缘、人种的密切联系，以期增强反抗外来侵略的自信力，其良苦用心固然值得肯定，但未必完全妥当。1928 年，寓居土耳其多年的回族知识精英王曾善、马

---

① 昝涛：《现代国家与民族建构：20 世纪前期土耳其民族主义研究》，第 33、100、190 页。

宏道等人即披露，土国政府虽同情中国国民革命，但实际上与欧美人士一样，对旅土华人抱有蔑视心理，华人在日常生活、子女入学、司法管理等方面时常遭受不公正待遇。[①] 1943年，曾供职于中国驻土耳其使馆的萧金芳指出，中国政界、知识界动辄以中土同为东方国家（或民族）为据，提出切实联络的主张，此实为对土耳其现实情势的极大误解，"土耳其虽明明为地理上历史上有数之东方国家，然新兴土耳其的领导者，鄙弃东俗，效颦西化，实已'数典忘祖'，不肯承认其为东方民族"。萧金芳还举出若干实例，如凯末尔公开表示："波斯人之脸向东，我新土耳其人的脸，则无论何时，都是朝西。"再如土国无线电播音台从1934年11月起取消东方歌曲节目。[②]应该说，正视土耳其与亚洲及中国的联系，以服务于自身的外交战略与国家安全，是民国时期中国知识分子把握中土关系的基本着眼点，这在当时是具有相当合理性的。同样不可忽视的是，在一片中土友好、兄弟之国的言说氛围下，上述反思性的声音虽十分微弱，却也真实反映出民国时期中国人对于土耳其亚洲身份和地位的建构与想象，存在一定的认知缺失。

最后，在处理某些具体涉外事务时，出于本国利益需要，国人又时常着力凸显土耳其与欧洲世界的关联性，甚至不惜公然否定其亚洲国家身份。毕竟，从土耳其人的自我归属，以及与欧洲事务的复杂纠葛来看，人们有足够理由将其纳入欧洲范畴。1934年，中土两国围绕国际联盟非常任理事国席位展开激烈争夺。为了保证中国顺利当选，中方希望将土耳其划归欧

---

① 《旅土侨胞请订中土通好条约》，《申报》1928年10月25日，第8版。
② 萧金芳：《土耳其外交政策》，中国文化服务社，1948，序言，第3页。

洲，这样便可以在按洲分配的制度之下，剔除亚洲内部一位强有力的竞争对手。是年，上海市商会发表的宣言一方面肯定了中土的历史友好关系、土耳其的建设成就以及其在国联的柱石作用，另一方面又极力强调"土耳其以其历史上之关系，外交上之关系，重心实在欧洲"，并特别指出此次土耳其致国联的请求书亦坦率声明，自认为欧洲国家。为了进一步坐实土耳其的欧洲身份，该宣言还拿俄国的洲属做比照，指出土耳其的归类，"与俄人之地跨欧亚两洲，而各国公认其为欧洲国家者，事同一例"。① 这一论证手法与晚清徐继畲所述颇为类似。顺此思路，国联自然应该按洲际分配规则，给予亚洲的中国连选机会。差不多同时，留法博士、学者丁作韶也在《世界日报》上分析了中国谋求第三次连任的现实困难，其中最主要的障碍即是"土耳其亦欲得此席也"。他指出"土耳其国家，虽如其代表所言'大部分土地，实在亚洲范围以内'，究一接近欧洲之国家也"，故欧洲色彩浓厚的国联自然更倾向于让土国当选。② 此处，土耳其领土以亚洲为主体却有明显欧洲国家属性的矛盾特征，无疑给其洲属划分增添了难度。在丁作韶看来，后者恰恰是土耳其能够当选的最有利条件。显然，土耳其之"亚洲国家说"遇到了现实的挑战。是年 9 月，土耳其在日内瓦国联大会上成功当选，而中国也于次月被增选为非常任理事国，一场外交争端有了一个皆大欢喜的结局。但该事件深刻反映出土耳其洲属并没有一个固定不变的答案，多样化评价

---

① 《为国联非常任理事　市商会昨发宣言》，《申报》1934 年 9 月 16 日，第10 版。

② 《中国竞选非常任理事》（1934 年 9 月 16 日），《丁作韶博士言论集》，大学书店，1936，第 48 页。

标准和利益诉求之间的交互作用，甚至是矛盾作用，往往使其归属陷入歧异。

实际上，欧亚两洲的分野并不是基于明显的自然大陆板块之分，更多带有人为割裂和建构的成分。像土耳其这样长期徘徊于欧亚之间的国度，与两洲的政治、经济、军事、文化事务都联系频繁，但似乎又都存在一定的差异性和距离感，带有十分明显的混合性、过渡性特征，其洲属归类既令人颇为踌躇，也留下了无限的遐想空间。1936 年，关注国际时政的学者王洁卿给出了一种更为超然的解释。一方面，他以土耳其大部分领土在亚洲，欧洲只有一小部分为据，分析指出凯末尔治下的土耳其"诚已逐渐变成亚洲的强盛国家"；另一方面，他又提出，土耳其所剩不多的欧洲领地，即"频于海峡的一部份"，对欧洲的命运关系重大。换言之，"土耳其对于欧洲政治舞台，仍时欲染指其间，愿为重要角色"。因此，"土耳其现已成为欧洲列强之一"。[①] 从这个意义上说，"亦欧亦亚"的双重认知实际上从未被真正打破，也绝非自相矛盾，只是观察问题的角度不同所致。这或许是时人对土耳其洲属问题最为合理、恰当的一种解读。

---

① 王洁卿：《土耳其之复兴》，《新亚细亚》第 11 卷第 2 期，1936 年。

# 第四章 奥斯曼帝国发展之史的
借鉴与思考

如前所论，奥斯曼帝国与近代中国有着相似的民族命运，无论是抒发亡国的感伤，还是表达奋进的情绪，近代中国人关注奥斯曼帝国的最终落脚点乃是服务于自身发展，解决当时中国所面临的实际困难和问题。国人对奥斯曼帝国之史的借镜，既有简单的参照和对比，也有深度的剖析和阐发，更有诸多工具性的解读和运用，显示了作为"他者"的奥斯曼帝国对于近代中国历史走向的重要影响。

## 第一节　奥斯曼帝国现代改革的借鉴

经历了第一次工业革命的西方列强，迫切需要寻找新的殖民地和商品市场，因此加速了殖民扩张的道路，疆域广袤、物产丰富、国力衰颓的清帝国与奥斯曼帝国，成为列强垂涎的对象。两国人民在反抗西方侵略的同时，也面临同样的时代命题——"变革"。受地缘、宗教、种族等多种因素的影响，处于近东的奥斯曼帝国很早就与欧洲国家有频繁的接触，欧洲的外交官、商人乃至亡命客和避难者，都曾给帝国带来西方新知，而诸如教案处置、举借外债、修筑铁路、运用公法、外交政策等难题，奥斯曼帝国也先于中国碰触，并探索着解决之道。当远东的中国遭遇西方冲击时，国人的目光自然会聚焦到奥斯曼帝国，试图找寻历史的经验与教训。

## 一　认知与思考教案、外债、铁路问题

"变革"是近代中国的时代主题之一，中国近代史，就是一部中国人民探索变革之路的历史。作为有着悠久历史与文明的大国，一方面，中国所背负的历史包袱格外沉重，改革之路充满了艰难险阻；另一方面，传统社会的发展经验，已难以适应新的形势，亟待睁眼看世界，在全球范围内找寻新的参照系。于是，奥斯曼帝国这面特地预备着的镜子，便被中国人"锁定"，从其所走过的道路，回味与反思"变革"。有关奥斯曼帝国的借鉴价值，国人至少在洋务运动初期即有明确表达。1875年，《申报》发表的《论新报言土耳其国事》一文译介了奥斯曼帝国增兵额、购武器、发展水师、建造铁路的改革计划，认为"其论内亦有中国大可采择而以为操持之鉴也"，并指出奥斯曼帝国"仅求其军法之精而不兼求其理财之妙"，必将陷国于难，足以为中国鉴戒。[①] 洋务运动后期，洋务派官员在发展军事工业的同时，也尝试兴办民用工业，努力开拓富源，一定程度上也汲取了奥斯曼帝国的教训。至戊戌维新、清末新政时期，国人更加强调奥斯曼帝国对于中国的借镜意义。《申报》刊载的《书本报所记俄人图土事后》一文呼吁国人"对镜而参观之"。[②] 此一时期，国人对于变革问题的思索，集

---

① 《论新报言土耳其国事》，《申报》1875年8月9日，第1页。
② 《书本报所记俄人图土事后》，《申报》1900年5月23日，第1页。

中于教案、外债和铁路等关键问题。

传教士是殖民侵略的急先锋，由于社会文化和宗教信仰的差异，他们在东方世界的活动，往往引起当地民众的不满和敌视，甚至酿成流血冲突。同为教案频发的国家，奥斯曼帝国的处置经验在当时受到中国外事官员的关注，或学习效法，或引以为戒。1875 年，中国政府尝试直接与罗马教廷联络，希望其派专使处理在华天主教事务，从而避免法国人在传教事务上的专权。李鸿章以奥斯曼帝国为例，论证了派遣专使的必要性："西洋各国无国不行天主教，即无国不有罗马专使，未闻归法国管辖者。仅土耳其小国有罗马小公使，仍由法使统率，最为各国所诋笑。"① 面对日益升级的教案冲突，1891 年，薛福成还指出俄国屡以护教为名，发动对奥斯曼帝国的侵略，劝诫清政府与西方议定章程，妥善处理争端，不给列强留以口实。②

与此同时，奥斯曼帝国处理教案和涉外事件的一些有效举措也为中国借鉴和效仿。1876 年，李鸿章在处置马嘉理事件时指出："自来地方命案，办理速则怨忿易消，办理迟则讹言易起。况洋人性多贪急，尤宜杜其借端……今年土耳其国属地同时戕杀法德两国领事，亦不过数月之间已获犯偿款完案。"他要求各地方官员遇到类似事件，应迅即查明，严缉凶犯，勒限办结，不可迁延虚饰，以免开边衅。③ 19 世纪 90 年代，一则有关奥斯曼帝国严格统一管理境内各国教堂的新闻，引起了

① 李鸿章：《致译署论罗马派使管教》，《近代中国对西方及列强认识资料汇编》第 3 辑第 1 分册，第 120 页。
② 薛福成：《分别教案治本治标之计疏》，《近代中国对西方及列强认识资料汇编》第 3 辑第 1 分册，第 367 页。
③ 李鸿章：《请饬官吏讲求条约片》，《近代中国对西方及列强认识资料汇编》第 3 辑第 1 分册，第 47 页。

驻外公使崔国因的关注。他在日记中写道："土耳其国向有各国教堂，近因民、教不和，地方官要挟，教堂每被封禁。兹土国新又下令：所有在土国学堂（似应为教堂，点校者注）均须领照，违即查封。"并加注按语，称赞"土耳其，弱国耳，而办理教堂如此严峻。志之以附考校"。①

借外债是近代中国面临的另一个发展难题。近代以降，面对日益严重的财政危机，清政府不得不依靠广借外债来弥补巨大的财政亏空。这一举动在当时引发国人的担忧和争议，也使其再次将目光转向同样大举外债的奥斯曼帝国。

在大多数人看来，奥斯曼帝国广借外债引发的严重后果，值得中国警醒。早在19世纪70年代，黄遵宪便以其负债导致"国库匮乏，岌岌可危"的事实劝诫国人，借外债利在一时，害贻于他日，若借债过一千万，每年所应缴的利息，比古人和戎岁币还要多。② 传教士李提摩太也撰文指出，奥斯曼帝国衰败的一个重要原因在于外债过多，岁入之款不足以供息银，以致横征暴敛，内变迭作。③

为防止重蹈奥斯曼帝国之覆辙，国人反对借外债的呼声不绝于耳。1876年，丁日昌在《请停借洋款变通筹饷办法疏》中指出，公债过重的奥斯曼帝国"利权全为他国所执，国势因以削弱"，令人感到寒心，国人应以之为鉴，并直言当年左宗棠借款是万不得已的剜肉医疮之举。④ 1900年，《申报》发

①　崔国因著，胡贯中、刘发清点注《出使美日秘日记》，第406—407页。
②　黄遵宪：《食货志国债篇后记》，《近代中国对西方及列强认识资料汇编》第3辑第2分册，第531页。
③　〔美〕李提摩太：《利器》，陈良倚辑《清朝经世文三编》卷62，第939页。
④　丁日昌：《请停借洋款变通筹饷办法疏》，《近代中国对西方及列强认识资料汇编》第3辑第1分册，第473页。

表的《论国债》一文，详尽回溯了奥斯曼帝国借外债以致利权尽失的惨痛历史："土国自一千八百五十年起，无岁不借民债，至一千八百五十三年，与俄国构兵，始公然借外国债，于是岁岁借之，其借英债也，以关税、都城进门税及钱粮为抵押，其借法债也，以烟税、盐课、银票、捐牙、帖税及钱粮为抵押，又不足，以罗米略及阿基不流固之羊捐度喀脱矿贷利银为抵押，又不足，以内地及后来新增钱粮各款为抵押，利权尽失，而土遂几于不国。"作者进一步指出，清廷借洋债规模之巨，达到了令人吃惊的地步，"统计俄法英德四国，借款须岁拨各省关银一千二百万两"，且户部仍奏请酌量加拨，"可见中国洋债之巨，还款之浩繁矣。而皆出有担保，而皆以关税、厘金为抵押，是安得不为土耳其之续乎？"[①]

值得注意的是，时人也未仅凭奥斯曼帝国的教训，而武断否定借外债之举。他们认为，问题的关键不在于能否借外债，而在于所借外债是否用于正途。两江总督沈葆桢就曾揭示西方国家与奥斯曼帝国的差异，前者借贷仅限于开矿、造路、挖河等事务，"盖刻期集事，课税出焉，本息之外，尚有奇赢"，虽有国债而不失为富强；而后者"以国用难支，姑为腾挪之计，后此息无所出，且将借本银以还息银，岁额所入尽付漏卮"，结果只能是以债倾国。[②] 1876 年，亟须筹措西征军饷的左宗棠以各国借债有别，结果亦不尽相同的逻辑，论证中国借外债的必要性和合理性。他指出，"英美举债于本国，犹是富藏于民"，而奥斯曼帝国的衰亡在于国民耽吸鸦片，以致"举

---

① 《论国债》，《申报》1900 年 4 月 8 日，第 1 页。

② 沈葆桢：《筹议出关饷需拟难借用洋款疏》，葛士濬辑《清朝经世文续编》卷 115，台北：文海出版社，1979，第 3074 页。

债倾国",不可尽归咎于借债。而此次西征借款不仅可免悬军待饷,得以迅赴戎机,且筹设新制,以浚利源,随时随处加意收束,不会招致奥斯曼式的衰弱结局。① 郑观应在《盛世危言》中也曾指出借外债未必不可,但须谨慎处之。如奥斯曼帝国"久债过重,行息过多,致利权授于他人,国势浸形微弱",而英、法、美、德诸国则借贷行息低,中国幅员广袤,矿产丰饶,入款甚多而借款甚少,无须重息可贷多金。②

铁路自晚清引入中国,一度引发朝野纷论,倡导者有之,反对者亦有之,奥斯曼帝国的先例屡屡成为人们发表见解的参照。早在1872年,传教士所办《教会新报》就登载了有关奥斯曼帝国修筑铁路的新闻。据悉英国拟修筑一条途经奥斯曼通往印度的铁路,其宰辅听闻后表示"乐从其便,亦借铁路可易通行"。③ 国人阅报后,自然会增进对于铁路这一新生事物的了解。

晚清时期朝廷围绕铁路问题有过激烈的讨论。1875年,余联沅、屠仁守、翁同龢等官员以资敌、扰民、失业等为由奏请停办津通铁路,奕𧤝等人则坚持兴修,其理由之一为"欧罗巴、亚细亚两洲间之国,铁路较少者,惟土耳其与波斯耳。该两国皆力弱而势微,堂堂中国岂可与之比拟?"④ 延至19世纪80年代,驻外公使刘锡鸿与王佐才均以奥斯曼帝国开通铁路为例,展开针锋相对的论争。1881年,刘锡鸿阐明了奥斯曼

---

① 左宗棠:《复陈借用洋款并催解协饷折》,《近代中国对西方及列强认识资料汇编》第3辑第1分册,第140页。

② 《盛世危言》,夏东元编《郑观应集》上册,第582页。

③ 《土耳机国喜联火轮车路》,《教会新报》1872年第211期。

④ 奕𧤝:《筹议津通铁路事宜折》,《近代中国对西方及列强认识资料汇编》第3辑第1分册,第24页。

帝国开通铁路带来的两大危害。一是大借外债，为列强威逼，其国"自仿西洋造火车，借英德等国金钱一千九百余兆，无由归还，诸强邻遂相凌逼几至亡国。借贷固自穷之道也"；二是货物流通便利，而人心趋向奢靡，"今行火车，则货物流通，取携皆便，人心必增奢侈，财产日以虚糜"。他还转述了自己的见闻，一位奥斯曼帝国驻德使臣曾向他说，其国风俗一向以俭为宝，然自火车通行，西洋各货大量流入，虽无用但人心好之，其国遂以穷匮。① 对此，王佐才逐一进行了批驳。首先，王氏认为借外债未必招致铁路为外人所控，奥斯曼人虽向英人借贷，但至今未听闻铁路归英人掌控，公司欠款不应由国家代为赔偿，故不可将商务与国政混为一谈。其次，王氏认为修筑铁路之资金，可由借洋债改为华人集股，国家可保其利，"何致蹈土耳其之覆辙哉？"且修筑铁路所费，除汽车须买自洋人，其余如人工物料、铁条、购地筑基均可自行解决，漏出外洋者，不过十分之一二。至于刘氏所言铁路开通带来的社会奢靡之风，更被王氏批为陈腐思想："盖为国之道，首重在勤，使民皆有生计。若专以俭言，是居今之世，而欲卉衣穴处，效太古之风，则其国乌足自立于强大之间？欲求不至于灭亡而不得。"②

## 二 认知公法与竞登国际舞台

近代中国面临严峻复杂的国际形势，传统涉外理念和制度

---

① 刘锡鸿：《缕陈中西情形种种不同火车铁路势不可行疏》，《近代中国对西方及列强认识资料汇编》第 3 辑第 1 分册，第 409 页。

② 王佐才：《中国创设铁路利弊论》，《近代中国对西方及列强认识资料汇编》第 3 辑第 2 分册，第 741—742 页。

已经无法适应现代外交法则。西方所遵循的"条约体系"强调进取和扩张，而中国所坚持的"朝贡体系"强调守成与和平，当两种截然不同的世界体系在近代发生激烈碰撞时，二者的冲突难以避免。19世纪60年代以后，中国人才逐步意识到学习和了解现代外交法则的重要性，进而开始尝试运用世界公法来应对列强的挑战。在这一历史进程中，奥斯曼帝国的经验得失一度起到了某种引导作用。在最初接触和学习公法时，面对那些枯燥、抽象的法条，国人往往需要案例的辅助。放眼全球，奥斯曼帝国先于中国几十年遭遇西方侵略，形成了许多外交事务上的经典案例，成为国际公法的最佳注脚。这些生动的奥斯曼实例，有助于国人进一步了解公法的内涵与实质。

晚清以降，国人接触国际法则的法律文本首推同治朝译介的《万国公法》，该书大量援引奥斯曼帝国的例证，辅助国人正确理解公法的含义。首先，《万国公法》在解释各项国际法的专有名词时，奥斯曼帝国的出现频率非常之高。在解释"半主国"概念时，奥斯曼帝国众多属国的叛离是最合适不过的例子，"如摩尔达（即今摩尔多瓦）、袜拉几（即今罗马尼亚南部一地区）、塞尔维（即今塞尔维亚）三邦，凭俄国保护，而听命于土耳其。此土、俄历历有约，而定为章程者也"。① 曾经臣服于奥斯曼帝国的埃及也成为典型的"半主国"。根据《万国公法》所言，埃及首领阿里巴沙欲叛离奥斯曼帝国而自立，甚至有征服其附近省部的野心。此事引起了英、奥、普、俄四大国干涉，诸国通过会议的方式征得奥斯曼帝国同意，订立章程，规定"将埃及一邦，归之巴沙，并许其世代相传，

---

①　〔美〕惠顿著，〔美〕丁韪良译，何勤华点校《万国公法》，第40页。

惟令其每年进贡于土王，仍尊之为主，土国之律法、盟约、章程皆行于埃及，与他处无异。土王允许巴沙，若每年进贡，如额无缺，则王应征之税，巴沙即可代王收之。又其邦内文武俸禄，并一切费用，均出自巴沙，且言定其水、陆二师，常归土国调用"。① 这里，列强通过国际协商明确了埃及与奥斯曼帝国的权利、经济、臣属关系，从而使中国人对"半主国"概念有了较为清晰的认识。在海港归属及通行权利方面，各种法条的例证也难以脱离奥斯曼帝国事例。比如，公法规定若某海专在一国之内，该国即有权专主，"前时，黑海四围皆属土耳其，名为闭海，土耳其禁他国航其通连之港，盖缘其港两岸亦属土耳其也"。一旦不为一国专属，即不能为一国专主，"但后黑海之岸多归俄罗斯，即不为闭海，而他国有权航其通连之港。于一千八百二十九年，土耳其已立约认此例矣"。若该国出于自护，可与各国立约定章以限其进港，这方面奥斯曼帝国亦有先例："然他国之兵船不得过土耳其内港，土耳其古来设有此例，以御患而自护。于一千八百四十一年，英、法、奥、普、俄五大国亦与之立约，而认其例焉。"②

在掌握这些奥斯曼帝国的涉外案例后，中国人也尝试利用它们去理解和阐释国际法则。光绪朝陈昌绅编纂百科全书式的《分类时务通纂》，在解释万国公法专有名词的定义、公法的效用及弊端时，频频引用奥斯曼先例。如"诸国共患同好"一条就解释道："自主之国虽小弱皆得与诸国并列，或大国无礼侵凌，诸国当共救之，如土耳其向为大国所欺，近欧罗巴诸

---

① 〔美〕惠顿著，〔美〕丁韪良译，何勤华点校《万国公法》，第41页。
② 〔美〕惠顿著，〔美〕丁韪良译，何勤华点校《万国公法》，第135页。

国公议，列为与国。""扶弱抑强"一条亦举例："近日英法诸国力拒俄国，以保土耳其皆是也。"① 可见，在近代中国人认知现代外交法则的过程中，奥斯曼帝国起到了重要的认知媒介作用。

其次，在东方国家对于国际公法的接受、运用上，奥斯曼帝国有着独特的示范和引导意义。近代中国人在接触国际公法之后的一个重大疑问就是西人主导的这套法则能否推行于东方国家。按照西人的解释，国际公法的推广是以"出于同俗，行于他方"为准则的，即某一国家的律法，是否适用于其他国家，一个重要的判定标准是两国教化风俗是否相同。这一原则放诸欧洲各国皆可通行，它们同奉基督教，故使用同一套公法。但中国并不崇奉基督教，为何也能被纳入公法体系呢？对此，《万国公法》先是援引奥斯曼帝国事例做了答释。该国不仅遵照通使之例，与西方国家互派使节，还逐渐纳入公法体系，所谓"欧罗巴诸国常以土耳其之自主、不分裂，与均势之法大有相关，故与土国互相公议盟约，土国因而服欧罗巴之公法也"。随即又指出中国也是在中西交通的过程中，与欧美诸基督教国家订立和约，约定无论是平时还是战时，都遵行国际法则，互为平行自主之国。② 通过奥斯曼帝国这样一个中介的过渡，国人对于国际公法的普遍适应性，理解起来也就不会感到特别突兀。

《万国公法》还积极引用奥斯曼帝国加入公法之后，受到列强的保护，维护了国家权益的实例，以促进更多东方国家主

① 陈昌绅：《分类时务通纂》第 3 册，第 269 页。
② 〔美〕惠顿著，〔美〕丁韪良译，何勤华点校《万国公法》，第 20—21 页。

动融入世界公法体系。该书指出，虽然奥斯曼帝国与基督教国家在道学、箴规、风俗方面不同，"然土耳其能自立、自主，不被他国征服割据，此乃欧罗巴均势之法，最要关键。昔时诸国惧其强，欲灭之，今则怜其弱，欲存之"。这在1839年奥斯曼帝国与埃及的冲突上有集中体现。当时，埃及总督阿里欲背叛帝国而自立，时奥斯曼帝国苏丹驾崩，水军为埃军击败，俄国又插手其间，形势十分危急。英法等列强依据公法，通过协商判定，"阿里让还从前窃据之地，惟保其埃及一国，得传及后代而已"。① 这些生动的案例对于晚清从事公法研究的朱克敬产生了一定影响，他在《公法十一篇》中通过奥斯曼帝国加入公法前后的境遇对比，进一步认识到公法体系的重要性，所谓"土耳其向为大国所欺，近欧罗巴诸国公议，列为与国"。② 这无疑为同处弱势地位的中国利用国际法则与强国相处、保护自身，提供了借鉴。

再次，近代中国人还通过考察奥斯曼帝国与西方列强的切实往来，加深对于国际公法的理解与反思，形成有别于西人法律文本所传导的认知。一些学者通过考察奥斯曼帝国的经历，意识到所谓的"世界公法"，并不像西方论著所宣传的那样充满公平正义，而是存在极大片面性和局限性。清廷驻外使节在与奥斯曼外交官的会晤、互访中，常常谈及奥斯曼帝国的遭遇，进而感受到公法的另一面，这恐怕是阅读《万国公法》难以体察的。1890年，奥斯曼驻法公使爱萨德向薛福成痛诉英、俄诸国恃强凌弱的行径称："今之时势，一铁舰枪炮之世

① 〔美〕惠顿著，〔美〕丁韪良译，何勤华点校《万国公法》，第68—70页。
② 朱克敬：《公法十一篇》，葛士濬辑《清朝经世文续编》卷106，第2836页。

也，未有势不强而可立国者，盖王道之不讲久矣！所谓公法条约者，皆不过欺人之谈耳，奚足恃哉！"① 这种来自他者的讲述，被薛福成写入出使日记，无疑令他对公法的片面性和局限性有了颇为深刻的体认。1902 年，《大陆报》还登载了奥斯曼帝国苏丹对于欧洲基督教国家之伪善的揭露，称："耶氏以博爱自由为教旨。今景教诸国，毒如蛇虎，狡于魔鬼，实为正义所不容云云。"② 读者在感慨奥斯曼帝国悲惨命运的同时，想必也对西方所标榜自由公平的公法多了一丝警惕。国人还以奥斯曼帝国的例证直接揭露公法背后隐含的列强险恶用心。维新派韩文举在《万国公政说》中告诫世人，昔日的奥斯曼帝国，丧地十四万方里，国分六七，各国只是责备其不知变革，却未尝以善政相遗，充分暴露了公法的虚伪性和危害性，"借公法为钓饵，愚者入之，知者出之，公法日滋而谋国日工，是公法为寇敌之资，非所以为万国也"。③ 可见，国人已清醒地认识到，虚伪的公法只对西方列强有利，所谓的各项权利并没有真正落实到弱小国家身上。

此外，近代中国人在竞登国际舞台的历程中，也曾参照和援引奥斯曼帝国的先例。1896 年，世界保和会在荷兰海牙召开，会议新订章程修改了常驻员名额，除了美、德、法、英、奥、意、俄、日八国独任外，其他则共任之，"有十年、四年、二年、一年之别。土耳其尚得十年，独中国止四年"，并

① 薛福成：《出使英法义比四国日记》，钟叔河主编《走向世界丛书》第 8 册，第 102 页。

② 《土帝著书》，《大陆报》1902 年第 2 期，《辛亥革命稀见文献汇编》第 1 册，第 585 页。

③ 韩文举：《万国公政说》，《近代中国对西方及列强认识资料汇编》第 3 辑第 2 分册，第 954 页。

以法律不备为由，将中国列为三等国。[①] 这引起中国外交专使陆徵祥的不满，他认为中国向列头等，有摊费股数多寡为证，并向外务部提议仿效奥斯曼政府，致电各国公使表示抗议，"公断分等事，土耳其政府曾有通文致各驻使转诘各政府，谓土国向与各国一律，不应列于二等云。我国虽已在会驳诘，似仍不可无此一举"。[②] 在是否加入国际组织的问题上，奥斯曼帝国也为近代中国提供了可资参考的经验教训。1897年，总理衙门在考虑是否加入西洋弭兵会之时，通过考察近期奥斯曼帝国与希腊之战，判定该会只有弭兵之论，并无弭兵之权，无法发挥切实作用，而放弃加入。[③] 而在中国加入国际红十字会的过程中，奥斯曼帝国又成为鼓动入会的有力参照。1898年，旅日宁波商人孙实甫指出，奥斯曼帝国虽被西方视为异端，屡屡产生冲突，但对济世之善举，"亦复心悦诚服，极以列名为荣"，缔盟于瑞士日内瓦。孙实甫表示，连猛鸷的奥斯曼帝国都列入会籍，中国若还不加入红会，只能为外国人所不齿，这实在是不仁道、不明智的选择。[④] 此文在当时影响甚大，后为多位官商援引，呼吁中国仿效奥斯曼帝国，尽快入会。

综上所论，中国人在面对西方入侵之际，不得不了解和接受西方主导的国际法则，在国际舞台上与列强共舞，奥斯曼帝国是可资参照的一面明镜，从法律文本的知识解读，到外交实

① 《为详陈公断员常驻任期年限并于会中抗议我国独任四年事》，李国荣主编《晚清国际会议档案》第2册，第720页。

② 《为土耳其转诘公断分等我国似仍不可无此一举事》，李国荣主编《晚清国际会议档案》第2册，第735页。

③ 《总署奏底汇订》第3册，第1336—1337页。

④ 《接录红十字会说》，《申报》1898年11月17日，第3页。

例的参考借鉴，它从多个维度帮助中国人认知和反思世界公法，成为中国人认知西方的一座不可或缺的桥梁。

## 三　解析"均势论"与"公保论"

透过奥斯曼帝国在夹缝中求生存的艰难历史，近代中国人对于弱国的生存之道及列强的侵略手法有了更为深入的了解，这其中又以"均势"和"公保"思想的认知最为突出。所谓"均势论"，指的是列强之间在争夺殖民地时，出于自身利益的考虑，为了维持相对的平衡，不允许其中某一国坐大，对于弱小国家给予一定的保护。"公保论"是由"均势论"发展而来的，指的是弱小国家利用列强之间相互防备、相互猜忌、相互斗争的复杂形势，依靠多个强国的保护、牵制而求得生存。

早在 1861 年，冯桂芬在《校邠庐抗议》中就认识到小国的生存之道在于大国的保护，而大国之所以愿意保护这些弱小国家不为强国吞并，乃是基于"均势"思想。为帮助国人更好地理解西方大国互相防备、彼此牵制的国际局面，冯桂芬特地选择奥斯曼帝国为注脚，指出："英尝助俄伐土耳其、埃及，后悔之。英志云，坐令土弱俄疆，至今为梗，其意可见。"于是后来便有俄欲并奥斯曼，英、法救之的举动。[①] 19世纪 70 年代以后，越来越多的学者明确从"世界均势"的角度看待奥斯曼帝国的历史。江西贡生黄梣材指出，奥斯曼帝国据欧亚之冲要，系兵家必争之地，故而列强久怀并吞之志，但仍得以保全，乃是诸国保护的结果，"英、法、普、

---

① 　冯桂芬：《校邠庐抗议》，上海书店出版社，2002，第 53 页。

奥诸国恶其相逼，合从联约，相与并力，拒俄而保土，以维欧洲均势之局"。①

晚清时期，国人一度提出"联合英国"的外交策略，背后也不乏此种因素。早在1878年，张焕纶便提出"固结英好，以弭俄患"之计，以"英人阳护土而阴蔽欧洲，俄之不得志于欧洲，英为之也"，推论中国新疆与英国殖民地印度接近，一旦俄国得志于新疆，将给英国造成极大隐患，英国定会像保护奥斯曼帝国那样助中国一臂之力，故应"未雨绸缪，厚结英好，英既德我，俄亦不敢正视"。② 后来，左宗棠在处理对俄交涉问题上，也以奥斯曼帝国得到英国援助而拒俄自保之例，判定穷兵黩武的俄国想要取偿中国，断无可能。③ 至戊戌时期，康有为正式提出"联英策"。面对一国起争、数国效尤的危局，盛宣怀提出"惟有照土耳其，请各国公同保护"的新思路，④ 也就是所谓的"公保论"。

实际上，无论是"均势论"还是"公保论"，都是当时中国知识精英面对中国的孱弱不得已而为之的一种策略，它们在一定程度上淡化了列强的险恶用心，对其危害性分析不足。不过，时人也并非一致赞同"联英策"，异质的声音始终存在。如曾纪泽就质疑前引张焕纶拟具的"联英策"，认为"未必尽

---

① 黄楙材：《西域形胜》，葛士濬辑《清朝经世文续编》卷119，第3175—3176页。

② 曾纪泽：《评张焕纶条陈》，《近代中国对西方及列强认识资料汇编》第3辑第1分册，第225页。

③ 左宗棠：《答彭雪琴论俄国外强中干不足为惧》，《近代中国对西方及列强认识资料汇编》第3辑第1分册，第146页。

④ 盛宣怀：《寄王夔帅刘岘帅张香帅陈右帅》，《愚斋存稿》卷30，台北：文海出版社，1975，第739页。

可依据"。① 到 1880 年，曾纪泽更是以奥斯曼帝国的遭遇为例，提出明确反对。他在《为中俄伊犁交涉敬陈管见疏》中指出："曩者俄土之役，英人助土以拒俄，大会柏灵义声昭著，卒之，以义始者实以利终，俄兵未出境，而赛卜勒士一岛已入英人图籍矣。"在曾氏看来，请英国相助无异于与虎谋皮，援助奥斯曼帝国表面出于公法正义，实则奉行"一邦获利，各国均沾"的原则，乘机分一杯羹，更何况当前列强均虎视中国，环伺不暇，谁肯出兵相助？② 此后，薛福成也一针见血地指出，那些相助奥斯曼帝国者，最终都从中攫取了巨大利益。如通过柏林之约，奥匈帝国拿走了波森利牙及赫次戈伟纳两省，英国屯兵于距苏伊士运河不远的徐卜罗斯岛，俄国抢得了巴统及阿达亨、卡尔斯，而受损者唯有奥斯曼一国而已。③ 1895 年，郑观应通过分析比较中国与奥斯曼帝国之于英国的不同战略意义，推论"英之不能为我援者"。其一在于英国派重兵保护亚洲殖民地印度，中、印同时有事，势难分兵保卫；其二在于若俄国吞并奥斯曼帝国，肆志于地中海，对英国极为不利，反之若俄国侥幸于中国之西南，不仅于英无所恤，且能从中谋利。④ 由此可知，时人有关"联英策"的言论，不过是天真而无效的幻想，所谓列强的"援助"并非出于道义，而是基于自身利益的考量，试图联合西方大国的努力，最终只会

① 曾纪泽：《评张焕纶条陈》，《近代中国对西方及列强认识资料汇编》第 3 辑第 1 分册，第 227 页。

② 曾纪泽：《为中俄伊犁交涉敬陈管见疏》，《近代中国对西方及列强认识资料汇编》第 3 辑第 1 分册，第 233 页。

③ 薛福成：《出使英法义比四国日记》，钟叔河主编《走向世界丛书》第 8 册，第 139—140 页。

④ 《盛世危言》，夏东元编《郑观应集》上册，第 796 页。

招致更多的利权丧失。

19 世纪 90 年代，俄国企图吞并朝鲜，清政府决计对朝鲜予以援助。一种观点认为中国应该寻求英国的援助，其立论的依据仍是英国救助奥斯曼帝国的案例。1890 年《申报》发表的《论英国宜助中以拒俄》一文可为代表。作者首先分析了英国救助奥斯曼帝国的背景和目的：一方面，弱小的奥斯曼军队不足与强大的俄国抗衡，只得乞援于英国；另一方面，英国基于保护印度殖民地的目的，决意出兵援助。作者还注意到英国十分讲求援助策略，一开始英国不发一兵、不调一舰，听凭俄兵长驱深入奥斯曼帝国都城。就在其旦暮不保之际，英兵始突如其来，犹如从天而降，致书于俄，怵以罢兵。俄方虽然屡屡获胜，但精锐部队伤亡已多，自知难以抵挡强盛之英军，只得俯首听命，奥斯曼帝国遂赖以不亡。对此，作者大加赞赏，认为"是役也，英兵未尝交绥，而已却强俄，存弱土，印度安于磐石。此所谓运筹帷幄之中，决胜千里之外者"。由此，作者进一步推及朝鲜，分析英国出兵援助的可能性，强调"俄之欲得高丽，将不利于英国东方商务，与前事正复相似，英于此时断无袖手旁观之理"。至于援助策略，作者认为英国不会似俄土之战，任土耳其为俄人蹂躏，待其势穷力蹙，才发兵相助，而为保全商务计，采取先发制人之计，"俄若称兵于高丽，烽烟告警，海道不通，不待据有高丽，而英国商务已大受其害"。[①] 由此可知，当时很多国人对于联英抗俄之策，是颇为乐观的。

1900 年前后，尽管东西方报纸对于中国局势议论多不出

---

① 《论英国宜助中以拒俄》，《申报》1890 年 8 月 8 日，第 1 页。

保全、瓜分两端，一些人听闻瓜分则忧，听闻保全则喜，但一些有识之士敏锐察觉到所谓的"瓜分"与"保全"对于中国而言，结局都将一样。如冯自强就通过奥斯曼帝国的经历正告国人："保全之与瓜分又何别焉？"昔日奥斯曼帝国受五国保全，而如今其政治、财政、兵力诸权皆失，已不配称为国者，"土国名则为五国保全，而实则五国之隶属也"，故"瓜分"与"保全"并无二致，中国的出路不在于列强的保全或瓜分，而在于谋对内、对外之独立。① 同时期蔡锷也通过中国与奥斯曼帝国的比较，彻底抛弃了列强相助的天真幻想，认为"土耳其之兴亡，与苦里米亚之战无关系也……满洲一地，俄法胜则为俄法人之主权地，英日胜则为英日人之主权地也。譬一奴也，主人虽有变易，而奴之为奴则无异耳"。② 也就是说，无论列强大战的结局如何，中国与奥斯曼帝国一样，均不可能摆脱受害者的悲剧结局。至此，中国知识人对于中国的国际地位和处境，均有了更为深刻的体认，不再由奥斯曼先例简单推出联英或联俄的肤浅对策。由此亦可知，近代以来奥斯曼帝国与中国人的世界认知和自我定位密切关联，是把握世界、反观自我的一面明镜。

值得注意的是，此一时期康有为也放弃了联英自保的主张。他在《论中国必分割》一文中指出，昔日俄土之役，英、法、德、奥、意联五国之兵，助奥斯曼-土耳其以拒俄，兵舰二十四艘震于地中海，最终逼退俄军，看似仗义之举，实则

① 　冯自强：《独立说》，《清议报论说》卷一，通化社，出版时间不详，第62页。

② 　《今后之发祥地》（1901年3月20日），曾业英编《蔡锷集》（一），湖南人民出版社，2008，第55页。

"以构师之义，犹以分割终"。他由此更正了自己当年提出的"联英策"，强调各国未必肯为弱中国而战强俄，况且庚子之乱，中国与七国开衅，列强"取之有名，安有入宝山岂空回者乎?"① 康氏的思想转变也证明中国人对奥斯曼帝国史事的解读从表面走向深入，对列强侵略手法以及现代国际关系本质的认知也愈加成熟。

## 第二节　清末各派对土耳其立宪革命的诠释

清末十年是近代中国社会变革最为激烈的时期，清廷、革命派、立宪派等各股势力互相激荡，在国家政治变革的多个层面形成交锋。当时，作为全球为数不多的专制君主国，奥斯曼帝国在立宪浪潮的冲击之下，早已沦为国人笔下守旧不前的负面典型。1908 年青年土耳其党发动革命，实行立宪政体，在中国社会激起强烈反响，成为中国立宪运动的历史助推器。奥斯曼帝国复杂的民族构成、曲折的斗争历程、险恶的国际环境、失败的革命结局，成为中国革命派、立宪派、清廷官员等论证各自主张的绝佳素材。人们从不同角度和立场出发，对这场立宪革命进行了多维诠释，可以说，奥斯曼帝国以某种独特的方式助推了清末中国的立宪进程。

### 一　清廷及知识界的关注与讨论

近代中国人对于土耳其立宪运动的观察和认识，有一个历史的演进过程。1876 年底，刚刚即位的苏丹哈米德二世宣布

---

① 《论中国必分割》，姜义华、张荣华编校《康有为全集》第 5 集，第 323 页。

实行君主立宪制，着手召开国会、制定宪法。次年 4 月，《申报》有及时报道，称："三月十九日，土耳其国开议政院。土君谕告臣民云：我国之所以衰落者，大抵律法不行，审案不公，并滥购军装，以致国库空虚，国债利息，不能清付。现既事已如此，借贷无怪其难，须各用心整顿，为久安之计云。"① 不过，这一动向在当时的中国社会并未引起太大的反响，人们更为关注的恰恰是其君主专制制度，而非立宪政体。在时人眼中，奥斯曼帝国不过是与中国、俄国并称的君主专制国，至 1898 年，严复仍将三国并列为"地球君权无限之国"。② 梁启超在《各国宪法异同论》一文中曾简单提及十余年前奥斯曼帝国布宪法、设议院的改革，但突出强调的仍是改革"后卒中止，故至今仍为专制国"。③ 20 世纪初年，随着立宪思潮的迭起，奥斯曼帝国因专制而致国力衰微的负面形象愈加突出。1902 年，康有为深刻指出，英、法、德、奥、意、美、日等国皆立宪法而有民权，故以小国而强盛，奥斯曼-土耳其、波斯无宪法而一二人专断，故以大国而削弱。④ 据此，中国何去何从，也便不言自明。

　　清末新政以后，一些朝廷官员便以奥斯曼帝国不立宪为鉴，力主中国从速设立议院。如 1903 年，盐城孝廉陈惕庵上书两广总督岑春煊，指出"欧洲各国，惟土耳其无议院，同于中国。而官府之贪欺，盗贼之暴横，民生之困瘠，国势之危

①　《土国近事》，《申报》1877 年 4 月 21 日，第 1 页。
②　《中俄交谊论》，王栻主编《严复集》第 2 册，第 475 页。
③　梁启超：《各国宪法异同论》，《饮冰室合集·文集之四》，第 72 页。
④　《请立诛贼臣尽除宦寺归politics政皇上立定宪法大予民权以救危亡折》，姜义华、张荣华编校《康有为全集》第 6 集，第 364 页。

弱，亦同于中国。非其国不可治也，君主严而堂廉远，言路塞而壅蔽多也"。他认为当下广东、广西民变多为地方官蒙蔽而致，"此辈若在欧洲有议院之国，岂能一日容乎？"①

1906年，清廷颁发上谕，宣布预备立宪，社会各界对立宪的探讨愈加热烈和深入，奥斯曼帝国的警示意义也更加凸显。一方面，人们仍以其不立宪的后果，敦促清廷早开国会、定宪法。留日学生李庆芳将奥斯曼帝国面临的种种困境均归罪于专制政体，指出"以专制国之一人政治，与立宪国之多数政治相遇，犹之枣与玉蜀黍相遇，不待智者而知其拒力之悬隔矣……土耳其国之大过于德意志，而受制于欧洲列国下。无他，政体之不善致之也"，② 因此，中国的改革唯有立宪一途。1908年，中国驻意大利公使黄诰向清廷阐述了奥斯曼帝国与意大利盛衰转化之势，前者为不立宪之国的典型，虽"向称大国，以不立宪浸及于弱。各国时思挟制，传有瓜分之谣"；后者为立宪兴国的典型，"自立宪后，日进富强，迩来与德、奥续盟，复与英、法订阿皮西尼枚约，去岁保和会列头等国"。他表示意大利近日已于奥斯曼帝国施强硬手段，恐渐欲伸力于东方，祈请清廷早日立宪。③

另一方面，随着立宪筹备工作的展开，国人的关注点逐渐集中到教育普及、国民养成等基础性工作上。在时人看来，奥斯曼帝国正是忽略了此项工作，以致立宪运动功亏一篑，而中

---

① 《盐城陈惕庵孝廉上粤督岑云阶制府书》，《申报》1903年11月17日，第1页。

② 李庆芳：《中国国会议》，《中国新报》1908年第9期，张枬、王忍之编《辛亥革命前十年间时论选集》第3卷，三联书店，1977，第113页。

③ 《为意大利在土耳其强设邮局并陈忧患事》（光绪三十四年三月二十三日），中国第一历史档案馆藏电报档，2-02-12-034-0212。

国不应重蹈覆辙。1906 年，《申报》发表的《敬告今日之同胞》一文指出奥斯曼帝国虽有宪法却难以挽救危亡，原因在于其国人务私利而忘公益，他由此呼吁中国同胞以土耳其为鉴，"谋所以养成国民之资格者"。[①] 同年，江苏学政唐景崇也以奥斯曼帝国"领土最大，以无教育之故，宪法不成，国势至于削弱"为训，奏请清廷以普及教育为入手之方，使百姓了解立宪的公德及利益，如此宪法方有树立之时。[②]

1908 年，青年土耳其党发动政变，确立立宪政体。而彼时的中国，立宪运动正步入高潮。土耳其立宪的消息传来，引起了官方和知识界的广泛关注。对此事国人有着截然不同的态度和反应。一些欲维持皇权的大臣由苏丹被废一事，对中国日益高涨的立宪运动深感担忧。大学堂总监督刘廷琛在《奏巩固君权以符君主立宪折》中以"土耳其王幽絷深宫"一语提醒清帝，一旦召开国会，"堂陛之尊，魁柄一去而不可复收，民气一动而不可复遏。始不过夺利争权之私，终必有犯上作乱之事"。[③] 荫昌也提醒朝廷以奥斯曼帝国为殷鉴，深恐将来国会成立，与政府冲突无已，以致酿乱召亡。[④]

那些对立宪抱有极大热情的官员和知识分子则充分肯定了土耳其立宪的成绩，并借此敦促清廷加快立宪步伐。孙宝瑄在日记中指出奥斯曼帝国实行立宪，成立新内阁，"其程度胜我

---

① 《敬告今日之同胞》，《申报》1906 年 9 月 20 日，第 2 版。

② 《江苏学政唐景崇奏预筹立宪大要四条摺》，故宫博物院明清档案部编《清末筹备立宪档案史料》上册，中华书局，1979，第 116 页。

③ 刘锦藻纂《皇朝续文献通考》卷 399，《续修四库全书》第 821 册，第 243 页。

④ 中国第一历史档案馆编《光绪宣统两朝上谕档》第 36 册，广西师范大学出版社，1996，第 468 页。

国多多矣"；赞赏苏丹牺牲私产、划归国有，"至难得也"；并认为立宪后的短暂乱局为一时的过渡，不可因噎废食。① 这些记述的背后，无疑暗含对朝廷立宪进展缓慢的不满之情。1909年，《申报》的一篇文章生动刻画了奥斯曼帝国重颁宪法对于中国立宪运动的强烈刺激："我国上下，又感土耳其之刺激，以为堂堂大国，夫岂土耳其之不若。于是一倡百和，奋然而起，曰：要求宣布实行年限。迨九年筹备之诏下，全国欣欣然有喜色，以为我人所要求者，已如愿而得。开会也，庆祝也，国旗飞扬，欢呼万岁。当时气象之发皇，大有不可一世之概。"② 《外交报》的一篇文章也点明奥斯曼帝国立宪之于中国的借鉴意义："土国今日之宪法，方在进行，宜不至为列强所藐视也。吾国近方预备立宪，嗟我邦人，读此宜自省矣。"③

此外，国人对于此次土耳其立宪的复杂曲折，乃至最终失败，也有充分的揭示和思考。1908年10月，《外交报》的一篇按语指出，青年土耳其党以国民主义相动员，在全国颇具声势，但最终功效有待观察，"终视国人之毅力何如耳。内政既修，外侮可御，土人可不知自勉耶"。④ 1909年，由满族知识分子创办的大力宣扬立宪思想的《大同报》回溯了土耳其立宪运动中各派势力反复较量的过程，指出："国之复兴，犹如海潮之涨进。观者每于海岸之上，见其潮泛之来，虽非一时进尽，一浪甫兴，一浪复退，几有捉摸不定之势，然其每浪之

① 孙宝瑄：《忘山庐日记》（下），第 1225、1227、1280 页。
② 《论今日新政无实行之气象》，《申报》1909 年 7 月 28 日，第 1 张第 2 版。
③ 《论日土条约》，《外交报》第 243 期，张元济主编《外交报汇编》第 13 册，第 247 页。
④ 《论土耳其内讧及土奥交涉》，《外交报》第 225 期，张元济主编《外交报汇编》第 9 册，第 485 页。

进，必较前浪略远，至进尽而后已。故其国之君臣上下，果能复兴，断不可以浪有反退，阻其锐志，苟能忍待数时，必见其潮之实进也。"[①] 在作者看来，土耳其立宪虽有进有退，但终归是在曲折中获得了进步，这也提示国人，中国的立宪运动定会充满困难和挫折，人们应该有忍耐心和意志力，不可松懈和退让，立宪终有实现的一天。随着局势的发展，国人很快发现，土耳其立宪并未实现预期目标，负面评价也接踵而至。曾对此次立宪赞誉有加的鸿飞开始批评其国会仅落一空名，非但没有振兴国运，反而增加痛苦，有若无也。[②]

国人对土耳其立宪的批评，也很快转为对中国现实政治的批判。1908年，汪精卫以1876年奥斯曼帝国流于空文、徒具虚名的短暂立宪，影射清廷立宪的骗局，指出："清政府今方言豫备立宪，并一纸之空文犹未草就，以视土耳其一千八百七十六年之际即宣布宪法者，彼何慷慨，此何吝也！昧昧者不察，方以十年开国会之消息，厚自慰藉，以为逢政府施舍之时，而为乞求，故得如愿以偿，曾亦知土耳其于宣布宪法之年即开国会乎？此其神速，较之清政府期开国会于十年之后者，相去抑何远甚。"他由此进一步指出，面对政府的敷衍塞责，尚无事实之权力的土耳其人民，仍需通过青年土耳其党的政治革命来达到目标，中国的革命道路也就不待言而自解矣。[③] 吴稚晖也用1876年奥斯曼苏丹以假立宪欺妄国民的事实，影射

① 《土耳其近日之风潮》，《大同报》第11卷第13期，1909年。
② 鸿飞：《对于要求开设国会者之感喟（节录）》，《河南》1908年第4期，张枬、王忍之编《辛亥革命前十年间时论选集》第3卷，第290页。
③ 汪精卫：《革命可以杜绝瓜分之实据（节录）》，中研院近代史研究所编《近代中国对西方及列强认识资料汇编》第5辑第2分册，台北：中研院近代史研究所，1990，第832—833页。

清廷统治者"与载沣之阴贼，用同一之进行方法"。① 当时，《东方杂志》翻译了英国《自由新报》的《最近土耳其革命之真相》一文，向中国读者传递最新的土耳其革命信息，意在强调立宪已成为时代潮流："二十世纪之世界，决不容有专制国厕足，即如土国废帝，亦尝发愤为雄，下诏立宪，迎合大势，而适应于国民矣，终以静言庸违，厚貌饰情，不免流于机诈。今其受祸，乃至若斯之酷，尤中国之申鉴也。"② 显然，译者针对的是清皇室在立宪问题上的拖沓、敷衍，希望他们能够以奥斯曼帝国废帝的教训为鉴。

1909 年，革命派主办的《民呼日报》发表了梁鸿的一篇来电，指出奥斯曼苏丹阳假立宪之名，阴行专制之实，利用国中各党派的严重分歧，实施两虎相残之计，挑起党派间的矛盾和竞争，其目的自然是恢复自己的权力，但其万万没有想到的是，机关算尽，反而丢掉了王位，"故土之乱，土王实罪魁也"。作者由此感慨道：

> 夫土王之削位，非党人之能削之也，实则其自削而已。使王果实行立宪，尊重民权，则国人爱之不暇，可由一世至万世而为君，谁得而族王也。吾于是辄叹，地球上之专制君主，外怵列强之侵迫，内忧民党之暴动，莫不假伪立宪之名，以粉饰邻邦，牢笼民庶。乃不旋踵，土崩瓦解，国削身死。嗟乎！俄皇过去之覆辙也，土王现在之殷

① 吴稚晖：《土耳其之反动》，《新世纪》1909 年第 94、95 号，中国国民党中央委员会党史史料编纂委员会编印《吴稚晖先生全集·国是与党务》（五），台北，1969，第 1281 页。
② 《最近土耳其革命之真相》，《东方杂志》第 6 卷第 7 号，1909 年。

鉴也。前车已仆，来轸方长。地球上之专制君主，尚有思步俄罗斯、土耳其之后尘者乎。吾恐季氏之祸，即在萧墙之内也。悲夫！①

显然，作者意在警告清廷最高统治者，如果一味玩弄权术，最后的下场将跟奥斯曼苏丹一样。

至 1911 年，民间对清廷在立宪问题上的敷衍塞责愤怒不已，清廷炮制的皇族内阁更是引起舆论的一片哗然。《申报》刊文正告统治者："观土耳其之维新……非不日言改革，日言变法，乃迁延而不进，敷衍而无实，其盛衰相反，兴亡异轨者，不可不知所殷鉴矣。"预言清廷因循姑息、迁缓濡滞，只会招致灭亡。② 郑观应甚至直接致书摄政王载沣，直言须缩短立宪年限，以慰民心、振民气："若不及早立宪，效法强邻，尚自因循粉饰，必致内乱，四面楚歌，悔之无及……恐土耳其覆辙之祸不旋踵而至矣。"③

## 二 革命招致乱象还是杜绝瓜分

1908 年的土耳其立宪革命成为中国立宪派和革命派进行政治动员和宣传的有效资源。双方从不同立场和角度，截取事件的不同片段和面向，往往形成截然相反的观点，用于论证自己主张的合理性。双方争论的一个焦点在于革命是否造成国家

---

① 梁鸿：《哀假立宪之土王》，马鸿谟编《民呼、民吁、民立报选辑》（一），河南人民出版社，1982，第 185—187 页。

② 嘉言：《论今日吾国宜亟筹救亡图存之大计（二续）》，《申报》1911 年4 月 17 日，第 1 张第 3 版。

③ 郑观应：《上摄政王请速行立宪书》，《近代中国对西方及列强认识资料汇编》第 5 辑第 1 分册，第 508 页。

动荡，以至列强瓜分。

以康有为为代表的立宪派对这场革命的整体评价是土耳其"将危乱且亡矣"，其后果绝非大治而是大乱。他认为青年土耳其党师从法国，以"尽去旧制之纪纲、风俗而举国平等、自由"为目标的革命，乃是大误。他推崇依照国情的渐进式改革，而非盲目、骤然推翻旧制，所谓"旧制行之数千年，实人心国命所寄，纪纲法度虽有积弊，只可去太去甚，以渐行之；如尽去之，人心国命无所寄，则荡然而大乱耳！"他严厉批评青年土耳其党"徒口耳革命之名，而未尝从事政治、理财之学；徒艳炫欧美之俗，而未细审历史、风俗之宜。一旦以兵胁其君而收其权，乃举旧制之法律道揆尽弃之，一朝而易二百余条，非不大快也。然而青黄不接之时，欧美之实效，非突人所能骤受也，于是国人不知所以措手足，惟乱舞偬偬而已"。由于当时康有为正在奥斯曼帝国游历，他还通过自己的所见所闻指出，废除君主后，青年土耳其党人益事压制，尚甚于君主专制之时，使得"大乱无宁，生民涂炭，国人既厌恶之，而旧制不可得复，新政又不能施，谨谨争乱，召敌仇不息，只有待亡而已"。①

反对暴力革命的立宪党人，更为关心革命后能否再造新局，背后有着深切的中国关怀。康有为转述了一位奥斯曼议员的描述："突各州郡民智未开，选举法又草率未善，暴民力争，党人自私，作弊百端，举议员多豪强暴夫，无政治学，只有嚣哗，恐突之乱未艾云。"并凭此认定青年土耳其党人"必

---

① 　姜义华、张荣华编校《康有为全集》第 8 集，第 436 页。

乱突而非强突者，以所学专在破坏，徒矜意气，非能建设故也"。[1] 显然，此番言论直指中国的革命派。他甚至一度致书摄政王载沣，特别提及1908年土耳其立宪革命后"今犹危乱，日见侵乱"的动荡无序，祈盼吸取教训。[2]

以汪精卫、胡汉民、吴稚晖等为代表的革命党人则高度评价土耳其的此次革命，他们笔下鲜有革命后的乱象，而重点论述了革命泯干涉、杜瓜分的一面。汪精卫作于1908年的《革命可以杜绝瓜分之实据》一文颇具代表性。立宪派向来担心暴力革命可能引发列强干涉，汪精卫在文中论证了免除列强干涉的前提，即在于扫除本国的腐败统治："土国所以屡召外国之干涉者，全以政治腐败之故，非为政治之革命，终无以排去干涉之原因。内治既整，外侮斯去，革命非止安内，且以御外也。"他认为立宪派一味宣传列强干涉，造成国人恐怖之心和苟且之念，实为革命前途之梗，强国前途之梗。如此，中国将落于奥斯曼帝国之后，而莫能前进。[3] 另一位同盟会干将胡汉民也通过观察土耳其革命，更加坚信"革命决不致召瓜分"。他写道土耳其革命爆发后欧洲诸国作壁上观，于革命军、奥斯曼政府皆无偏袒，而"近东病夫之国势与远东病夫之国势，盖绝相类，而革命时代对外之现象如此，执革命可召干涉之说者当关其口矣"。[4] 后来，孙中山在《论惧革命召瓜分者乃不

---

[1] 姜义华、张荣华编校《康有为全集》第8集，第454页。

[2] 《上摄政王书》，姜义华、张荣华编校《康有为全集》第9集，第178—179页。

[3] 汪精卫：《革命可以杜绝瓜分之实据（节录）》，《近代中国对西方及列强认识资料汇编》第5辑第2分册，第831—832页。

[4] 胡汉民：《波斯革命》，《近代中国对西方及列强认识资料汇编》第5辑第2分册，第807页。

识时务者也》一文中称赞汪、胡二文引土耳其近事为证，透言列强之政策了如观火，"尤足征铁案如山，非惧外媚满者所能置辩也"。①

1909 年，革命党人吴稚晖在《土耳其之反动》一文中也持类似观点，认为担心列强干涉纯属多余，"实则革军之动，壁上聚观，争相夸美者数十国，谁敢公然与公理为仇，挺身出而干预，为世界所讥笑也"。他进而指出中国的出路不在于粉饰，而在于勇往直前的革命："中国人而欲免于瓜分，中国人之能自立。所谓能自立之标准，将为土耳其自由党之涂饰宪法，恣意反动乎？抑为少年党之督师临境，牵出民贼，如牵一狗耶？请中国人自择之可矣。"② 在吴稚晖看来，究竟被瓜分与否，取决于中国甘于堕落还是奋而自立，这也进一步否定了"革命招致干涉"的观点。

## 三　革命应否止于君主立宪

清末满汉矛盾一度空前激烈，革命派以"排满"相号召，鼓吹推翻满族统治，立宪派则希望化除满汉畛域，反对激烈的"排满"。与中国情况类似，奥斯曼帝国也为多民族国家，除了占统治地位的奥斯曼人外，其境内还生活着为数不少的希腊人、库尔德人、亚美尼亚人等各族人民，随着 19 世纪末 20 世纪初民族主义的广泛传播，其国内各民族的对立和冲突逐渐升级，动荡不已。实际上，从 19 世纪开始，如何拯救帝国的问

① 《论惧革命召瓜分者乃不识时务者也》（1908 年 9 月 12 日），《孙中山全集》第 1 卷，第 380 页。

② 吴稚晖：《土耳其之反动》，《新世纪》1909 年第 94、95 号，《吴稚晖先生全集·国是与党务》（五），第 1270—1271 页。

题已经演变成与帝国相关的认同问题。为了阻止奥斯曼帝国的继续衰败，统治精英提出过多种政治方案：西方化、奥斯曼主义、伊斯兰主义和土耳其主义。如19世纪出现的奥斯曼主义即代表了奥斯曼帝国加强中央集权、创造一种基于平等的公民权的国族认同的努力，同时也表明帝国力图弥合长期以来中心与边缘之间的分裂状态。① 不过，这些努力都遇到了困难，甚至赶不上各种地方民族主义产生发展的速度。②

在革命派与立宪派的论战中，奥斯曼帝国的民族问题被反复提及，成为双方的一个重要论点。在革命派的话语体系中，奥斯曼人既是遭受列强欺凌的弱者，也是国内其他弱小民族的统治者和压迫者，成为被统治者奋起反抗的对象，相关史事也往往被用于论证"排满"的正当性。1903年，《江苏》杂志的一篇文章称赞希腊脱离奥斯曼帝国而自立，系民族主义激荡出的大活剧，证明"两民族必不能并立于一政府统治下"。作者由此宣称"民族建国主义，已逐太平洋之潮流，横渡灌泻于吾东亚矣"。③ 延至1907年，革命派与立宪派的论战趋于激烈，为了鼓吹暴力革命，揭露清廷假立宪的面目，革命派将奥斯曼人的立宪之举，解读为借立宪以统治他族的手段。《汉帜》杂志的一篇文章指出，清廷"处处假宪政以干涉人之行动，借法律以限制人之自由"，一如当年"土耳其颁布立宪之

---

① 昝涛：《现代国家与民族建构：20世纪前期土耳其民族主义研究》，第113、126页。

② 章永乐：《旧邦新造：1911—1917》，北京大学出版社，2011，第41页。

③ 汉驹：《新政府之建设》，《江苏》1903年第5、6期，张枬、王忍之编《辛亥革命前十年间时论选集》第1卷下册，三联书店，1960，第588—590页。

文，则埃及亦难于行动"。① 1910 年，革命党人卢信利用土耳其革命之例，鼓动人民奋起革命，不可逢迎满洲政府而甘为奴隶："近如土耳其之革命，非所谓政治革命者乎？然土耳其之政治革命为人民主动乎？为君主主动乎？革命军之入君士但丁堡，土皇哈美之被废，非以强力而行政治革命者乎？故夫政治革命云者，必人民苦于政治之不平，起而倾覆当时之恶劣政府，建立适宜之新政治，若是者谓之政治革命，主动固在人民，大权亦在人民之手，宣布宪法必出于人民之公定，固非君主所能钦定者也。"②

由此，革命派进一步论证，革命不应止步于立宪，还要推翻满洲的君主专制。汪精卫在《希望满洲立宪者盍听诸》一文中指出，奥斯曼帝国的立宪徒具空文，国家采行的仍然是专制政体，那些寄希望于满洲立宪者，所得到的也只能是同样的结局："闻因有民权而有宪法者矣，未闻因有宪法而有民权者也。何也？以民权能制造宪法，宪法不能产出民权也。虽然，无民权而有宪法者，亦有之矣，土耳其是也。彼慕文明之名，而工牢笼之术，故乐于为此。然国法学者、政治学者咸曰：土耳其特有宪法之条文耳，仍不失为专制政体。"③ 他还以青年土耳其党屡以姑息之故，稍有成就，辄复中止的史实为鉴，倡导中国革命必须推翻帝制。他指出青年土耳其党虽有姑息之

---

① 铁郎：《论各省宜速响应湘赣革命军》，《汉帜》1907 年第 1 期，张枬、王忍之编《辛亥革命前十年间时论选集》第 2 卷下册，三联书店，1963，第 854—855 页。

② 卢信：《革命真理——敬告中国人》，章开沅、罗福惠、严昌洪主编《辛亥革命史资料新编》第 1 册，湖北人民出版社，2006，第 10—11 页。

③ 汪精卫：《希望满洲立宪者盍听诸》，《近代中国对西方及列强认识资料汇编》第 5 辑第 2 分册，第 818—819 页。

过，但尚有实力制止土皇的叛变，而中国无兵权的立宪派，"实力不如土耳其，而姑息之念，则又过之，遑问进步，直恐日以堕落，有终其身为人愚弄而已"。[1]

相对于革命派的"排满"主张，清廷官员和立宪派更为强调化除民族畛域，希望吸取奥斯曼帝国未妥善处理境内民族问题，而招致分崩离析的深刻教训。20世纪初，出洋考察的戴鸿慈、载泽、端方等人向清廷提出无同化之力者国必扰，"土耳其一国之中，分十数种族，语言宗教各不相同，又无统一之机关，致有今日之衰弱"。[2] 康有为在《答南北美洲诸华商论中国只可行立宪不能行革命书》一文中则指出，"满之与汉，虽非谓同母之兄弟，当亦比于同父异母之兄弟，犹为一家也"。在康有为看来，满人"同化"于中国，教化、礼乐、言语、服食均相同，故一概驱逐的"排满"之说，于伦理为悖，于时势为反。更何况，满人除慈禧、荣禄等少数统治者外，多数是通达大义、乐于维新的，"今革命者日言文明，何至并一国而坐罪株连之？革命日言公理，何至并现成之国种而分别之？是岂不大悖谬哉！"[3]

有关革命是否保留皇帝的问题，革命党认为土耳其1908年的立宪革命过于保守，错失良机。然而，辛亥革命爆发后，康有为从"新世界只争国为公有而种族君民主皆为旧义不足计说"的立场给予了重新解读："近者突厥阿士文党之举兵胁君而废之，更立其弟……盖所争在国为公有，而于其父子兄弟

---

[1]　《土耳其革命》，《汪精卫集》卷1，光明书局，1930，第202页。

[2]　赵尔巽等：《清史稿》第41册《戴鸿慈传》，中华书局，1977，第12406页。

[3]　《答南北美洲诸华商论中国只可行立宪不能行革命书》，姜义华、张荣华编校《康有为全集》第6集，第329页。

为王，不足计也；盖以立宪之君主，仅为大世爵乾修帝衔、名誉总理，不足计也。"[1] 他认为只要争取到"国为公有"即为成功，至于种族、君主等问题，皆不足计，这也与其采行君主立宪政体的立场一致。延至民国初年，康有为还十分看重国家和民族的统一，指出奥斯曼帝国分裂乃是由异种异教、列强扶植造成的，"若突厥之弱，由埃及、希腊、罗马尼亚、布加利牙、塞维门的内哥之自立，皆以异种异教，列强扶之，以削弱突者"，而中国则"合蒙回藏而陶冶为一，奈何于内地二十二省之一家而自裂之"。[2]

站在今天的角度来看，革命派和立宪派各自截取了土耳其革命的某些侧面进行论证，均不乏一定的合理性。革命派的主张有其强烈的感染力和号召力，是根治中国顽疾的一剂猛药，但也不免夹杂了一些狭隘观念，对于革命后的复杂形势也缺乏足够的预判。而康有为的保皇主张尽管已经不合时宜，但其有关民族融合的观点，仍富有一定的洞察力。

## 第三节　奥斯曼帝国覆灭之后："土耳其复兴"的反思与救亡动员

第一次世界大战敲响了奥斯曼帝国覆灭的丧钟。1918 年奥斯曼帝国战败投降，被迫签订《穆德洛斯停战协定》，协约国军队占领伊斯坦布尔，苏丹俯首称臣。1920 年 8 月，奥斯曼帝国又与协约国签署《色佛尔条约》，这标志着土耳其人濒

---

[1]　《救亡论》，姜义华、张荣华编校《康有为全集》第 9 集，第 229 页。
[2]　康有为：《中华救国论》，《民国经世文编》第 1 册，第 461 页。

临亡国的边缘。1921 年，凯末尔领导的土耳其军队挫败希腊军队的进攻，并于次年取得反攻的决定性胜利，迫使协约国同意废除《色佛尔条约》。1923 年 7 月，土耳其大国民议会与西方列强及希腊签署《洛桑条约》，明确划定土耳其与希腊、法国委任统治地叙利亚、英国委任统治地伊拉克之间的边界线，取消西方列强在土耳其的财政监督、战争赔款和治外法权，这也"标志着土耳其作为主权国家的诞生"。同年 10 月，大国民会议颁布法律，废除苏丹制。[①] 20 世纪 20 年代，土耳其取得民族革命成功之后，又在凯末尔的领导下，迈出了国家现代改革的新步伐，只用短短几年时间，就初步实现国家的现代化，被时人誉为"现代化国家的模型"。

学术界已经普遍关注到，土耳其复兴后，中国政学各界视之为"榜样"，掀起了一股学习土耳其的思潮。不过，在一片赞誉和推崇声中，国人也不乏关于土耳其复兴之局限性的揭示、阐释与反思。同时，人们也对土耳其复兴历程中"国家统一"的成功经验进行了宣传与利用，以此探索符合中国国情的救亡动员之法。

## 一　不只是"榜样"："土耳其复兴"的反思

近代中国人对凯末尔领导下的新土耳其所取得的成就，既赞誉有加，也不乏批评与反思。一方面，国人对土耳其诸项建设的缺失和问题，有一定的揭示。比如，土耳其改革道路并非一帆风顺，在实践过程中遇到的困难远比先前预料的多得多。1930 年，土耳其新党成立一度引发国家政局不稳，先是在党

---

① 　哈全安：《土耳其通史》，第 164—165 页。

魁费塞回国时，欢迎者与警察发生冲突，随后就如何解救国家的经济与财政困难，新政党与政府的意见又不相容。当年 9 月，《申报》的一篇评论指出，此前国人总将土耳其视为效法的榜样，认为其革命后各项改革事业正在顺利进行，如今获悉其发展中遇到各种阻碍甚大，才体会到"欲建立一新兴强盛国之非易事也"。① 同年 12 月，《申报》发表的另一篇短评《土耳其之变乱》再次强调了新兴的土耳其变革之阻力和困难，认为："凡一新兴之国家，根基尚未巩固时，必有反对之人发生变乱。此变乱者，一方面为国家之害，别一方面即为国家之助。何也？新兴国家之能否巩固，即由此变乱之来，能否平定，以为之试验而决定也。如能平定，则国家之巩固，自能昭然在人耳目也。"②

　　奥斯曼帝国长期处于落后的农业国状态，工业基础差，现代土耳其建国短促，故经济建设仍存在不少短板。1933 年，包华国在《战后欧洲政治外交史》一书中在肯定土耳其建设成就的同时，也批评当局封闭、保守的经济政策，导致经济至今尚未达到巩固，土耳其"坚持不借外债以进行国内建设工作的主张，使全国人民担负过重，而无力改进其经济状况"。③ 次年，宋春舫也在《不景气之世界》一书中有过类似批评，指出土耳其在吸引外商投资和公共事业建设方面的严重不足，如"人民中有生产之能力者以及商家，均驱逐出境，外人投资者，皆退缩不前。一九二八年，取销外债命令颁布以后，政府的信用，完全扫地。同时，因军费繁多，各种公共建筑物均

---

① 《土耳其之新党》，《申报》1930 年 9 月 8 日，第 7 版。
② 《土耳其之变乱》，《申报》1930 年 12 月 31 日，第 8 版。
③ 包华国：《战后欧洲政治外交史》，第 555 页。

不能进行"。[1] 直至 20 世纪 40 年代初，土耳其脆弱的经济基础仍未得到根本改变。刘独峰在《近中东各国论》一书中认为土耳其近年来偏重近代工业建设，取得显著发展，但至今仍为农业国，"一千四百万人口中，大部份仍然是农民，因此，土耳其的输出品，亦以农业产物为主"，对外贸易也严重依赖德国，1938—1939 年的进出口贸易，德国均居首位，其货物输出必至于德国，输入亦必自德国而来。刘独峰对此深表担忧，一旦德国施以经济封锁，"那土国当然是吃不消的"。[2]

土耳其大力发展军事，也带来一些后遗症，增加了民众生活的困苦。20 世纪 30 年代中期，著名报人陶菊隐指出土耳其军费增幅高达 32%，不得不增开新税，以弥补财政支出，人民负担大为加重。为保障本国人民的生计，土耳其政府又出台限制外人在其境内谋生的规章，使得几十万外国侨民饱受失业之苦，上自技术工人，下至苦力，都要在规定的时间停止工作。[3]

此外，土耳其的文字改革事业也并非一般论者所言的卓有成效，实际上新文字的推广仍存在很大局限。1929 年，《陕西教育周刊》刊载了题为《土耳其文字革命之困难》的文章，直言土耳其新文字普及困难，成效尚未大著，一般民众不努力于新文字之阅读，"大半报纸因读者减少，致销路减去一半，因此停版之杂志，计有二十余种。继此而停刊者，亦必不在少数。在内地情形更恶，数种州报销路不满五百份，某游戏报昔

---

① 宋春舫：《不景气之世界》，四社出版部，1934，第 55 页。
② 刘独峰：《近中东各国论》，立达书店，1942，第 11—14 页。
③ 陶菊隐：《漫谈土耳其》，《亚洲谈薮》，中华书局，1945，第 13 页。

每周销二十五万份，今已失去十分之九之销路矣"。[1]

另一方面，新土耳其虽然实现了民族独立，但与此前的奥斯曼帝国相比，其领土和人口都大大缩水，国际地位更是一落千丈，不复当年称霸欧、亚、非三洲的雄风。从这个意义上来说，随着奥斯曼帝国的彻底崩溃，所谓"新土耳其"的再造对于土耳其人来说，似乎也充满悲情色彩。这也是中国学者观察土耳其"复兴史"难以回避的重要话题。1927 年，张介石在《战后列国大势与世界外交》一书中揭示了一战前后土耳其国家地位、所辖领土和人口的急剧下降，"土耳其介于欧亚之间，战前固泱泱一大国也。战后自一千九百二十年，列强结对土条约，于是今日土耳其，面积不过十七万四千九百方里，人口八百万人"。[2] 换言之，所谓的土耳其复兴，是以这些重大损失为前提的。1930 年，外交部特派员程演生介绍土耳其近况时，指出其"海军自欧战以后，残败已甚。现虽整顿，然去旧有之地位尚远"，由此断言新土耳其难以恢复往昔奥斯曼帝国的大国地位。[3] 即便是那些视土耳其为复兴榜样的论著，也无法完全回避其复兴的局限性。1934 年，刘君穆在评价《洛桑条约》签署一事时，虽凸显了其民族解放的伟大意义，称"塞里斯和士麦拿已可保存，帝国主义的种种束缚，亦渐解除"，但也不得不承认土耳其付出了惨重的代价，"仍失去有二千万居民的二百五十万方公里的领土，任英法代管，或其设立新的傀儡国"。[4]

---

① 《土耳其文字革命之困难》，《陕西教育周刊》第 2 卷第 48 期，1929 年。
② 张介石：《战后列国大势与世界外交》，第 77 页。
③ 程演生：《土耳其》，《外交部公报》第 3 卷第 4 号，1930 年。
④ 刘君穆：《战后世界政治地理》，第 332 页。

　　至 20 世纪 40 年代，一些学者尝试从现代民族国家建构角度阐释从"奥斯曼帝国"到"新土耳其"的蜕变史。《申报》发表的《土耳其概述》一文针对"新土耳其只有奥托曼帝国地盘五分之一的大小"的问题，如此解释道："我们可要知道，那旧日的奥托曼帝国，都是老奥托曼东偷西摸和侵略而得，怎能做得兴家强种的产业。"① 作者将此前奥斯曼帝国东征西讨的广袤领土，多视为非法所得。按此逻辑，新土耳其对于奥斯曼帝国丧失的领土，自然没有追回的合法性和必要性，凯末尔政权也就不用背负这样一个历史的包袱。显然，这一解释较为牵强，也不完全符合历史发展规律，却体现出时人弥合奥斯曼帝国与新土耳其某些断裂的积极努力。

　　1937 年，戴望舒在《现代土耳其政治》一书中开始着重强调现代民族国家观念在土耳其革命中的突出作用。作者认为，在一战以前，民族观念在土耳其民间并不很发达，恰恰是世界大战推动了民族观念的发展，"世界大战显明地揭示出一切一向和民族观念之进步相反的观念——回教的观念，鄂托曼帝国的观念——之无用，因为在和大战接触之下，这些观念都崩颓了。所以那些兵士在出战时是一个鄂托曼人，在回来时已是一个土耳其人，为帝国中其他的居民所弃，所卖，而只有自己可靠了"。而《色佛尔条约》的签订也让那些忠于苏丹的民众认识到，苏丹和他的议事大臣是如何的没有能力使他们避免亡国灭族之惨，"土耳其的民众呢，却已觉醒过来，并深知道与其受人宰割，不如起来拼死一战。凯马尔了解这些，所以他登高一呼，民众无不起来响应，追随着他们的首领，带着绝望

---

① 《土耳其概述（二）》，《申报》1942 年 5 月 29 日，第 3 版。

的勇气作殊死战。你想想，这真是协约各国所豫想不到的，这严酷的'色佛尔条约'反而促成了土耳其民族观念的觉醒，比几十年的宣传和民众教育的力量都还大"。①

1940 年，慎之在《土耳其复兴史》一书中更为明确地从现代民族国家角度进行了学理化的阐释，指出所谓的"土耳其复兴"意味着荡涤传统的旧势力，迈向现代民族国家，土耳其人的建国目标为建立"土耳其人的土耳其"，虽然没有恢复奥斯曼帝国全盛时代的声威，但他们也从来没有如此打算。②也正因如此，当二战期间有关土耳其试图恢复昔日奥斯曼帝国时代版图的传闻甚嚣尘上时，慎之毅然否定了其可能性，再次强调土耳其人的建国目标始终是"土耳其人的土耳其"，这在凯末尔等人最早制定的《国民公约》即有明示，而"鄂托曼帝国旧日的领土，像埃及、巴勒斯坦、叙利亚、阿剌伯、伊拉克，全不是土耳其人；而且阿剌伯沙漠的游牧民族，桀骜难驯，反叛时生，鄂托曼帝国已经饱受痛苦，新土耳其未必会自蹈覆辙"。此外，作者认为土耳其早已丧失在伊斯兰世界的宗教中心地位，更无法同阿拉伯国家复合："从前君士坦丁堡的苏丹政府，和这些地方的连系，是剑和可兰经（武力和回教）。现在的新土耳其，废止加利发，不愿再做回教世界的中心。唯一的连系既去，土耳其靠什么东西，来结合新的'回教帝国'呢？巴勒斯坦、叙利亚、阿剌伯、伊拉克，这些国家要和土耳其复合，可能性是极微的。"③ 这些阐释一定程度上弥补了帝国崩溃悲剧所造成的土耳其复兴建国成绩榜上的裂

①　戴望舒：《现代土耳其政治》，第 7—9 页。
②　慎之：《土耳其复兴史》，世界书局，1940，第 104 页。
③　慎之：《土耳其复兴史》，第 120—121 页。

缝，也从另一个角度提示读者，有关土耳其复兴的局限性，乃是新土耳其复兴史的宏大叙事中一个难以绕开的话题。

## 二　"近东"的复兴与"远东"的救亡动员

奥斯曼帝国的崩溃和新土耳其的再造，使土耳其人甩掉昔日"近东病夫"的帽子，这深深地刺激了被称为"远东病夫"的中国人。土耳其的涅槃重生，尤其是凯末尔领导的土耳其革命党统一全国力量的成功经验，成为中国知识界进行救亡动员和国家建设的一个有效资源。

早在1923年，《新民国》杂志即刊发题为《近东病夫与远东病夫》的文章，通过中土对比，找出了中国革命的症结所在。其一是中国国民党组织不及土耳其国民党完密。"土耳其是自下而上的组织，中国国民党以前是自上而下的组织。土耳其国民党以党员为基本的革命军，军队都能了解革命意义。中国国民党则基本军甚少；大半利用他人已成势力，不能完全了解主义，实行主义。"其二是中国国民的反侵略性不及土耳其。信奉伊斯兰教的土耳其人与信奉基督教的欧洲人乃世仇，人民反抗列强侵略的意识极为强烈。而中国自甲午、庚子两役之后，对于西人态度由敌视改为谄媚，遇事将顺，不敢计较，甚至常有哀求外人干涉内政的行径。其三是中国民族资产阶级的觉悟不及土耳其。土耳其资产阶级面对政府的媚外，一致奋起号召全国革命而最终取得胜利。而中国的民族资本家不从大处着手，抱着"在商言商"的态度，对列强和军阀妥协退让，希望换取廉价的和平。甚至有银行业资本家只知操纵金融市场，以高利贷盘剥小民，对于反抗帝国主义的壮举则毫不援助。① 以上解读未必完全符合土耳其革命的实情，不乏作者的比附和建构，但其目的在于发挥土耳其的殷鉴作用，激励国民以土耳其人为榜样，加入孙中山领导的革命队伍。

1928 年，曾赴土耳其实地考察的国民党政要胡汉民，在中央党部纪念周上发表演说，强调土耳其最堪注意的乃是"国家统一"策略的成功，如土耳其国民党能够消弭党内的派别之争，集中全国的军事、财政力量，最终赢得革命胜利。胡汉民对土耳其国民党的解读，显然是与当时中国国民党的现实需要相一致。以蒋介石为首的南京国民政府虽然在形式上统一了中国，但国民党内派系斗争严重，各地军阀拥兵自重，兵权、财权、党权四分五裂，呈现一盘散沙的局面，亟须统一，否则难以担当建国复兴大任。因此，胡汉民在演说中发出号召："凡我同志，务须在党的统一指导下共同努力，现还有少数党员，常发表意见，互相攻击，互相谩骂，实非党员之道，彼此最低限度，应维系友谊关系，方不背总理'亲爱精诚'之主旨，尤不可妄自尊大，妄自菲薄，至党务达于不可为之地步。"②

1937 年，致力于"国家统一过程"研究的刘平从"统一建国"的角度诠释了土耳其革命史，提出中国要实现近代化，造就一个民主、统一的近代国家，需要师法土耳其。③ 首先，就统一建国的目的而言，土耳其人以"外抗强权、内除国贼"为目标，以同一血统、语言、风俗、习惯、区域的民族主义为奋斗使命，从而实现全国上下总动员。④ 其次，就统一建国的

① 体仁：《近东病夫与远东病夫》，《新民国》第 1 卷第 2 期，1923 年。
② 《中央党部纪念周》，《申报》1928 年 9 月 25 日，第 9 版。
③ 刘平：《近代国家统一过程的研究》，第 3—4 页。
④ 刘平：《近代国家统一过程的研究》，第 78—81 页。

全民性质而言，土耳其国民党领导下的民族运动，带有全民族抗争的性质，"国民党的反抗卖国专制政府，颁布宪法，团结民众等等，无非在结合一个全民族的战线来抵抗侵略，解放土耳其"。① 最后，统一建国离不开争取外援。土耳其在争取民族独立与解放大业中，不但联合苏联和近东弱小民族，还善于利用英、法、意诸国的矛盾，其革命外交的成功堪称一切被压迫民族外交活动的模范。② 作者对土耳其国家统一进程全面、深刻的阐发，目的仍在于敦促中国政府从国家政权统一、政治力量联合、外交手腕运用等各方面，整合国家资源和理论，促进国家早日统一。

此外，中国共产党自成立之后，也始终关注土耳其革命的进展，并以之进行中国的革命动员和阐释。如中国国民党一大期间，李大钊以土耳其共产党员加入土耳其国民党的例子，说明中国共产党员加入国民党，是国民革命运动的需要，对国民党也无损而有益。③ 这无疑在一定程度上推动了第一次国共合作的实现。1923 年，邓中夏还突出强调工农大众是土耳其独立运动依靠的主力，④ 进而指出中国农民承受政治、经济苦痛，远高于土国农民，他们更是革命的希望和动力，⑤ 从而肯定了中国共产党领导农民运动的正确道路。

土耳其革命史还被中国共产党人视作世界反帝和民族解放

---

① 刘平：《近代国家统一过程的研究》，第 82—83 页。
② 刘平：《近代国家统一过程的研究》，第 85—86 页。
③ 《国民党"一大"会议上关于跨党问题发言记录》（1924 年 1 月 28 日），《中华民国史档案资料汇编》第 4 辑第 1 册，第 245 页。
④ 《革命主力的三个群众——工人、农民、兵士》（1923 年 12 月 8 日），《邓中夏文集》，人民出版社，1983，第 40 页。
⑤ 《论农民运动》（1923 年 12 月 29 日），《邓中夏文集》，第 52 页。

运动的经典案例，进行中国的革命动员。1924 年，恽代英在上海同文书院中华学生部发表演说，回溯了从奥斯曼帝国衰落到土耳其救亡复兴的历程，感叹道："土耳其和中国是出名的两个东亚病夫国，而土国的境遇，比中国实在还要危过几倍；然而土耳其终于复兴了，终于独立了。中国反倒没有办法吗？反倒没有希望吗？老实说，只要我们个个负责，人人努力起来，中国是不会没有希望的。"①

后来凯末尔开始"清党"，建立资产阶级统治，中国共产党对此也有批判和反思。如蔡和森曾痛斥凯末尔政府疏俄亲法、逮捕共产党的做法，直言这不仅对共产党是一种罪恶，也给国民运动带来了极大损害。② 1940 年，毛泽东在《新民主主义论》一文中明确批评了中国资产阶级曾高唱的"基马尔主义"，认为凯末尔领导的土耳其最终投入英法帝国主义的怀抱，变成了半殖民地，是帝国主义反动世界的一部分。他强调，土耳其道路在中国不可能复制，中国的资产阶级具有软弱性和妥协性，而中国的无产阶级力量强大，拥有革命的彻底性，土耳其式的便宜事情根本不可能发生，中国的唯一出路在于新民主主义道路，而不是资产阶级专政道路，处于半殖民地地位的中国应当毫不含糊地站在反帝战线的阵营，成为世界革命力量的一部分。③

---

① 《中国民族独立问题》（1924 年 6 月 10 日），《恽代英文集》上卷，人民出版社，1984，第 546—547 页。

② 《洛桑会议与土耳其》（1922 年 12 月 27—30 日），《蔡和森文集》，人民出版社，1980，第 220 页。

③ 《新民主主义论》（1940 年 1 月），《毛泽东选集》第 2 卷，人民出版社，1991，第 680—681 页。

# 结　语

在近代西学东渐浪潮的强劲冲击下，原本有着天朝上国心态的中国人被迫尝试在新的知识体系和时空环境中，重新定位世界、他者与自我。国人的参照系不仅有对己施以侵略却又在一定程度上推动了现代化进程的西方列强，也有长期保持朝贡关系、在近代先后沦为西方殖民地的周边近邻，更有像奥斯曼帝国一类少有接触、在外交版图中处于边缘地位，却有着相似民族命运的弱势国家。中国和奥斯曼帝国在近代遭遇类似的外敌入侵和民族沉沦，也同样面临学习西方与振兴国家的紧迫任务。可以说，"民族命运相似论"，不仅是近代中国人关注和理解两国关系的重要着眼点，也是迄今学界把握两国历史关系的主要视角。

近代以降，中土两国官方及民间往来不多，1934 年南京国民政府与土耳其政府建立外交关系之前，双方长期缺乏正常、稳定的沟通渠道，但中国社会各阶层对于奥斯曼-土耳其政治、经济、社会、文化、历史诸方面的记述从未间断。近代中国人的奥斯曼-土耳其认知不仅具体反映了西学东渐背景下国人世界知识水平的不断提升，也构成国人持久关注和研讨土耳其的内在动力，更能由此折射出国人在走向世界历程中，其时代关切、他者认知与自我定位三者之间彼此关联的立体图景。

## 一　世界新知的获取与全球视野的拓展

鸦片战争后，中外交往的形势发生了根本性转变，中国逐渐由封闭走向开放。国人对于世界新知的渴望日益增强，随着各种文化传播渠道的日渐通畅，西学新知如雨后春笋般输入。各种有关奥斯曼帝国的知识就是在这一背景下大量传入中国的。在中国与世界的互动交流当中，中国知识分子不断接收各类奥斯曼知识和信息，通过甄别、加工，最终形成自己的看法，并成为中国人世界知识体系的重要组成部分。这些知识和信息又通过现代传媒、图书出版、课堂教育、文体活动等多种途径，在中国社会广为流播，为越来越多的中国大众所了解和熟悉。

近代中国人的奥斯曼-土耳其观，不限于一般论者所言的"同病相怜"或"引以为鉴"，有洞见者更将土国动态与自身内政外交联动考察，并逐渐揭示出两国在诸多领域存在切实的利害关系，从而将奥斯曼-土耳其视为拓展国际交往合作新空间、谋求自身国家安全和利益的重要凭借。这一认知演进过程，既是国人逐渐突破和超越传统的天下观、夷狄观，全球视野和认知空间不断得到拓展的生动体现，也是中国涉外思想与实践在近代相互促动、实现现代转型的典型案例。

晚清时期，越来越多的中国人开始意识到要想准确把握国际局势，了解列强的动态，观察问题的视线应该尽量拓展，国与国之间的空间距离感应该淡化，两个国家没有过多的接触并不代表二者没有联系。在当时人看来，奥斯曼帝国的状况直接关系着中国的安危，它与俄国、英国、法国错综复杂的外交关系，及其日趋激烈的战争，既会影响列强的远东政策，也将牵动中国自身的对内、对外决策。对中国人来说，奥斯曼帝国早已不是那个模糊不清、远隔万里的陌生之国。同样，人们意识到中国的局势对奥斯曼帝国也会有微妙的影响。只有以一种联系的、互动的观点看待双边关系，才能认清国际形势，做出有利于本国国家安全的正确决策。在认识到奥斯曼帝国为欧洲各国之屏蔽的同时，人们也从中感悟到现代的边防观念已经和古代完全不同，诚如晚清驻外公使崔国因所言："古之筹边者，筹之于数千里外，以为远矣。今则筹之数万里之外，并于本洲之外。非好为驰骛也，时势不同也。"①崔国因正是基于奥斯曼帝国的例证，看出谋求国家的边防安全，仅考虑周边数千里的范围远远不够，应看到数万里之外的国家动向与自己国家安危的密切联系。

## 二　西方之外的一个特殊"他者"

引发近代中国变局的首要因素，无疑是西方殖民者的东来。对于近代中国人来说，无论是反抗侵略还是从事变革，来自西方的刺激和影响始终挥之不去。"西方"既是中国人努力抗拒的对象，也是学习参照的坐标。但我们还应看到，近代中国人曾将目光汇聚到奥斯曼－土耳其身上，刻画与塑造了奥斯曼形象，从中也折射出中国人对于自我及世界的看法与定位。可以说，奥斯曼－土耳其构成了近代中国人观察他者、自我与世界的一个新视点，甚至能够从中发掘在西方国家身上无法汲取的识见。

晚清时期，中国知识阶层并未机械移植中土同为"病夫"

---

① 崔国因著，胡贯中、刘发清点注《出使美日秘日记》，第150页。

的西方话语。中国人笔下的奥斯曼帝国，并非与中国并列对等，而是经常呈现出强弱分明的不对称关系。奥斯曼帝国有时是不值一提的弱国，有时又是尚强于中国的国度，这显然是国人根据各自的立场和需要，截取两国关系的某些侧面，加以工具化解读的结果。中国知识界围绕奥斯曼形象的多元认知和解读，虽不乏矛盾之处，但又共同反映了奥斯曼帝国的独特认知意义。当面对西方国家的强势冲击时，中国人在文教制度更为落后的奥斯曼帝国身上找到了大国优越感和民族自信力；当中国开启现代化改革时，处境相似又先期进行的奥斯曼帝国，为国人提供了更具参照性的经验和教训，有些甚至是西人无法直接提供的；就中土现实往来而言，奥斯曼帝国更非通常所论的"病夫"，其颇为强大的军事实力不仅是刺激国人奋起自救的一剂良药，也让中国的国家安全面临新的挑战和危机。近代中国由传统迈向现代，不仅有西方列强的直接刺激和深刻影响，也有着土耳其一类同处弱势地位的后发现代国家所提供的多重观察视角和发展动力。

对奥斯曼-土耳其洲际归属的认知历程是西学新知大规模输入之后，中国知识精英不断拓展国际视野，重新调适自我与世界关系的一个缩影和侧面。这种对于他者的想象与建构，既是国人地理学、人种学、政治学等现代知识体系不断精进的具体表现，也在相当程度上折射出国际国内政治局势、社会思潮的深刻影响，更由此反映了兼具地理、政治、文化多重含义的"亚洲""欧洲"概念，并非单纯的固定地域实体，也具有一定的相对性和流变性。奥斯曼-土耳其究竟归于何洲，似乎没有统一的标准答案，在不同历史时期，基于不同立场的认知主体，总会根据各自的知识背景和利益诉求，不断"表述"和

"塑造"奥斯曼－土耳其形象。在这一过程中，欧美、日本、俄国乃至土耳其的知识阶层，也曾以直接或间接的方式，历史性地参与中国知识界的土耳其洲属建构。对中国知识人来说，在透视他者与反观自我之时，兼顾"全球视野"和"中国本位"，或许更为重要。

占据中西交通之要冲的奥斯曼帝国还是列强施展纵横捭阖之术的竞技场，是基督教与伊斯兰教冲突的上演地，列强主导的国际法则能不能运用于东方国家，它们的实质和影响究竟如何，仅凭西人的言说，显然有极大的片面性和误导性，而来自受害者——奥斯曼帝国的论说和实践，往往能够显示西方列强表述背后所隐藏的真实想法和目的，也能够纠正一些认知上的偏见。通过审视奥斯曼帝国的经历，近代中国人在渴望加入公法、融入国际社会之际，也对列强侵略性、不公平性的一面有了更深的体认。他们还从奥斯曼帝国身上看到了弱小国家如何运用国际法则维护自身合法权益，这些都是西方列强的行为和经验所无法提供的。

### 三　他者之路的思索与自我道路的追寻

如前所论，近代中国人对奥斯曼－土耳其的关注，常常伴随一种深深的自我关怀。奥斯曼－土耳其始终是国人的一面明镜，当遇到困惑之际，就会自觉将目光投向这一独特的"他者"。晚清以来，面对"变革"的新课题，中国传统的知识结构和因应机制都已无力应对，究竟何去何从？奥斯曼帝国提供了大量的经验教训。某种程度上说，与西方国家相比，奥斯曼帝国的史事更具有参照性、典型性和实用性，也曾历史性地"参与"近代中国的重大政治事件和社会思潮，是政治动员与国家建设不可或缺的有效资源。

这种他者之路的思索，还展现出近代中国道路选择中"中国本位"意识的自觉和强化。在参考奥斯曼-土耳其发展之路的时候，是奉行简单的拿来主义，还是经过理性的扬弃，国人同样给出了精彩的回答。随着近代民族意识的空前觉醒和不断强化，一批民国知识精英对源自西人的中土"民族命运相似论"也不再持简单的认同态度，而是怀着理性反思精神，在考察土耳其民族复兴历程之时，自觉揭示两国国情的差异面相，逐渐确立了一种自我本位的评判立场。他们清楚地认识到，由全球眼光把握国际动态和格局的一个不可忽视的前提，是以本国的利益和诉求为旨归，否则，所谓全球视野的观照也不过是拾西人之牙慧，往往陷入他人预设的某些陷阱，危及自身而不自知。诚如著名外交家张忠绂在 1942 年所言，西人所谓近东问题与远东问题的眼光，无不"是以帝国主义的观念作出发点，就好像中国是为欧美列强而存在的"，对于舶来之学，中国人不可一知半解、囫囵吞枣地加以利用，应有自己独立原则、立场和方法的坚守，既不可撇去中国问题来谈世界问题，亦不可脱离世界问题来谈中国问题，"必须将中国问题置于世界问题的背景中，去讨论，去研究"，但首先要保障自身的繁荣和安全。[①]

概而言之，有关奥斯曼帝国知识的引入给近代中国带来了诸多新的变化，也折射出中国社会发展的诸多特点。它是中国人获取域外新知的一部分，彰显了国人全球视野的扩大；它是

---

① 张忠绂：《中国战后问题》，《大公报》（重庆）1942 年 7 月 12 日，第 2 版。

西方之外的另一个重要而特殊的"他者","启发"和"引导"国人审慎思考如何认知和应对西方，重新定位自我、他者与世界的关系；它是中国发展道路选择的借镜，有助于中国人思考变革、从事政治动员，确立符合自身特点的发展之路。从某种意义上说，一部近代中国人的奥斯曼－土耳其认知史，实际上也是中国人的自我认知史，是近代中国人思考救国之途和发展之路的独特的探索史。

最后还应提及，有关近代中国人的奥斯曼帝国研究的课题，还应大力提倡对比研究及反向研究。如前所论，目前学术界对于中国人的外国认知研究多侧重于西方大国，而对以奥斯曼帝国为代表的弱国关注较少，尚缺乏全面系统的探析。实际上，这些国家的发展轨迹各具特色，也曾受到中国知识人的注目，对于它们的种种记录和评述，不仅是国门洞开后中国人对于域外世界的认识由陌生到熟悉的生动体现，也反映了近代国人对于这些国家发展历程的深入了解和独特思考，其中很多内容是从欧美发达国家身上难以窥见的。若能以中国人的奥斯曼帝国认知为个案，对这一类型选题的研究模式和方法进行细致的探究，进而举一反三、推而广之，相信"近代中国人的小国认知""近代中国人的外国观对比研究"会逐渐成为近代中外关系史研究领域新的学术增长点。反过来说，多国别视角的检视和比对，可以使我们更加准确地判定近代中国人的奥斯曼帝国认知的真实水平和独特价值。

与"近代中国人的奥斯曼帝国认知"密切相连、相反相成的另一个课题则是"近代奥斯曼－土耳其人的中国认知"。从他人的视角来认知中国，实际上也为我们增添了一个观察自身的新角度，对于外文史料的开掘、多元理论方法的引入，乃至对中国政治、经济、社会、历史、文化，以及国际形象和国家地位的再思考，均不无裨益。这一点，近年来大力倡导"从周边看中国"的葛兆光先生有过概括："'从周边看中国'，不仅在观念上可能会促使我们重新认知历史中国和文化中国，在文献上可能会激活相当多过去不曾重视的日本、韩国、越南有关中国的资料，在方法上也会刺激多种语言工具的使用和学术视野的扩展。"① 上述多重益处推诸"近代奥斯曼-土耳其人的中国认知"问题，当有一定程度的合理性和适用性。囿于笔者的时间、精力和学识，以上论题在本书中未能进一步展开探讨，这也是笔者未来研究的努力方向。

---

① 复旦大学文史研究院编《从周边看中国》，中华书局，2009，葛兆光序。

# 参考文献

## 一 史料

### （一）档案及官修典籍

1. 未刊档案

辽宁省档案馆藏档案。

台北中研院近代史研究所藏北洋政府外交部档案。

台北中研院近代史研究所藏总理各国事务衙门档案。

中国第二历史档案馆藏档案。

中国第一历史档案馆藏电报档、录副奏片。

2. 已刊档案

故宫博物院明清档案部编《清末筹备立宪档案史料》，中华书
　　局，1979。

李国荣主编《晚清国际会议档案》，广陵书社，2008。

《民国外交档案文献汇览》，全国图书馆文献缩微复制中心，
　　2005。

《清外务部收发文依类存稿》，全国图书馆文献缩微复制中心，
　　2003。

孙学雷等主编《国家图书馆藏清代孤本外交档案》，全国图书
　　馆文献缩微复制中心，2003。

中国第二历史档案馆编《中华民国史档案资料汇编》第4、5
    辑，江苏古籍出版社，1991、1994。

中国第一历史档案馆编《光绪宣统两朝上谕档》，广西师范大
    学出版社，1996。

中国第一历史档案馆、文化部恭王府管理中心编《奕䜣秘档》，
    国家图书馆出版社，2008。

《总署奏底汇订》，全国图书馆文献缩微复制中心，2003。

3. 官修典籍

《清德宗实录》，中华书局，1987。

《续修四库全书》，上海古籍出版社，2002。

《宣统政纪》，中华书局，1987。

赵尔巽等：《清史稿》，中华书局，1977。

（二）近代报刊

《安徽白话报》《北京浅说画报》《边铎》《边疆半月刊》
《察世俗每月统记传》《晨熹》《成达文荟》《大公报》《大陆
报》《大学院公报》《大中华杂志》《地学杂志》《东方杂志》
《东西洋考每月统记传》《读书杂志》《纺织时报》《妇女共
鸣》《妇女时报》《广益丛报》《国衡》《国立北京大学周刊》
《国闻周报》《汉帜》《河南》《华侨半月刊》《江苏》《教会新
报》《教育通讯》《进步》《京报副刊》《开明》《鹭江报》
《民权素》《清议报》《全民周刊》《陕西教育周刊》《申报》
《时务报》《时兆月报》《太平洋》《天方学理月刊》《突崛》
《图书展望》《外交部公报》《外交公报》《万国公报》《新民
国》《新世纪》《新亚细亚》《严中校刊》《月华》《真光》
《中国回教协会会报》《中国新报》《紫罗兰》

    *Chinese Pepository*

### （三）文集、日记、笔记等

《蔡和森文集》，人民出版社，1980。

柴亲礼：《希腊土耳其游记》，京华印书馆，1933。

陈伦炯撰，李长傅校注，陈代光整理《〈海国闻见录〉校注》，中州古籍出版社，1985。

陈旭麓主编《宋教仁集》，中华书局，2011。

崔国因著，胡贯中、刘发清点注《出使美日秘日记》，黄山书社，1988。

戴季陶：《渔父天仇文集》，中美编译局，出版时间不详。

戴逸、顾廷龙主编《李鸿章全集》，安徽教育出版社，2008。

《邓中夏文集》，人民出版社，1983。

丁国瑞：《竹园丛话》，国家图书馆出版社，2009。

《丁作韶博士言论集》，大学书店，1936。

广东社会科学院近代史研究室等编《孙中山全集》，中华书局，2006。

郭嵩焘：《伦敦与巴黎日记》，岳麓书社，2008。

《郭嵩焘奏稿》，岳麓书社，1983。

何执编《谭嗣同集》，岳麓书社，2012。

胡珠生编《东瓯三先生集补编》，上海社会科学院出版社，2004。

姜义华、张荣华编校《康有为全集》，中国人民大学出版社，2007。

景愬：《环球周游记》，中华书局，1919。

李慈铭：《越缦堂读书记》，中华书局，2006。

《李大钊全集》，河北教育出版社，1999。

李凤苞：《使德日记》，中华书局，1985。

李圭：《环游地球新录》，岳麓书社，2008。

梁启超：《饮冰室合集》，中华书局，1989。

刘声木撰，刘笃龄点校《苌楚斋随笔续笔三笔四笔五笔》，中华书局，1998。

刘锡鸿：《英轺私记》，岳麓书社，2008。

刘泱泱编《樊锥集·毕永年集·秦力山集》，湖南人民出版社，2011。

卢锡荣：《欧美十五国游记》，国光书店，1941。

马德新原著，马安礼译，纳国昌注释《朝觐途记》，宁夏人民出版社，1988。

马建忠：《适可斋纪言纪行》，台北：文海出版社，1968。

盛宣怀：《愚斋存稿》，台北：文海出版社，1975。

孙宝瑄：《忘山庐日记》，上海古籍出版社，1983。

屠坤华：《万国博览会游记》，商务印书馆，1916。

《汪精卫集》，光明书局，1930。

王佩良校点《唐才常集》，岳麓书社，2011。

王栻主编《严复集》，中华书局，1986。

王韬：《弢园文录外编》，上海书店出版社，2002。

《魏源全集》，岳麓书社，2011。

夏东元编《郑观应集》，上海人民出版社，1982。

谢清高口述，杨炳南笔录，安京校释《海录校释》，商务印书馆，2002。

薛福成：《出使英法义比四国日记》，岳麓书社，2008。

《恽代英文集》，人民出版社，1984。

《恽毓鼎澄斋日记》，浙江古籍出版社，2004。

载振：《英轺日记》，台北：文海出版社，1972。

曾纪泽：《出使英法俄国日记》，岳麓书社，2008。

曾业英编《蔡锷集》，湖南人民出版社，2008。

张德彝：《六述奇》，岳麓书社，2016。

张德彝：《随使英俄记》，岳麓书社，2008。

张德彝：《五述奇》，岳麓书社，2016。

张梅编注《邹容集》，人民文学出版社，2011。

《张文襄公（之洞）全集》，台北：文海出版社，1970。

赵德馨主编《张之洞全集》，武汉出版社，2008。

中国国民党中央委员会党史史料编纂委员会编印《吴稚晖先生全集》，台北，1969。

中国国民党中央委员会党史史料编纂委员会编印《叶楚伧先生文集》，台北，1983。

《朱一新全集》，上海人民出版社，2017。

邹鲁：《二十九国游记》，商务印书馆，1947。

《左宗棠家书》，群学社，1925。

**（四）资料汇编**

〔俄〕查尔斯·耶拉维奇等编《俄国在东方（1876—1880）》，北京编译社译，商务印书馆，1974。

陈良倚辑《清朝经世文三编》，台北：文海出版社有限公司，1979。

甘肃省图书馆书目参考部编《西北民族宗教史料文摘》，甘肃省图书馆，1985。

葛士濬辑《清朝经世文续编》，台北：文海出版社，1979。

国家图书馆分馆编选《（清末）时事采新汇选》，北京图书馆出版社，2003。

呼格吉勒图等编著《八思巴字蒙古语文献汇编》，内蒙古教育出版社，2004。

马博忠、李建工编《抗战时期穆斯林期刊·广西资料辑录》，
　　天马出版有限公司，2007。

《清代诗文集汇编》编纂委员会编《清代诗文集汇编》，上海
　　古籍出版社，2010。

桑兵主编《辛亥革命稀见文献汇编》，国家图书馆出版社、香
　　港中和出版有限公司、台湾万卷楼图书公司，2011。

上海经世文社辑《民国经世文编》，北京图书馆出版社，2006。

邵之棠辑《皇朝经世文统编》，台北：文海出版社有限公司，
　　1979。

沈云龙主编《近代中国史料丛刊》第74辑，台北：文海出版
　　社，1972。

沈云龙主编《近代中国史料丛刊》第92辑，台北：文海出版
　　社，1967。

沈云龙主编《近代中国史料丛刊》第106辑，台北：文海出
　　版社，1967。

《四库未收书辑刊》，北京出版社，2000。

王正儒、雷晓静主编《回族历史报刊文选》，宁夏人民出版社，
　　2012。

徐丽华、李德龙主编《中国少数民族旧期刊集成》，中华书局，
　　2006。

张枬、王忍之编《辛亥革命前十年间时论选集》第1—3卷，
　　三联书店，1960、1963、1977。

张星烺编注，朱杰勤校订《中西交通史料汇编》，中华书局，
　　2003。

张元济主编《外交报汇编》，国家图书馆出版社，2009。

章开沅、罗福惠、严昌洪主编《辛亥革命史资料新编》，湖北

人民出版社，2006。

中国社会科学院近代史研究所近代史资料编辑室编《近代史资料》总 104 号，中国社会科学出版社，2002。

中国史学会主编《回民起义》，上海人民出版社、上海书店出版社，2000。

中研院近代史研究所编《近代中国对西方及列强认识资料汇编》第 1—5 辑，台北：中研院近代史研究所，1972、1984、1986、1988、1990。

**（五）志书、工具书**

北京图书馆编《民国时期总书目》，书目文献出版社，1986—1997。

《黑龙江志稿》，台北：文海出版社，1965。

《民国续修兴化县志》，江苏古籍出版社，1991。

上海图书馆编《中国近代期刊篇目汇录》，上海人民出版社，1979—1984。

吴前楣：《土耳其志辑略》，云间丽泽学会，1902。

学部编译图书局：《土耳基新志》，学部编译图书局，1907。

学部编译图书局：《土耳基志》，学部编译图书局，1907。

张美翊述，吴宗濂、郭家骥译，薛福成鉴定《土耳其国志》，光绪二十八年（1902）石印本。

中国革命博物馆资料室编《二十六种影印革命期刊索引》，人民出版社，1988。

**（六）近代图书**

〔土耳其〕阿皮沙剌：《土耳其恢复国权之经过》，外交部译，外交部，1926。

《邦交提要》，广学会校刊，商务印书馆代印，1904。

包华国：《战后欧洲政治外交史》，大东书局，1933。

〔日〕北村三郎编述《土耳机史》，赵必振译，广智书局，1902。

碧荷馆主人：《新纪元》，广西师范大学出版社，2008。

常燕生先生七旬诞辰纪念委员会编印《常燕生先生遗集》，台北，1967。

陈昌绅：《分类时务通纂》，北京图书馆出版社，2005。

《陈炽集》，中华书局，1997。

陈捷：《回教民族运动史》，商务印书馆，1933。

程中行编译《土耳其革命史》，民智书局，1928。

戴望舒：《现代土耳其政治》，商务印书馆，1937。

戴季陶：《中国独立运动的基点》，民智书局，1928。

邓公玄：《今日之欧洲》，商务印书馆，1934。

丁韪良：《邦交提要》，商务印书馆，1904。

冯桂芬：《校邠庐抗议》，上海书店出版社，2002。

傅兰雅：《佐治刍言》，上海书店出版社，2002。

傅运森：《东西洋史讲义》，商务印书馆，1914。

郭实猎：《古今万国纲鉴录》，道光十八年（1838）新加坡坚夏书院刻本。

Hans Kohn：《东方民族论》，刘君穆译，民智书局，1930。

韩道之：《世界地理》，立达书局，1932。

何凤山：《土耳其农村经济的发展》，商务印书馆，1937。

何秋涛：《朔方备乘》，台北：文海出版社，1964。

洪为法：《民族独立运动概论》，民智书局，1934。

〔美〕惠顿著，〔美〕丁韪良译，何勤华点校《万国公法》，中国政法大学出版社，2002。

金吉堂：《中国回教史研究》，成达师范出版部，1935。

李鼎声：《各国革命史讲话》，光明书局，1947。

林万燕：《土耳其最近之外交政策》，正中书局，1937。

刘独峰：《近中东各国论》，立达书店，1942。

刘君穆：《战后世界政治地理》，民智书局，1934。

刘平：《近代国家统一过程的研究》，黑白丛书社，1937。

柳克述：《土耳其革命史》，商务印书馆，1928。

柳克述：《近百年世界外交史》，商务印书馆，1933。

柳克述：《新土耳其》，商务印书馆，1929。

吕振羽：《中国外交问题》，村治月刊社，1929。

伦敦太晤士报编辑《土耳其之建设》，黎子耀译，文通书局，
　　1943。

Marguerite Harrison：《亚洲之再生》，华企云译，新亚细亚学会，
　　1932。

马雪瑞：《各国革命史》，新中国书局，1932。

〔英〕麦丁富得力编纂，〔美〕林乐知口译，郑昌棪笔述《列
　　国岁计政要》，上海图书馆整理《江南制造局译书丛编·
　　政史类》，上海科学技术文献出版社，2012。

〔英〕麦高尔：《欧洲东方交涉记》，〔美〕林乐如、瞿昂来译，
　　江南制造总局，1875。

〔英〕麦肯齐：《泰西新史揽要》，〔美〕李提摩太、蔡尔康译，
　　上海书店出版社，2002。

〔英〕密林根：《土耳其一瞥》，孟琇玮译，常道直校，商务印
　　书馆，1926。

〔美〕欧泼登著，〔美〕林乐知口译，瞿昂来笔述《列国陆军制》，
　　倪晓建主编《汉译西方军事文献汇刊·德国专辑》第 25
　　册，学苑出版社，2015。

平心：《各国革命史讲话》，光明书局，1946。

沈林一：《土耳其属地纪略》，云间丽泽学会，1902。

慎之：《土耳其复兴史》，世界书局，1940。

慎之：《近东民族奋斗史》，世界书局，1940。

世界知识社编《现代十国论》，生活书店，1936。

宋春舫：《不景气之世界》，四社出版部，1934。

孙诒让：《周礼政要》，瑞安普通学堂刊行，1902。

汤叡译《俄土战纪》，大同译书局，1897。

陶菊隐：《亚洲谈薮》，中华书局，1945。

王善赏：《土耳其民国十周国庆纪念之感想》，驻豫特派绥靖
　　主任公署，1933。

王世颖译《土耳其寓言》，开明书店，1931。

王云五主编《巴尔干各国时势》，商务印书馆，1944。

王云五主编《东欧现势》，商务印书馆，1944。

文圣举、文圣律：《各国革命史》，新生命书局，1929。

萧金芳：《土耳其外交政策》，中国文化服务社，1948。

谢洪赉编纂，赵玉森重订《重订瀛寰全志》，商务印书馆，1913。

邢墨卿：《凯末尔》，新生命书局，1934。

徐继畬：《瀛寰志略》，上海书店出版社，2001。

杨杰：《欧洲各国军事考察报告》，出版社不详，1935。

余俊生：《外国地理》，商务印书馆，1937。

曾广勋：《土耳其经济现状》，太平洋书店，1935。

张介石：《战后列国大势与世界外交》，中华书局，1927。

赵镜元：《土耳其史》，中华书局，1935。

郑昶：《新中华外国地理》，新国民图书社，1932。

## 二　今人论著

### （一）著作

白寿彝：《中国伊斯兰史存稿》，宁夏人民出版社，1983。

〔英〕伯纳德·刘易斯：《现代土耳其的兴起》，范中廉译，商务印书馆，1982。

陈旭麓：《近代中国社会的新陈代谢》，中国人民大学出版社，2012。

〔美〕戴维森：《从瓦解到新生：土耳其的现代化历程》，张增健、刘同舜译，学林出版社，1996。

复旦大学文史研究院编《从周边看中国》，中华书局，2009。

郭双林：《西潮激荡下的晚清地理学》，北京大学出版社，2000。

郭文深：《清代中国人的俄国观》，吉林大学出版社，2010。

哈全安：《土耳其通史》，上海社会科学院出版社，2014。

黄爱平、黄兴涛主编《西学与清代文化》，中华书局，2008。

黄维民：《奥斯曼帝国》，三秦出版社，2000。

黄维民：《中东国家通史·土耳其卷》，商务印书馆，2002。

〔英〕杰森·古德温：《奥斯曼帝国闲史》，罗蕾、周晓东、郭金译，江苏人民出版社，2010。

〔美〕卡尔·瑞贝卡：《世界大舞台：十九、二十世纪之交中国的民族主义》，高瑾等译，三联书店，2008。

〔土〕卡密尔·苏：《土耳其共和国史》，杨兆钧译，云南大学出版社，1978。

〔美〕柯伟林：《德国与中华民国》，陈谦平等译，江苏人民出版社，2006。

厉声：《"东突厥斯坦"分裂主义的由来与发展》，新疆人民出版社，2009。

刘云：《土耳其政治现代化思考》，甘肃人民出版社，2002。

楼均信等主编《中法关系史论》，杭州大学出版社，1996。

马廉颇：《晚清帝国视野下的英国：以嘉庆道光两朝为中心》，
　　人民出版社，2003。

〔苏〕米列尔：《土耳其现代简明史》，朱贵生等译，三联书店，
　　1958。

〔苏〕米列尔：《现代世界史：1918—1939 年时期的土耳其》，
　　中国人民大学出版社，1954。

潘志平：《“东突”的历史与现状》，民族出版社，2008。

史桂芳：《近代日本人的中国观与中日关系》，社会科学文献
　　出版社，2009。

〔美〕斯坦福·肖：《奥斯曼帝国》，许序雅、张忠祥译，青海
　　人民出版社，2006。

孙雪梅：《清末民初中国人的日本观——以直隶省为中心》，天
　　津人民出版社，2001。

陶绪：《晚清民族主义思潮》，人民出版社，1995。

田虎：《元史译文证补校注》，河北人民出版社，1990。

汪晖：《现代中国思想的兴起》，三联书店，2015。

王建伟：《民族主义政治口号史研究（1921—1928）》，社会科
　　学文献出版社，2011。

王锦荣：《联结欧亚大陆的桥梁：土耳其》，世界知识出版社，
　　2003。

王奇生：《革命与反革命：社会文化视野下的民国政治》，社
　　会科学文献出版社，2010。

王三义：《晚期奥斯曼帝国研究（1792—1918）》，中国社会科

学出版社，2015。

吴兴东编著《土耳其史：欧亚十字路口上的国家》，台北：三
民书局，2003。

〔日〕狭间直树：《日本早期的亚洲主义》，张雯译，北京大学
出版社，2017。

肖宪等：《沉疴猛药——土耳其的凯末尔改革》，南京大学出
版社，2001。

许明著，王炜麦摄《土耳其、伊朗馆藏元青花考察亲历记》，
上海人民出版社，2008。

严昌洪：《中国近代史史料学》，北京大学出版社，2011。

杨玉圣：《中国人的美国观——一个历史的考察》，复旦大学
出版社，1996。

杨兆钧：《土耳其现代史》，云南大学出版社，1990。

〔俄〕伊兹科维兹：《帝国的剖析：奥托曼的制度与精神》，韦
德培译，学林出版社，1996。

〔日〕羽田正：《"伊斯兰世界"概念的形成》，刘丽娇、朱莉
丽译，上海古籍出版社，2012。

昝涛：《现代国家与民族建构：20世纪前期土耳其民族主义研
究》，三联书店，2011。

张济顺：《中国知识分子的美国观（1943—1953）》，复旦大学
出版社，1999。

张昭军等：《中国近代文化史》，中华书局，2012。

张芝联：《从高卢到戴高乐》，三联书店，1988。

章永乐：《旧邦新造：1911—1917》，北京大学出版社，2011。

中国社会科学研究会编《中国与日本的他者认识——中日学
者的共同探讨》，社会科学文献出版社，2004。

周宏涛等：《中土文化论集》，台北：中华文化出版事业委员会，1957。

邹振环：《晚清西方地理学在中国——以 1815 至 1911 年西方地理学译著的传播与影响为中心》，上海古籍出版社，2000。

**（二）论文**

艾周昌、沐涛：《穆罕默德·阿里改革在中国的反响》，《阿拉伯世界》1987 年第 1 期。

陈立樵：《欧战时期中国的无约国外交：以新疆土耳其人案为例》，廖敏淑主编《近代中国外交的新世代观点》，台北：政大出版社，2018。

陈鹏：《不只是"病夫"：土耳其在晚清中国的形象再探》，《河北学刊》2018 年第 6 期。

陈鹏：《"近代中国人的土耳其认知"研究的回顾与展望》，《民族史研究》第 12 辑，中央民族大学出版社，2013。

陈鹏：《近代中国人的土耳其州属观》，《史学月刊》2018 年第 12 期。

陈鹏：《近代中国人土耳其观的再认识》，《近代史研究》2018 年第 1 期。

陈鹏：《数据库的开发利用与重写中国近代学术史》，《河北学刊》2013 年第 5 期。

陈鹏：《新世纪以来的史料型数据库建设与中国近代史研究》，《国家图书馆学刊》2013 年第 6 期。

戴东阳：《康有为〈突厥游记〉稿刊本的差异及其成因》，《近代史研究》2000 年第 2 期。

戴东阳：《戊戌变法时期康有为的土耳其观与其联英策》，《史学月刊》2000 年第 4 期。

龚缨晏：《1840 年前输入中国的鸦片数量》，《浙江大学学报（人文社会科学版）》1999 年第 4 期。

胡闻苏：《救亡的"寓言"：晚清小说中的波兰亡国书写》，《中国现代文学研究丛刊》2017 年第 2 期。

黄维民：《中土关系的历史考察及评析》，《西亚非洲》2003 年第 5 期。

黄志高：《1921—1925 年中国共产党对凯末尔革命的观察与反应》，《北京科技大学学报》（社会科学版）2010 年第 2 期。

黄志高：《凯末尔革命与二十世纪二十年代共产国际、苏联的对华工作》，《中共党史研究》2009 年第 2 期。

〔美〕柯瑞佳：《创造亚洲：20 世纪初世界中的中国》，董玥主编《走出区域研究：西方中国近代史论集粹》，社会科学文献出版社，2013。

李长林：《漫步于埃及名胜古迹之间——中国学者埃及访古记》，《阿拉伯世界》2004 年第 4 期。

李长林：《清末旅外人士亚丁见闻录》，《阿拉伯世界》1995 年第 3 期。

李长林、杨俊明：《清末国人关于埃及历史的记述》，《阿拉伯世界》1995 年第 1 期。

李孝聪：《历史时期欧洲地域的界定》，《历史地理》第 15 辑上海人民出版社，1999。

李一兵：《清末国人对阿拉伯史地的记述》，《吉首大学学报》（社会科学版）1993 年第 3 期。

李永斌：《"东方"与"西方"二分法的历史渊源》，《光明日报》2017 年 2 月 27 日，第 14 版。

林承节：《〈民报〉和二十世纪初亚洲各国革命》，《史学月刊》1994 年第 1 期。

刘澍：《晚清知识分子对印度亡国史的研究》，《史学理论与史学史学刊》2019 年第 2 期。

刘义：《信仰·知识·人格——王曾善（1903—1961）与中国—土耳其的人文交往》，《世界宗教研究》2016 年第 1 期。

罗福惠：《苏俄（联）对孙中山的援助为何既迟又少？——兼论土耳其民族运动的阴影》，《华中师范大学学报》（人文社会科学版）2000 年第 2 期。

邱志红：《极目南望：晚清国人关于新西兰认知的演变》，《近代史研究》2022 年第 2 期。

撒海涛、闫蕾霖：《民国回族学人视野中的土耳其论述》，《北大中东研究》2018 年第 1 期。

苏北海：《近现代大土耳其主义、大伊斯兰主义在新疆的活动及其危害》，《喀什师范学院学报》1990 年第 3 期。

王晓秋：《近代中国人的日本观的演变》，《日本学》1991 年第 3 期。

王元周：《认识他者与反观自我：近代中国人的韩国认识》，《近代史研究》2007 年第 2 期。

吴文浩：《跨国史视野下中国废除治外法权的历程（1919—1931）》，《近代史研究》2020 年第 2 期。

〔日〕小沼孝博：《"控噶尔国"小考——18 至 19 世纪欧亚东部奥斯曼朝认识之一端》，《民族史研究》第 8 辑，中央民族大学出版社，2008。

辛德勇：《从晚清北欧行记看中国人对北欧各国的认识》，《中华文史论坛》2013 年第 2 期。

许建英：《从两份档案看奥斯曼土耳其对阿古柏的军事支持》，

《中国边疆史地研究》2019年第1期。

许建英：《近代土耳其对中国新疆的渗透及影响》，《西域研究》2010年第4期。

杨俊杰：《杨增新抵制"双泛"思潮措施述评》，《伊犁师范学院学报》2014年第4期。

杨兆钧：《中土文化交流的历史回顾》，《思想战线》1986年第2期。

余定邦：《近代中国人对澳洲的认识》，《中山大学学报》（社会科学版）1991年第1期。

袁剑：《国运的镜子——近代中国知识视野下的阿富汗形象变迁》，《西北民族研究》2018年第1期。

昝涛：《六十年来中国的土耳其研究》，《西亚非洲》2010年第4期。

昝涛：《中国和土耳其之间的精神联系：历史与想象》，《新丝路学刊》2017年第1期。

张赫名：《穿越时空的相遇——近代中国人对埃及的认知与研究》，《南京政治学院学报》2017年第1期。

张铁伟：《中国和土耳其友好关系小史》，《西亚非洲》1987年第6期。

张晓川：《骂槐实指桑——张德彝〈航海述奇〉系列中的土耳其》，章清主编《新史学》第11卷，中华书局，2019。

赵萱：《19世纪末至20世纪初中国近代波斯认知的生成与演变——以清末民国时期国内报刊的记述为例》，《西北民族研究》2017年第4期。

郑大华：《30年代的"本位文化"与"全盘西化"的论战》，《湖南师范大学学报》2004年第3期。

郑月裡：《理念与实践："中国回教近东访问团"的形成与影响》，栾景河、张俊义主编《近代中国：文化与外交》，社会科学文献出版社，2012。

钟焓：《控噶尔史料评注》，《民族史研究》第 9 辑，中央民族大学出版社，2019。

钟焓：《清朝获悉土耳其素丹称号时间考辨》，《清史研究》2014 年第 4 期。

周海建：《旁观者的政治：中国知识阶层对意阿战争的反应与回响》，《武汉大学学报》（人文科学版）2016 年第 1 期。

周积明、李超：《清末立宪运动宣传中的亚欧视角与中国主题》，《湖北大学学报》2015 年第 1 期。

邹振环：《开拓世界地理知识的新空间：清末中国人的澳洲想象》，《南京政治学院学报》2015 年第 2 期。

邹振环：《清末亡国史"编译热"与梁启超的朝鲜亡国史研究》，复旦大学韩国研究中心编《韩国研究论丛》第 2 辑，上海人民出版社，1996。

邹振环：《晚清波兰亡国史书写的演变系谱》，《南京政治学院学报》2016 年第 4 期。

左玉河：《中国本位文化论争与"现代化"共识的形成》，《中国社会科学院研究生院学报》2010 年第 5 期。

**（三）学位论文**

Furkan Erdogan：《十九世纪末二十世纪初奥斯曼土耳其对中国的认识及反思》，硕士学位论文，复旦大学，2018。

冯克学：《波兰亡国史与晚清民族主义书写》，硕士学位论文，南京大学，2012。

高冰冰：《从鉴戒到榜样：近代中国人对土耳其复兴历程的关

注及其所获得的启示》，硕士学位论文，浙江大学，2003。

刘爱广：《知识旅行：埃及亡国史在晚清中国》，硕士学位论文，华中师范大学，2019。

吕承璁：《长城外的记忆，万里寻古——从安卡拉大学汉学系看土耳其汉学研究》，硕士学位论文，台湾中山大学，2015。

〔土〕娜姿妃：《中国和土耳其外交关系之研究（1923—1949）》，硕士学位论文，台北政治大学，2012。

吴伟锋：《近代中国人的土耳其观（1842—1930）》，硕士学位论文，2011。

徐丹：《近代中国人的朝鲜亡国著述研究》，硕士学位论文，复旦大学，2011。

## 三　外文文献

### （一）英文

A. Merthan Dündar, "An Analysis on the Documents Related to China: Materials in the Ottoman and Republic Archives of Turkey,"《欧亚学刊》2009 年第 9 辑。

Asli Cirakman, "From Tyranny to Despotism: The Enlightenment's Unenlightened Image of the Turks," *International Journal of Middle East Studies*, Vol. 33, No. 1, 2001.

Demircan Necati, "Interactions Between Two Republics: The Republic of Turkey and the Republic of China (1923–1949)," *BRIQ Belt & Road Initiative Quarterly*, Vol. 3, No. 1, 2021.

Donald Quataert, *The Ottoman Empire, 1700–1922*, Cambridge; New York: Cambrige University Press, 2000.

Dong Zhenghua, Chinese Views of Atatürk and Modern Turkey,

Ankara Üniversitesi Siyasal Bilgiler Fakültesi, Uluslararasl Konferans: Atatürk Ve Modern Türkiye, Ankara Üniversitesi Basimevi, 1999.

D. Tumurtogoo, G. Cecegdari, "Mongolian Monuments in Phags-pa script: Introduction, Transliteration, Transcription and Bibliography," *Language and Linguistics Monograph Series*, No. 42, Taipei, Taiwan: Institute of Linguistics, Academia Sinica, 2010.

Erik J. Zürcher, *Turkey: A Modern History*, I. B. Tauris, 1993.

Eyup Ersoy, *Turkish-Chinese Military Relations*, Ankara: Usak, 2008.

Giray Fidan, *Chinese Witness of the Young Turk Revolution: Kang Youwei's Turk Travelogue*, New York: Kopernik Inc. , 2019.

Gong Chen, "Revolutionaries on Revolutionaries: How Chinese Xinhai Revolutionaries and Young Turks Viewed Each Other," *Middle Eastern Studies* , 2022.

Hee Soo Lee, "The 'Boxer Uprising' in China and the Pan-Islamic Policy of the Ottoman Empire from a European Perspective," *Acta Via Serica*, Vol. 3, No. 1, June 2018.

Hodong Kim, *Holy War in China, The Muslim Rebellion and State in Chinese Central Asia, 1864 – 1877*, Stanford: Stanford University Press, 2004.

James C. Y. Watt, With Essays by Maxwell K. Hearn, *The World of Khubilai Khan: Chinese Art in the Yuan Dynasty*, New York: Metropolitan Museum of Art ; New Haven [ Conn. ]: Yale University Press, c2010.

Matthew W. Mosca, "Empire and the Circulation of Frontier Intelligence: Qing Conceptions of the Ottomans," *Harvard Journal of Asiatic Studies*, Vol. 70, No. 1, June 2010.

Mehmet Saray, *The Russian, British, Chinese and Ottoman Rivalry in Turkestan*, Ankara: Turkish Historical Society Printing House, 2003.

Mustafa Serdar Palabıyık, "The Ottoman Travellers' Perceptions of the Far East in the Early Twentieth Century," *Bilig-Turk Dunyasl Sosyal Bilimler Dergisi*, No. 65, March 2013.

Stanford Shaw, *History of the Ottoman Empire and Mordern Turkey*, Cambridge; New York: Cambridge University Press, 1977.

Wan Lei, "The Chinese Islamic 'Goodwill Mission to the Middle East' During the Anti-Japanese War," *Journal of Interdisciplinary Studies*, Vol. 29, 2010.

Zeyneb Hale Eroglu Sager, Islam in Translation: Muslim Reform and Transnational Networks in Modern China, 1908 – 1957, Dr. Dissertation, Harvard University, Graduate School of Arts & Sciences, 2016.

Zhang Wenqian, "The Turks are the Most Similar to Us": Chinese Intellectuals Conceptions of the Ottoman Movements 1843 – 1913, MA Dissertation, Central European University Department of History, 2019.

（二） 土耳其文

Barış Adıbelli, Osmanlıdan Günümüze Türk-Çin İlişkileri. İstanbul: IQ Kültür Sanat Yayıncılık, 2007.

Doç. Dr. Cengiz MUTLU: BOKSÖR AYAKLANMASI VE SULTAN

ABDÜLHAMİD'İN NASİHAT HEYETİ, Türk Dünyası Araştırmaları, 123 (243), 2019.

Doç. Dr. S. GÖMEÇ: DOGU TÜRKİsTAN'DA YAKUB HAN DÖNEMİ VE OSMANLı DEVLETİ İLE İLİşKİLERİ, OTAM Ankara Üniversitesi Osmanlı Tarihi Araştırma ve Uygulama Merkezi Dergisi, 9, 1998.

Dr. Ali Osman AKALAN: OSMANLI DEVLETİ İLE KAŞGAR EMİRİ YAKUP BEG ARASINDAKİ İLİŞKİLER, AVRASYA Uluslararası Araştırmalar Dergisi, 9 (29), 2021.

Dr. Öğrt. Üyesi Asuman Karabulut: DIPLOMATIC INSTRUMENTATION OF THE CALIPHATE AUTHORITY IN THE RELATIONSHIP BETWEEN THE OTTOMAN EMPIRE AND THE TURKESTAN KHANATES IN THE 19TH CENTURY, 6. International Journal of History, 13/6, 2021.

Dr. Öğr. Üyesi Cihat TANIŞ: "ATATÜRK DÖNEMİ TÜRK-ÇİN İLİŞKİLERİ (1923-1938)", Journal of Ağrı İbrahim Çeçen University Social Sciences Institute AİCUSBED, 6/2, 2020.

Eyüp SARITAŞ: 1935 YILINDAN İTİBAREN TÜRKİYE'DE YAPILAN ÇİN ARAŞTIRMALARINA GENEL BİR BAKIŞ, Şarkiyat Mecmuası 0 (2009).

Mehmet TEMEL: Atatürk Devrimlerinin Çin Aydınlarınca Algılanışı ve XX. Yüzyılın İlk Yarısındaki Türkiye-Çin İlişkilerine Yansıması, Selçuk Üniversitesi Türkiyat Araştırmaları Dergisi, (21), 2007.

# 后 记

最初接触"奥斯曼－土耳其"，是在研究生阶段与导师黄兴涛教授合作撰写关于"现代化"概念的文章时。我发现民国学者已从"现代化"视角把握凯末尔改革，称一战后的新土耳其为"现代化的模型"。我对此颇感兴趣，便顺着这一线索，系统检阅了近代中国人有关奥斯曼－土耳其认知的文献，由此进一步了解到，尽管双方直接的外事接触不多，但中国社会各阶层对于奥斯曼－土耳其的观察和记述从未间断，折射出中国人在走向世界的过程中，时代关切、他者认知与自我定位三者之间彼此关联的立体图景。在向黄老师汇报并征得同意后，我决定将"近代中国人的土耳其观"作为博士学位论文选题，毕业后又陆续做了一些修改，成为此书。遗憾的是，由于种种原因，一些考察视角和问题意识，乃至近年来新搜集的文献资料，未能在书中充分呈现，祈请读者批评指正。

博士学位论文的出版，可谓我多年求学经历的总结，实在是一件令人高兴的事情。2004 年，我考入山东大学文史哲基地班，有机会聆听三个专业的课程，感受不同的理论、思维方式和风格。其中，陈尚胜老师主讲的"中国传统对外关系"对我影响很大，使我系统把握了古代中国对外思想和制度的演变脉络。后来陈老师又指导我研读《海国图志》等近代早期史地论著，并完成了以魏源对外思想为主题的本科毕业论文。今天看来，这篇习作还很稚嫩和粗浅，但对于我后来从事近代思想文化史和中外关系史研究，是一个重要的起点。

2008年，我推免至中国人民大学清史研究所攻读硕士学位，2011年又获得硕博连读资格，一直师从黄兴涛教授。老师的"中国近代思想文化史"课程让我接触到该领域的学术前沿，拓宽了研究视野。对我提交的课程作业《1928年国都南迁之于北京的影响》，老师给予了肯定，还在打印稿上逐句批改，至今这份珍贵的"底稿"还保存在我的书柜里。这篇文章后来也发表于《北京社会科学》，对于当时还是硕士研究生的我，可谓莫大的鼓励。研究生阶段，我有幸与老师合作撰写关于近代中国"黄色""现代化"概念的文章，从历史文献的查阅、问题意识的提炼，到逻辑思辨能力的培养、写作的谋篇布局，乃至文字的推敲打磨，在老师"手把手"的指导下，我接受了非常完整的学术训练。两篇文章先后见刊于《历史研究》，[1] 我也初步触摸到史学研究的门径，这是从一般课堂或书本上无法习得的。之后每每遇到写作瓶颈，我都会翻看与老师合作的文章，回想当年与老师交流、讨论的点滴，总能有新的收获。在我的博士学位论文写作过程中，老师不仅给予深入细致的指导，还惠赐了不少自己在美国访学期间搜集的晚清传教士文献。尤其令我感动的是，毕业入职中央民族大学历史文化学院后，老师依然牵挂我的论文，甚至亲自对一些阶段性成果做具体而关键的修改。惭愧的是，这本小书虽然付梓在

---

[1] 黄兴涛、陈鹏：《近代中国"黄色"词义变异考析》，《历史研究》2010年第6期；黄兴涛、陈鹏：《民国时期"现代化"概念的流播、认知与运用》，《历史研究》2018年第6期。

即，但距离老师的要求和期待仍有不小的差距。学业之余，老师也很关心我的生活和工作，特别是我兼任学院行政工作以后，每每深陷繁杂事务，难以平衡兼顾之时，总能得到老师的耐心开解和有效指导。老师百忙之中，还不时参与民大历史学科的重要学术活动，给予宝贵支持。学生的每一点成长和进步，都凝聚着恩师的心血！

在清史研究所求学期间，夏明方、何瑜、朱浒、杨剑利、曹新宇、颜军、毛立平、牛贯杰、丁超等老师给予了很多帮助和指导，中国人民大学历史学院郭双林教授、马克锋教授，中国社会科学院近代史研究所罗检秋研究员、历史理论研究所左玉河研究员、北京师范大学历史学院张昭军教授或参与论文评阅，或出席论文答辩，提出了很多中肯的意见，借此机会向各位老师表示深深的谢意。北京大学历史学系昝涛教授是奥斯曼-土耳其史研究领域出色的青年学者，早在2012年确定选题之初，我便登门求教，昝老师热情接待并耐心解答我的诸多疑惑，提供了很多有价值的学术线索和思考方向。台湾的唐启华教授及其弟子娜姿妃、南开大学历史学院马晓林教授、北京外国语大学亚非学院刘钊教授，都曾慷慨提供相关研究成果和历史文献，为本书增色不少。感谢中国人民大学图书馆、国家清史编纂委员会清史图书馆、国家图书馆、中国第一历史档案馆、中国第二历史档案馆诸位老师在资料查阅时提供的便利。感谢社会科学文献出版社郑庆寰、邵璐璐两位老师在出版编校过程中的辛勤付出。入职民大以来，一直得到历史文化学院各位领导、老师的关心和帮助，此次出版更是得到中国史"一流学科"建设经费的资助，在此深表谢忱！

在本书写作和修改过程中，同门孙会修、黄娟、李源、郑小宾，学生刘佳贺、李肇豪、起靖洋、薄倩楠、张辛远、姜天灏、王睿泽、高红兵、王艺朝、许雅贤、伊兰、代宇、王星懿等，或提供文献，或帮助校对，在此一并表示感谢！

本书的部分内容先期发表于《近代史研究》《史学月刊》《河北学刊》《民族史研究》等刊物，感谢审稿专家以及编辑部老师的指导和帮助。

家是永远的港湾，自 2004 年离开南方小城安庆，赴北方求学，至今已近二十载，父母亲人一直是我最坚强的后盾，始终默默支持着我。感谢我的妻子强光美，2011 年我们相识于清史研究所，那时候她硕士研究生一年级，主攻清代边疆民族史，我博士研究生一年级，主攻中国近现代史，相近的专业方向让我们有共同语言，人图古籍馆成为我们的"约会"场所，我们一起讨论和写作，每一份成果彼此都是第一个读者。仔细回想起来，就博士学位论文而言，她给予我的帮助和支持似乎更大，从论文框架的最初搭建，到答辩前后的修改打磨，再到此次书稿的完善，乃至最后的文献核对，她都全程参与。选择以历史学为业，或许无法在物质上获得大的收益，但这些年我们一直在学业上彼此帮助，在生活上互相扶持，让原本略显枯燥的研究工作也充满了快乐。谨以此书，献给牵手走过十三年的我们！

陈　鹏

2023 年 12 月 7 日于魏公村

**图书在版编目（CIP）数据**

认知他者与反观自我：近代中国人的奥斯曼帝国观 /
陈鹏著. -- 北京：社会科学文献出版社，2023.12
（大有）
ISBN 978-7-5228-2923-4

Ⅰ.①认… Ⅱ.①陈… Ⅲ.①奥斯曼帝国-历史-研
究 Ⅳ.①K374.3

中国国家版本馆 CIP 数据核字（2023）第 231052 号

·大有·

**认知他者与反观自我：近代中国人的奥斯曼帝国观**

著　　者 / 陈　鹏

出 版 人 / 冀祥德
责任编辑 / 邵璐璐
责任印制 / 王京美

出　　版 / 社会科学文献出版社·历史学分社（010）59367256
　　　　　　地址：北京市北三环中路甲 29 号院华龙大厦　邮编：100029
　　　　　　网址：www.ssap.com.cn
发　　行 / 社会科学文献出版社（010）59367028
印　　装 / 三河市东方印刷有限公司

规　　格 / 开　本：889mm×1194mm　1/32
　　　　　　印　张：10.375　字　数：242 千字
版　　次 / 2023 年 12 月第 1 版　2023 年 12 月第 1 次印刷
书　　号 / ISBN 978-7-5228-2923-4
定　　价 / 89.00 元

读者服务电话：4008918866